墨香财经学术文库

U0656626

员工创新行为前因的多视角研究

The Multiple Perspectives Research on the Antecedents of
Employee Innovative Behavior

王圣慧　著

东北财经大学出版社　大连
Dongbei University of Finance & Economics Press

图书在版编目（CIP）数据

员工创新行为前因的多视角研究 / 王圣慧著. —大连：
东北财经大学出版社，2024.5
（墨香财经学术文库）
ISBN 978-7-5654-5232-1

Ⅰ.员… Ⅱ.王… Ⅲ.企业创新－创新管理－研究
Ⅳ.F273.1

中国国家版本馆 CIP 数据核字（2024）第 071868 号

东北财经大学出版社出版
（大连市黑石礁尖山街 217 号 邮政编码 116025）
网 址：http://www.dufep.cn
读者信箱：dufep@dufe.edu.cn

大连永盛印业有限公司印刷 东北财经大学出版社发行
幅面尺寸：170mm×240mm 字数：197 千字 印张：16.25 插页：1
2024 年 5 月第 1 版 2024 年 5 月第 1 次印刷
责任编辑：时 博 赵 楠 责任校对：贺 力
封面设计：原 皓 版式设计：原 皓

定价：82.00 元

教学支持 售后服务 联系电话：（0411）84710309
版权所有 侵权必究 举报电话：（0411）84710523
如有印装质量问题，请联系营销部：（0411）84710711

前　言

　　国之重器，在于创新。创新之道，唯在得人。推至企业，亦是如此。相关研究表明，员工创新对组织的生存、创新和发展至关重要，因此，激发员工创新成为组织和管理者的一项重要工作，很多企业不遗余力地培育创新环境、营造创新氛围。但激发员工创新非一日之功，员工创新是一个"社会-政治"过程，不仅受到员工个体特征的影响，还受到与之相联系的情境因素的影响，尤其是领导者的影响。

　　现有研究对员工创新行为的前因进行了广泛探讨，但仍存在一些局限。具体而言，首先，研究者主要集中在探讨团队（组织）等情境因素，如领导风格、团队（组织）氛围等，忽视了创新者人格特质的影响。有研究认为，由于个体人格差异导致他们在注意、解读信息方面存在差异，所以对相同环境的感知亦存在个体差异。也就是说，采取相同领导方式，处于同等创新氛围之中，员工创新行为将表现出高低水平的不同。其次，研究者均采用以变量为中心的研究路径，探讨单一因素的净效应，或引入调节变量分析少数不同因素组合的影响。事实上，个体特征是一个完整的系统，需要充分考虑不同特征之间的共同作用；且个体对外部情境的认知评价是基于各种因素属性与特征高低组合形成的分类认知图式，在分析情境对行为的影响时，必须依据情境维度加以整体考察。因此，在对员工创新行为之所以发生进行解释时，有必要基于整体论下的组态视角分析。最后，以往研究集中于员工常规的创新行为，忽视了他们在创意被拒绝后的反应。组织及其管理者通常受制于认知资源和创新资源的短缺，不能对员工的创新进行正确评价，继而为他们提供相应的支持和资源。当员工通过正式途径无法实现其创新目标时，极有可能转向非正式途径，采取越轨的方式继续完善和实施其创意。而现有研究仅是零星地探讨了这一创新行为的前因，对"如何影响"还有待进一步深入挖掘。因此，本书针对上述薄弱环节进行探讨，旨在回答"什么样的员工能发现新颖的、有价值的创意并予以实施？""什么样的组织有助于促进员工创新行为？""什么样的员工在什么样的组织中能主动进行创新？""什么样的领导者会促使员工不放弃被拒绝的创意？"等研究问题。

本书综合运用模糊集定性比较分析、必要条件分析、实证研究等多种研究方法剖析上述研究问题，主要包括以下几个核心部分：一是员工创新行为的文献综述。搜集近年来发表在高水平中英文期刊上的实证研究，根据其研究假设和模型摘录前因条件、中介变量和调节变量及其与创新行为的相关系数。通过编码的方式对这些前因条件进行分类，从而系统回顾现有研究进展以及存在的局限性。二是从大五人格的角度探讨员工创新行为的前因。采用模糊集定性比较分析方法，探索大五人格的"组合效应"对创意产生、创意传播和创意实施三阶段的影响。研究结果显示，单一人格特质并不构成引致员工创新行为的必要条件，但宜人性在引致创新行为中发挥着较为普适的作用；存在多条引致员工创新的人格等效组态；外向性缺席与宜人性通过等效替代的方式影响员工的创新行为。三是从高绩效人力资源管理系统的角度探讨员工创新行为的前因。采用模糊集定性比较分析方法，探索人力资源实践组态对创意产生、创意传播和创意实施三阶段的影响。研究结果表明，单一人力资源管理实践并不构成引致员工创新行为的必要条件，但绩效管理在其中发挥了较为普适的作用；存在多条引致员工创新的人力资源等效组态；绩效管理与薪酬管理通过相互补充的方式影响员工的创新行为。四是从"人-情境"交互的视角探讨员工创新行为的前因。采用两步模糊集定性比较分析方法，将人格视作远端前因条件、高绩效人力资源管理系统作为近端前因条件，探讨两者的耦合对创意产生、创意传播和创意实施三阶段的影响。研究结果显示，单个人格、人力资源管理实践均不构成引致员工创新行为的必要条件，但机会型人力资源管理实践发挥了较为普适的作用；存在人格与人力资源管理系统匹配促发型、人格与人力资源管理系统失配促发型两类引致员工创新行为的组态，对创意产生和创意传播而言，还存在人力资源管理系统单独促发型组态；能力型、动机型人力资源管理实践之间存在相互替代的关系，而能力型/动机型与机会型人力资源管理实践之间存在相互补充的关系。五是从领导的视角探讨员工越轨创新的前因。采用实证研究方法，探讨授权型领导影响员工越轨创新行为的内在机制和边界条件。研究发现，授权型领导通过创造力自我效能、情绪耗竭分别正向、负向影响员工越轨创新，命令型领导抑制了上述影响。

本书的理论贡献如下：第一，发现引致创新三阶段的人格组态、高绩效人力资源管理实践组态的相似性与差异性，为后续开发细粒度的员工创新行为研究理论框架提供了方向。第二，系统整合大五人格与高绩效人力资源管理系统，为厘清员工创新行为发生提供了证据和启示，有效回应了全范围识别影响员工创新行为的人格和情境因素的研究呼吁。第三，将授权型领导和命令型领导相结合，以研究它们对越轨创新的交互影响，为更深入地理解授权型领导的有效性提供了启示。

同时，本书也为组织管理者提供了经验借鉴：首先，研究发现多种人格特质共同作用于员工的创新行为，因此管理者在招聘员工时，应该根据工作岗位创新性的要求，选择与之相契合的"个性化"员工。其次，组织在设计人力资源管理实践时应该转变观念，不必追求每一项实践都做到最好，而应该根据组织的战略、环境等因素确定核心的人力资源管理实践，然后辅之以少数其他人力资源管理实践，从而发挥不同实践之间的协同作用，提高组织人力资源管理效率。最后，组织的管理者可以同时采用授权型领导和命令型领导，通过两种相悖领导行为的取长补短，在激发员工创造力自我效能的同时，抑制其在越轨创新上"过度"投入精力，从而将组织内越轨创新维持在一个合理的水平。

本书适合工商管理、人力资源管理等专业的教师、学生、研究人员以及从事组织管理实务的工作人员阅读。

王圣慧

2024 年 4 月

目　录

1　**绪论**／1

1.1　研究背景／2

1.2　研究问题／3

1.3　研究设计／5

2　**文献综述**／8

2.1　引言／9

2.2　创新行为的概念／9

2.3　文献回顾方法／12

2.4　创新行为的前因／72

2.5　创新行为研究的其他议题／97

2.6　现有研究的局限性与未来的研究方向／98

3　**员工创新行为的前因：人格视角**／101

3.1　引言／102

3.2　研究框架／103

3.3　研究方法／105

3.4　数据分析结果／107

3.5　结果和讨论／129

4 员工创新行为前因：情境视角 / 134

    4.1 引言 / 135

    4.2 研究框架 / 135

    4.3 研究方法 / 138

    4.4 数据分析结果 / 140

    4.5 结果与讨论 / 162

5 员工创新行为前因：人—情境交互视角 / 168

    5.1 引言 / 169

    5.2 研究框架 170

    5.3 研究方法 / 175

    5.4 数据分析结果 / 178

    5.5 结果与讨论 / 209

6 员工越轨创新的前因：领导视角 / 212

    6.1 引言 / 213

    6.2 理论基础与研究假设 / 214

    6.3 研究方法 / 217

    6.4 数据分析结果 / 219

    6.5 结论与讨论 / 236

参考文献 / 239

索引 / 253

1

绪论

1.1 研究背景

如果说科技是人类进步的火种，那么创新便是支撑民族复兴的脊梁。近年来，在《国家创新驱动发展战略纲要》的指引下，我国创新能力不断增强，使得美国等西方国家虎视眈眈，为了保持其领先优势，发动了贸易战。在华为事件上，美国政府向其本土企业谷歌、微软和高通等不断施压，试图停止对华为公司硬件和应用系统的供应。在任正非带领下的华为对此早有预案，近十年来投入累计超过10亿美元用于自主研发"麒麟"芯片和"鸿蒙"操作系统。正因如此，华为才能在美国的打压下实现逆势增长。无独有偶，继华为之后，美国指责大疆无人机涉嫌窃取数据而将其列入美国安全警告报告中，而实际上大疆无人机技术的安全性已经在全球范围内得到了反复验证。由此可见，中国企业只有居安思危，未雨绸缪，依靠自力更生、自主创新才能在保护主义日益泛滥的竞争环境中立于不败之地。

企业创新的基础和载体归根结底在于员工创新。企业在面临外部竞争和经济压力的情况下，员工作为提出、传播、实施创新方案的宝贵资源，有助于改善业务流程，提高客户需求响应速度，从而促进组织生产效率的提升。鉴于此，有关员工创新行为的研究呈指数型增长，研究者从个体、领导、团队或组织特征等方面揭开了影响员工创新行为的层层面纱。尽管这些研究对我们深入理解员工创新行为具有十分重要的意义，并为组织管理实践提供了有益的政策建议，但总体而言，创新研究仍旧难以跟上时代的步伐。

通过梳理相关文献，我们发现员工创新行为领域仍然存在一些悬而未决的问题。首先，对影响员工创新行为的前因而言，现有研究主要集中在探讨团队/组织等情境因素，如领导风格、团队/组织氛围等，忽视了创新者人格特质的影响。有研究认为，由于个体人格差异导致他们在注意、解读信息方面存在差异，所以对相同环境的感知亦存在个体差异。也就是说，采取相同领导方式，处于同等创新氛围之中，员工创新行为仍将表现出高低水平的不同。现有少数关于人格与创新行为关系的研究中，研究者聚焦于单一人格因素，忽视了人格之间的组合效应，并得出了相反的研究结论。例如，Feist（1998）认为外向性与创新行为负相关，而 LePine 和 Van Dyne（2001）认为外向性与个体创新并不相关。造成这种矛盾的原因可能是个体人格特质并不是单独存在的，一种人格特质对行为的影响依赖于其他特质的共同作用。因此，有必要考虑人格特质对创新行为的组合效应。其次，大多数研究将创新行为看成一个连续行为变量，或是限于模糊创新行为的阶段性而将之视为一个整体，或是聚焦于创新的第一阶段——创意产生，这两种研究范式都忽视了一个重要的问题，即产生的创意在什么情况下才能得到实施。从应用价值来看，如果创新行为止步于创意产生，则个体、团队和组织的创新成效将大打折扣，例如柯达公司最先发明了数码相机，但由于这一创意未能得到正确实施而使得公司在后来的竞争中一败涂地。正是意识到上述问题，近年来研究者呼吁加强对创意实施和创新过程的研究。与之相关的另一个问题是员工在创意被明确拒绝后的反应如何？直接放弃或者是继续坚持？由于受限于组织资源和其他人的认知局限性，80%的创意因领导者或同事的忽视或抵抗而夭折。在此情况下，员工如何自行搜索、投入资源以继续创意就显得尤为重要。

鉴于现有研究存在的问题，本书试图从组态视角，分析员工创新行为的前因；进一步，从领导的视角探讨员工越轨创新的内在机制，从而深化员工创新行为研究，为团队或组织如何最大程度释放激励创新的因素提供政策建议。

1.2　研究问题

"大众创业、万众创新"作为中国经济发展的新引擎，促使企业追求创新的意愿越来越强烈，而企业创新归根结底是员工的创新。因此，如何促进员工创新，确保有价值的创意得到有效实施成为学术界和实务界共同关心的话题。本书拟从人格、情境、人与情境交互的视角对员工创新行为的前因进行探讨，其目的在于全面了解员工创新行为的内涵、发生机制，从而弥补现有研究存在的不足，同时为组织管理实践提供指导。具体而言，本书拟解决以下研究问题：

研究问题一：什么样的员工能发现新颖的、有价值的创意并予以实施？

为了解答该问题，研究一采用模糊集定性比较分析（fuzzy set qualitative comparative analysis，fsQCA）的方法，分析大五人格组合对员工创新行为的影响。之所以从大五人格的角度切入，是因为大五人格被许多学者认为是一种可复制和统一的人格分类法，并且对于工作场所创新行为有较好的预测效果。本书试图通过研究，发现引致员工创意产生、创意传播和创意实施的不同人格组合，从而整合相关研究存在的差异。

研究问题二：什么样的组织有助于促进员工创新行为？

为了解答该问题，拟采用fsQCA方法，分析高绩效人力资源管理系统的协同组合对员工创新行为的影响。之所以从高绩效人力资源管理系统的角度切入，是因为在人员流动性和用工灵活性日益增强的背景下，具有创造性的员工难以由组织持续掌握，但组织可以对其制度安排和管理实践进行不断优化，从而吸引、激励和引导员工进行创新。高绩效人力资源管理系统作为组织内部一种稳定的管理实践，被证实对员工创新具有显著的引导作用。本书试图解释不同人力资源管理实践组合在引致员工创意产生、创意传播和创意实施方面的等效性，从而为组织基于自身资源基础构建有助于创新的人力资源管理系统提供指导。

研究问题三：什么样的员工在什么样的组织中能主动进行创新？

为了解答该问题，拟采用两步QCA方法，将大五人格视为远端前因、高绩效人力资源管理系统作为近端前因，分析两者的组合作用对员工创新行为的影响，以此揭示员工创新行为背后的复杂因果关系，为进一步探索"人-情境"交互视角下的实证研究提供新思路。

研究问题四：什么样的领导者会促使员工不放弃被拒绝的创意？

为了解答该研究问题，拟采用实证研究方法，探讨领导者影响员工越轨创新的内在机制和边界条件。研究以资源保存理论为基础，分析授权型领导如何通过创造力自我效能、情绪耗竭同时促进和抑制员工越轨创新行为；同时，意识到组织中的领导者通常并不是割裂地表现出单一领导风格，引入与授权型领导相对的命令型领导，探讨这两种相悖领导行为对越轨创新的交互影响，以期弥补不同领导风格的局限性，并将组织内的越轨创新维持在"合理"水平。

1.3 研究设计

1.3.1 研究方法

1）文献研究法

本书利用关键词分别在中国知网、Web of Science、EBSCO 和 PsycINFO 等数据库进行检索，搜索与员工创新行为相关的重要文献。对这些文章的前因、中介机制等进行编码、梳理和归纳，从而厘清员工创新行为影响因素和机制的发展脉络，总结现有研究存在的缺陷，为本书构建理论模型提供理论基础和文献支撑。

2）模糊集定性比较分析法

采取模糊集定性比较分析法，探索人格、人力资源管理系统对创新行为的"组合效应"以及前因条件之间的"互动关系"。首先，通过查阅国内外文献选取成熟的量表。针对英文量表，采取"翻译-回译"方法以及与组织行为领域专家讨论的方式来确保问卷的科学性和准确性。其次，对研究涉及的变量进行校准（calibration），并计算单项前因条件的覆盖度和一致性，从而检验该条件是否构成结果的必要条件。最后，运用 R 语言 QCA 包构建真值表，并利用逻辑余项进行布尔最小化运算以获得引致员工创新的不同人格组态。

3）必要条件分析

必要条件分析（necessary condition analysis，NCA）致力于回答"一个前因条件在什么程度时才是一个结果的必要条件"的问题。在定性比较分析对必要条件做出的"是"与"否"判断的基础上，详细分析前因条件如何构成结果的必要条件，这使得NCA与QCA的结果具有较大的价值。在数据分析中，首先利用QCA中的间接校准方法对所有前因条件和结果进行校准；然后采用上限回归（ceiling regression，CR）生成上限函数，计算单个前因条件对结果的效应量及其显著性，以此判断必要条件是否成立；最后计算瓶颈水平，即产生特定结果需要必要条件的最低水平。

4）实证研究法

研究四采取实证研究的方法对提出的理论模型进行检验。首先，根据相关理论提出理论模型和研究假设；其次，查阅文献以选取成熟的量表，对英文量表进行"翻译-回译"以及适当的修订；再次，采取多时点、多来源的问卷调查方式获得数据；最后，对有效数据进行信度和效度分析、验证性因子分析、相关性分析、路径分析，并采取偏差校正百分位Bootstrap方法检验中介效应和被调节的中介效应等的95%置信区间，从而判断这些效应的显著性。

1.3.2 结构安排

本书分为6章，具体安排如下：

第1章从现实背景和理论背景两个方面阐述了对员工创新行为前因、过程及其后果进行研究的必要性，并提出要解决的问题。与此同时，简要阐述了研究所采用的研究方法、技术路线及可能的创新点。

第2章对国内外有关创新行为的相关文献进行回顾和梳理，总结影响员工创新行为的影响因素、内在机制和影响结果，发现现有文献中尚未解决的问题，为现有研究提供方向和指引。

第3章试图回答研究问题一，采用fsQCA方法探讨大五人格对员工创新行为（创意产生、创意传播和创意实施）的"联合效应"，同时对引致创新不同阶段的前因组态进行对比，从而发现共性和差异性。

第4章试图回答研究问题二，采用fsQCA方法探讨高绩效人力资源管理系统对员工创新行为（创意产生、创意传播和创意实施）的"联合效应"，同时对引致创新不同阶段的前因组态进行对比，从而发现共性和差异性。

第5章试图回答研究问题三，采用两步QCA方法探讨高绩效人力资源管理系统与大五人格特质之间的耦合，并重点分析了这些因素如何共同作用于员工的创新行为。

第6章基于三个研究的实证结果，对本书进行归纳和总结，并指出存在的局限性以及未来可能的研究方向，以期对未来研究提供指导。

2

文献综述

2.1 引言

意识到员工创新对提升组织绩效、促进组织长期发展的重要性，国内外学者围绕创造力、创新进行了大量的研究，尤其是广泛探讨了影响员工创造力和创新的因素。搜索国内外文献可以发现，学术界对所取得的研究成果的回顾和总结较少，缺乏系统梳理以明确未来的研究方向。两篇发表在高水平期刊的文献综述（曲如杰等，2012；Anderson 等，2014）存在的一定的局限性。具体而言，曲如杰等（2012）主要聚焦在员工创新的领导前因方面，缺乏对其他影响因素的探讨。Anderson 等（2014）在综述中将创造力定义为创意产生阶段，将创新视为创意实施阶段，两阶段的划分可能是较为精简的方式，但却忽视了创新过程中的其他环节。基于此，本书将对国内外重要文献进行分析，在此基础上总结、提炼影响员工创新行为的因素及其内在机制、影响结果。

2.2 创新行为的概念

研究者从不同的视角对员工创新行为进行了界定，可以将之归纳为特质和过程两大类，如表2-1所示。

特质视角认为，适应-创新是个体人格的基本维度之一，是一个连续体的两端，适应型个体强调"更好地完成任务（doing things better）"，而创新型个体希望"以不同的方式完成任务（doing things differently）"。因此，适应型的个体根据组织内现存的惯例来处理问题，而创新型的个体倾向于打破这些惯例、容忍偏差（Kirton，1976）。另外，有学者将创新行为定义为个体特有的一种能力（Guilford，1950），或希望改变的意愿（Hurt等，1977）。

随着研究的推进，特质视角创新行为的定义被逐渐摒弃，研究者强调从过程的视角界定创新行为。从表2-1可知，过程视角的研究者对创新行为的定义大同小异。其主要包含两个特点：一是创新行为是一种角色外行为，强调员工的主动性；二是创新行为是对工作角色的突破，强调产生、引入、推展或实施新想法、新流程、新产品。

表2-1 创新行为的定义

视角	作者	概念
特质视角	Guilford（1950）	创新行为是个体特有的一种能力
	Kirton（1976）	创新者对传统的知识和实践不以为意，强迫性地思考创意，渴望社会认同，即希望其创意获得正面评价
	Hurt等（1977）	个体希望改变的意愿
过程视角	Kanter（1988）	创新者或创业者通过建立同盟以获取必要的权力将所产生的创意转化为产品原型，然后进行扩散以实现量化生产
	Woodman等（1993）	产生、采用和实施创新性的想法
	Scott和Bruce（1994）	创新行为以识别问题、产生创意为起点，建立同盟以寻求支持，进而将创意转化为产品原型并实现"产品化和制度化"
	Kleysen和Street（2001）	在组织任何层次上提出、引入和应用有价值创意的个人行动
	Janssen（2003）	在其工作角色、团队或组织中有意地产生、推展和实现新想法以提高角色绩效并对团队和组织产生有利影响
	De Jong（2006）	在工作角色、团队或组织内启动或有意引入新的、有用的想法、流程、产品或程序的个人行为
	Yuan和Woodman（2010）	个体在其工作角色、团队或组织中有意引入、应用新想法、新产品、新流程的行为
	屠兴勇等（2015）	员工在工作过程中，产生新想法或提出问题解决方案，并努力将之付诸企业实践的行为
其他	梁阜等（2018）	创新智力资源的形成与转化

与其他定义不同，梁阜等（2018）认为员工创新的实质是他们将其

他资源转化为创新智力资源并激活、使用的过程，而领导行为有助于员工资源的转化。然而，作者并没有明确界定创新智力资源，以及它与其他资源的区别；从某种程度上而言，员工将其他资源转换为创新智力资源的过程需要消耗部分智力资源，依据资源保存理论的逻辑，那些创新智力资源较少的员工其首要目的可能并不是转化而是保存现有资源。该视角对于创新行为的定义虽然存在一定的缺陷，但仍为研究创新行为提供了借鉴，后续研究者可以试图从资源转化的视角做更深入的探讨。

考虑到目前学术界的主流观点，本书依据过程视角将员工创新行为界定为员工为了提高个人、团队或组织的绩效，在工作中产生、传播和实施新想法的过程。

从过程视角对员工创新行为进行界定还需解决另外一个重要的问题，即创新划分为几个阶段？国内外学者对此还没有形成一致的意见（如表2-2所示）。Baer（2012）等大多数学者将创新划分为创意产生和创意实施两个阶段，而创新是一个社会-政治过程，个体需要向创新"守门人"传播创意并说服他们，才能获得推动创意实施的资源。因此，有研究者认为在探讨员工创新的过程时，不能忽视创意产生和创意实施的中间阶段（Perry-Smith和Mannucci，2015）。员工创新的一个重要前提是他们意识到工作中存在改进的空间，这样才可能触发其创新行为。类似于个体建言认知模型，个体利用相关知识、经验和技能识别问题情境作为建言的前置因素，因此我们认为问题识别、机会探索等作为员工创新的驱动因素，不宜纳入创新阶段之中。创意评估是指创新者系统评估其想法，进一步提炼和发展其想法的过程（Perry-Smith和Mannucci，2015），实质是创新者对产生的创意进行完善和迭代，因此可以将之归入创意产生阶段。

表2-2　　　　　　　　　　　创新阶段划分

阶段	作者	具体内容
两阶段	Baer（2012）、Anderson等（2014）	创意产生、创意实施
	Khazanchi和Masterson（2011）	创意产生：信息共享、承担风险 创意传播：建立同盟、向上反馈

阶段	作者	具体内容
三阶段	Scott 和 Bruce（1994）	创意产生、寻求支持、创意实施
	Janssen（2003）	创意产生、创意传播、创意实施
四阶段	Kanter（1988）	创意产生、建立同盟、创意实现、转化或推展
	Perry-Smith 和 Mannucci（2015）	创意产生、创意评估、创意传播、创意实施
	Dorenbosch 等（2005）	问题识别、创意产生、创意传播、创意实现
五阶段	Kleysen 和 Street（2001）	机会探索，创意产生，创意形成、传播、应用

基于上述分析，本书按照 Janssen（2003）的建议，将员工创新划分为三个阶段：创意产生、创意传播和创意实施。

2.3　文献回顾方法

本书利用关键词分别在中国知网、Web of Science、EBSCO 和 PsycINFO 等数据库进行检索。中文检索关键词为"创新行为""创新""创造力"；英文检索关键词为"innovation""innovative behavior""innovative work behavior""creativity"等。由于创新领域文献众多，所以本书聚焦高水平期刊以确保研究质量，即须为 SSCI 和 CSSCI 来源期刊。对检索到的文献进行初步分析，筛选出其中与创新行为相关的文章共 362 篇，其中英文文章 194 篇，中文文章 168 篇。

为了更好地对所检索文献进行分析，我们对 362 篇文献进行编码。首先，根据文献假设和模型摘录其前因条件、中介变量和调节变量及其与创新行为的相关系数，如表 2-3 所示。需要指出的是，如果文章作者提出了调节变量影响创新行为的假设，我们在前因条件一栏亦予以记录。然后，我们对这些前因条件进行分类，例如变革型领导、交易型领导编码为领导因素，学习导向、绩效证明导向、绩效回避导向等编码为个体因素。

表2-3

创新行为前因研究汇总

序号	作者	前因（M表示中介变量）		调节		创新行为测量
		变量名称	相关系数 r	变量名称	相关系数 r	
1	Yuan 和 Woodman (2010)	感知组织创新支持 LMX 创新工作要求 创新声誉 对现状不满 预期印象风险 M 预期印象收益 M 预期积极绩效结果 M	0.03 0.22** 0.18* 0.32** -0.07 -0.17* 0.05 0.29**			
2	Pieterse 等 (2010)	变革型领导 交易型领导	0.04 -0.19*	心理授权	0.15*	
3	Khazanchi 和 Masterson (2011)	组织人际公平 组织信息公平 领导人际公平 领导信息公平 组织信任 M 领导信任 M 感知组织支持 M LMX^M	-0.19*, -0.06, 0.01, 0.09 -0.12, 0.01, 0.04, 0.15+ 0.01, -0.06, 0.10, -0.01 0.04, -0.06, 0.07, 0.03 -0.06, 0.08, 0.18*, 0.19* 0.06, 0.03, 0.10, -0.01 -0.01, 0.09, 0.14+, 0.15+ 0.08, -0.02, 0.17+, 0.04			信息分享、风险承担，建立同盟，向上反馈

序号	作者	前因（M 表示中介变量）		调节		创新行为测量
		变量名称	相关系数 r	变量名称	相关系数 r	
4	Davis 等（2013）	目标导向 学习导向 证明导向 回避导向 反馈质量 M	0.55** 0.11 −0.19** 0.26**			
5	Alfes 等（2013）	感知领导行为 高绩效人力资源管理实践 工作投入 M	0.21** 0.26** 0.39**			
6	Hoch（2013）	垂直变革型与授权型领导 团队成员正直 共享领导 M	−0.08 0.37** 0.06			
7	Tu 和 Lu（2013）	团队层面道德领导 个体层面道德领导 团队内部动机 M 个体内部动机 M	— — 0.286** 0.525**			

序号	作者	前因（M 表示中介变量）		调节		创新行为测量
		变量名称	相关系数 r	变量名称	相关系数 r	
8	Leung 等（2014a）	关系导向 害怕失败^M	-0.10 -0.03	创新氛围	0.16*	
9	Luoh 等（2014）	工作标准化 心理授权^M	-0.31** 0.35**	心理授权	0.35**	
10	Gupta 和 Singh（2014）	任务导向领导行为 感召领导行为 团队建设型领导行为 授权型领导行为 率先垂范领导行为 心理资本^M 乐观 自我效能 希望 韧性	0.17**、0.13**、0.22**、0.26** 0.15*、0.17**、0.22**、0.26** 0.09*、0.12**、0.18**、0.19** 0.16**、0.13**、0.23**、0.24** 0.17**、0.12**、0.16**、0.12** 0.27**、0.26**、0.31**、0.37** 0.39**、0.29**、0.41**、0.43** 0.34**、0.35**、0.39**、0.32** 0.36**、0.36**、0.44**、0.41**			问题识别、信息搜索、创意产生、创意传播

序号	作者	前因（M 表示中介变量）		调节		创新行为测量
		变量名称	相关系数 r	变量名称	相关系数 r	
11	Madrid 等（2014）	组织创新支持 高激活积极心情 ᴹ	0.07 0.56**	经验开放性	0.22**	
12	Lin 和 Leung（2014）	组织程序公平氛围 感知组织仁慈 ᴹ 感知组织正直 ᴹ 感知工作安全 ᴹ	0.18** 0.12* 0.16** 0.13*			
13	De Jong 等（2015）	工作自主性 工作多样性	0.41*** 0.28***			
14	Leung 等（2014b）	心理安全感	0.14*	冲突回避	0.03	
15	Wang 等（2015）	团队外弱连接 LMXᴹ	0.20* 0.27**	团队内强连接	0.11	
16	Malik 等（2015）	外在报酬 内部动机	0.01 0.33**	创造力自我效能 外在报酬重要性 控制点	0.28** 0.19* 0.17	

续表

序号	作者	前因（M表示中介变量）变量名称	相关系数 r	调节变量名称	相关系数 r	创新行为测量
17	Stock (2015)	工作厌倦 工作意义危机 成长危机	0.03 -0.26* -0.42*	顾客信息支持	0.12	
18	Froehlich 等 (2015)	主题思维	0.23**	政治技能	0.34**	
19	De Clercq 等 (2016)	感知工作负荷 感知组织政治	-0.150** -0.089**	知识分享 人际和谐	0.080* 0.175**	
20	Ingram 等 (2016)	矛盾思维 感知矛盾张力	0.459** -0.197	矛盾思维	0.459**	
21	Sanders 和 Yang (2016)	高承诺人力资源管理	0.42**	人力资源归因	0.26**	
22	Lettieri 等 (2016)	组织资本 结构社会资本 关系社会资本 心理安全感 M 知识分享 M 分享最佳实践 分享错误 反馈寻求	0.096, 0.111, 0.141 0.108, 0.224, 0.251 0.087, 0.261, 0.198 0.161, 0.285, 0.235 0.307, 0.407, 0.510 0.237, 0.256, 0.371 0.200, 0.363, 0.288			创意产生、创意传播、创意实施

序号	作者	前因（M 表示中介变量）		调节		创新行为测量
		变量名称	相关系数 r	变量名称	相关系数 r	
23	Ng 和 Lucianetti (2016)	组织信任	0.06、0.11、0.09	心理集体主义	0.05、0.03、-0.03	创意产生、创意传播、创意实施
		感知尊敬	0.20**、0.18**、0.17**			
		创造力自我效能 M	0.38**、0.25**、0.33**			
		说服力自我效能 M	0.15*、0.10、0.12*			
		变革自我效能 M	0.24**、0.27**、0.24**			
24	Kang 等 (2016)	组织创新氛围	0.00	主动性氛围	-0.04	
		发明激情 M	0.16*	风险承担氛围	-0.03	
25	Birdi 等 (2016)	创新技能	0.20**、0.12、0.42***			提交专利、实时创意、提交创意、创意实施
		工作专长	0.05、-0.40、0.38***			
		运营技能	-0.02、0.07、0.34***			
		情境知识	0.05、-0.02、0.22*			
		内部动机	0.22**、0.10、0.41***			
		工作控制	-0.05、-0.07、0.15			
		团队支持	0.20*、0.15、0.28***			

序号	作者	前因（M 表示中介变量）		调节		创新行为测量
		变量名称	相关系数 r	变量名称	相关系数 r	
26	Lai 等（2016）	总体知识流动 平衡知识流动	0.23** 0.19*	总体知识流动	0.23**	
27	Chen 等（2016）	领导型支持 内部动机^{M}	0.20**（S1）、0.26**（S2） 0.22**（S1）、0.41**（S2）	自我效能 内控点	0.37**（S1）、 0.27**（S2） 0.13**（S1）、 0.23**（S2）	
28	Dhar（2016）	道德型领导 LMX^{M}	0.288** 0.461**	工作自主性	0.654**	
29	Bednall 和 Sanders（2017）	正式学习机会	0.07	人力资源系统强度	−0.01	
30	Černe 等（2017）	知识隐藏	−0.18*	团队精熟动机氛围 任务互依性	0.23** −0.05	

序号	作者	前因（M表示中介变量）		调节		创新行为测量
		变量名称	相关系数 r	变量名称	相关系数 r	
31	Kim 和 Koo（2017）	LMX	0.548**			
		工作投入 ^M	0.626**			
		组织投入 ^M	0.519**			
32	Lee 和 Kim（2017）	成就需求	0.14			
		权力需求	0.19			
		归属需求	0.05			
		知识分享 ^M	0.09			
		知识应用 ^M	0.16			
33	Shih 和 Susanto（2017）	感知认同	0.20*	感知同事信任	0.03	
		感知责任共担	-0.09			
34	Spanuth 和 Wald（2017）	组织承诺	—	薪酬管理	—	
		任务熟悉度	—			
35	Minh 等（2017）	领导技术胜任力	0.56*			
		下属学习行为 ^M	0.52*			

序号	作者	前因（M 表示中介变量）		调节		创新行为测量
		变量名称	相关系数 r	变量名称	相关系数 r	
36	Shin 等（2017）	感知创新工作要求	0.14^*	创新内在兴趣 感知绩效报酬预期 感知对组织价值	0.10 0.11 0.05	
37	Shanker 等（2017）	组织创新氛围	0.52^{**}			
38	Gu 等（2017）	领导风格（变革、交易） 组织承诺^M	0.068 0.117^*	组织任期	0.051	
39	Chang 等（2017）	高投入人力资源实践 变革意愿^M 吸收能力^M	— — —			
40	Chen 等（2018）	高承诺工作系统	0.30^{**}	工作-家庭矛盾 分享家庭问题氛围	0.05 0.31^{**}	
41	Sanders 等（2018）	以绩效为基础的薪酬	0.04	人力资源强度 国家层面不确定性规避	0.33^{**} 0.03	

序号	作者	前因（M 表示中介变量）		调节		创新行为测量
		变量名称	相关系数 r	变量名称	相关系数 r	
42	West（2002）	感知企业社会责任—环境社区	0.47**			
		感知企业社会责任—顾客	0.40**			
		感知企业社会责任—员工	0.43**			
		工作投入 M	0.79**			
43	Bani-Melhem 等（2018）	工作场所幸福感	0.59***			
		同事支持 M	0.56***			
		工作压力 M	−0.18***			
44	Newman 等（2018a）	服务型领导	0.04			
		创业型领导	0.22			
45	Newman 等（2018b）	创造力自我效能	0.16**	创业型领导	0.14**	
				变革型领导	0.10*	
				参与型领导	0.17**	

序号	作者	前因（M 表示中介变量）		调节		创新行为测量
		变量名称	相关系数 r	变量名称	相关系数 r	
46	Engelen 等 (2018)	公司支持项目	0.24***	权力距离文化 个人主义文化 不确定性规避文化 男性化文化	−0.15*** 0.13*** −0.03** −0.05***	
47	Chou 等 (2018)	组织智力资本 人力资本 组织资本 顾客资本	 0.484 0.380 0.542	顾客有价值的共创行为	0.599	
48	Jung 和 Yoon (2018)	冲突管理氛围 员工投入^M	0.113*** 0.391**			
49	Guillén 和 Kunze (2019)	年龄	−0.14*	跨部门合作	0.07	
50	Stock 等 (2019)	过高的核心自我评价 自利 自负	0.12 −0.31*** −0.26***	任期 权力	−0.05 0.02	

序号	作者	前因（M 表示中介变量）		调节		创新行为测量
		变量名称	相关系数 r	变量名称	相关系数 r	
51	Luu (2019)	团队多样性氛围^M 工作激情 和谐型激情 强迫型激情	0.32** (S1)、0.27** (S2) 0.37**** (S1)、0.31** (S2) −0.25* (S1)、−0.23** (S2)	团队专长多样性 开放人格多样性	0.07 (S1)、0.05 (S2) 0.05 (S1)、0.03 (S2)	
52	孙锐等 (2009)	领导成员交换 团队成员交换 组织创新气氛^M	0.577** 0.538** —			
53	孙锐等 (2012)	领导创新期望 员工横向交换 员工内在动机^M	0.41* 0.57** 0.7**			
54	苏屹等 (2018)	共享授权型领导 内部人身份感知^M	— —			创新意识、创意、实施
55	王辉和常阳 (2017)	组织创新氛围 自主工作性 团队协作 组织激励 内在动机^M 外在动机	0.318*** 0.351*** 0.360*** 0.388*** 0.363***			

| 序号 | 作者 | 前因（M 表示中介变量） | | 调节 | | 创新行为测量 |
		变量名称	相关系数 r	变量名称	相关系数 r	
56	梁阜等（2018）	团队一致性变革型领导	0.582**	环境竞争性	0.371**	
		个体差异性变革型领导	0.561**	环境动态性	0.214**	
		领导－成员交换 M	0.780**			
57	王宏蕾和孙健敏（2018）	授权型领导	0.173**	结构正式化	—	
		基于组织的自尊 M	0.184**			
58	单标安等（2019）	感知的创业激情				
		探索新事物	0.366***			
		发展新企业	0.375***			
		创建新企业	0.089			
		员工感知信任 M	0.380***			
59	王石磊和彭正龙（2013）	反馈寻求		领导创新行为	0.15*	
		观察式反馈寻求	0.33**			
		询问式反馈寻求	0.36**			
		创新效能感 M	0.60**			

序号	作者	前因（M 表示中介变量）变量名称	相关系数 r	调节 变量名称	相关系数 r	创新行为测量
60	张敏（2014）	积极拖延	0.427**	积极拖延	0.427**	
		情感网络中介中心性	0.252**	情感网络中介中心性	0.252**	
		预期性焦虑	-0.341**			
		抑制性焦虑	-0.336**			
61	曲如杰和康海芹（2014）	权变奖励交易型领导	0.10†	创造力自我效能感	0.19**	
		例外管理交易型领导	-0.10†			
		变革型领导	0.24**			
62	曲如杰等（2015）	辱虐型领导	-0.22**	组织自尊	0.30**	
		创造力自我效能M	0.21**			
63	张振刚等（2016）	主动型人格	0.443*	创新氛围	0.348**	
		知识分享M	0.565**			
64	冯彩玲（2017）	组织一致性变革型领导	0.24***	创新气氛	0.21***	
		个体差异性变革型领导	-0.16**			
		企业家导向M	0.32***			

序号	作者	前因（M 表示中介变量）		调节		创新行为测量
		变量名称	相关系数 r	变量名称	相关系数 r	
65	邓传军等（2017）	非正式地位	0.41^{**}、0.44^{**}	组织错误管理文化	0.31^{**}、0.38^{**}	提出想法 推展/实施想法
66	赵斌等（2019）	主观规范 指令性规范 示范性规范 印象管理动机 M	0.197^{***}、0.741^{***} 0.540^{***}、0.540^{***} 0.528^{*} 0.424^{***}	自我构念 独立我 互依我	0.236^{**}、0.303^{**} 0.283^{****}、 0.471^{***}	创意构想产生 创意构想执行
67	刘云和石金涛（2009）	组织创新氛围 同事支持 主管支持 公司支持	0.361^{*} 0.349^{**} 0.388^{**}	激励偏好 内在偏好 外在偏好	0.382^{*} 0.370^{*}	
68	韩翼和杨百寅（2011）	真实型领导 心理资本 M	0.16^{**}、0.14^{*}	LMX	0.16^{**}	
69	王震和孙健敏（2010）	价值观匹配 工作要求-个人能力匹配 个人需求-工作供给匹配	0.22^{**}、0.12 0.13、0.06 0.25^{**}、0.14^{**}			创意产生 创意实施

序号	作者	前因（M 表示中介变量）		调节		创新行为测量
		变量名称	相关系数 r	变量名称	相关系数 r	
70	孙彦玲等 (2012)	创造力自我效能感 知识共享 M	0.530** 0.541**	工作单位结构	—	
71	唐乐等 (2015)	领导政治技能 员工政治技能 创造力自我效能感 M	0.26** 0.34** 0.51**			
72	古银华 (2016)	包容型领导 团队心理安全感 M	0.229** 0.224**	权力距离	0.030	
73	魏江茹 (2019)	中庸思维 知识共享 M	0.576** 0.593**	团队-成员交换	0.584**	
74	刘云 (2011)	自我领导 心理意象 自我对话 自我奖赏 自我惩罚 心理授权 M	0.373** 0.270** 0.280** 0.254** 0.622**			

序号	作者	前因（M表示中介变量）		调节		创新行为测量
		变量名称	相关系数 r	变量名称	相关系数 r	
75	宋典等（2011）	组织创业导向 组织创新氛围^M 心理授权^M	— — 0.716***			
76	彭正龙等（2011）	挫折 涌现型领导 团队情绪^M	— 0.498*** 0.047*	涌现型领导	0.498***	
77	曹勇和向阳（2014）	知识治理 正式治理 非正式治理 社会资本^M 关系网络 网络结构 知识共享^M	0.487** 0.391* 0.577** 0.420** 0.469**	社会资本 关系网络 网络结构 吸收能力	0.577** 0.420** 0.531*	
78	逄键涛和温珂（2016）	主动性人格 工作满意度	0.594**、0.586**、0.565** 0.373**、0.300**、0.357**	工作满意度	0.373**、0.300** 0.357**	创意产生、创意推动、创意实施

序号	作者	前因（M表示中介变量）		调节		创新行为测量
		变量名称	相关系数 r	变量名称	相关系数 r	
79	顾远东和彭纪生（2011）	创造力自我效能 成就动机ᴹ 工作卷入ᴹ	0.683***、0.609*** 0.486***、0.456*** 0.362***、0.389***			创意产生、创意实施
80	杨晶照等（2012）	组织文化 创造力自我效能感ᴹ	— —			
81	王士红等（2013）	组织氛围感知 公平氛围感知 创新氛围感知 友好关系氛围感知 知识共享意愿ᴹ	 0.284 0.316 0.317 0.597			
82	孙锐（2014）	战略人力资源管理实践[a] 组织创新氛围ᴹ	— —			
83	张宁俊等（2015）	差错管理氛围 差错取向ᴹ	0.395** 0.379**			

序号	作者	前因（M表示中介变量）		调节		创新行为测量
		变量名称	相关系数 r	变量名称	相关系数 r	
84	方阳春等（2015）	包容型人才开发模式[a] 心理资本[M]	— 0.541**、0.521**			创新意识、创新成果
85	曹科岩和窦志铭（2015）	组织创新氛围 知识分享	— 0.59**			
86	方阳春等（2017）	包容型人才开发模式[a] 创新激情 和谐式创新激情 强迫式创新激情[M]	— 0.600** 0.756**			
87	方阳春和陈超颖（2017）	包容型领导 包容型员工观点和失败 认可并培养员工 公平对待员工	0.350**、0.317** 0.467**、0.457** 0.361**、0.389**			
88	赵斌等（2017b）	职业导向 认同动机[M]	0.386** 0.483**	信息寻求 主观规范 分配公平	0.161** 0.141** 0.178**	创意产生、创意实施

序号	作者	前因（M表示中介变量）		调节		创新行为测量
		变量名称	相关系数 r	变量名称	相关系数 r	
89	逄键涛和温珂（2017）	主动性人格 创造力自我效能感^M 创新预期结果^M	0.594**, 0.586**, 0.565** 0.536**, 0.466**, 0.469** 0.573**, 0.497**, 0.515**			创意产生、创意推动、创意实施
90	阎亮和张治河（2017）	组织创新氛围 组织支持感^M 组织承诺^M	0.802** 0.640** 0.628**	绩效薪酬 创造力自我效能感	0.711** 0.507**	
91	顾远东等（2017）	成功经历 失败经历 创造力自我效能感^M	0.72** −0.46** 0.70**	主观支持	0.49**	
92	周飞等（2018）	包容型领导 开放性 易接近性 可用性 情绪劳动^M 深层动作 表达自然情绪	0.158* 0.212 0.232** 0.217** 0.211**	主动性人格	0.577**	

序号	作者	前因（M 表示中介变量）		调节		创新行为测量
		变量名称	相关系数 r	变量名称	相关系数 r	
93	李永占（2018）	变革型领导 心理授权 M	0.42** 0.46**	情感承诺	0.34**	
94	江莘等（2018）	学习目标导向 知识转化 M	0.21*** 0.35***	网络建构能力	0.24***	
95	刘宁等（2019）	组织创新奖酬 员工创新意愿 M	0.176** 0.308**	员工的物质主义特性	0.187*	
96	王娟茹和杨理（2019）	回任适应 工作适应 人际适应 环境适应 知识转移 M	 0.473** 0.434** 0.487** 0.508**	创造力自我效能	0.265**	
97	张文勤等（2010）	目标导向 学习目标导向 证明目标导向 回避目标导向	 0.67** 0.13 -0.58**	团队创新氛围	0.60	

序号	作者	前因（M表示中介变量）		调节		创新行为测量
		变量名称	相关系数 r	变量名称	相关系数 r	
98	顾远东和彭纪生（2010）	组织创新氛围 创造力自我效能感 M	0.408，0.425 0.638，0.609			创意产生、创意实施
99	杨付和张丽华（2012a）	认知风格 学习型风格 计划型风格 创造型风格	0.541^{**} 0.299^{**} 0.573^{**}	团队心理安全感 工作单位结构	— —	
100	屠兴勇等（2016）	领导教练行为 批判性反思 M	0.35^{**} 0.27^{**}	LMX	0.47^{**}	
101	丁贺等（2018）	基于优势的心理氛围 创造力自我效能感 M 创新意愿 M	0.486^{**} 0.790^{**} 0.736^{**}			
102	朱金强等（2018）	包容型领导 辱虐型管理	0.165^{*} 0.158^{*}	独立型自我意识	0.271^{***}	
103	杨付和张丽华（2012b）	团队沟通 工作不安全氛围	— —	创造力自我效能感	0.53^{**}	

序号	作者	前因（M表示中介变量）		调节		创新行为测量
		变量名称	相关系数 r	变量名称	相关系数 r	
104	沈伊默等（2017）	仁慈领导 内部人身份感知 M	0.31** 0.42**	领导－部属交换关系差异化	—	
105	孙健敏等（2018）	挑战性压力源	0.01（S1）、0.19**（S2）	领导－成员交换 辱虐管理	0.06（S1）、 0.00（S2） −0.04（S1）、 −0.04（S2）	
106	朱瑜等（2018）	教练型领导 创造力自我效能感 M	0.19** 0.28**	个人传统性	0.09	
107	陶建宏等（2014）	自我领导 组织自尊 M	— 0.798**			
108	庄子匀和陈敬良（2015）	服务型领导 领导认同 M	— —	组织创新氛围	—	
109	屠兴勇和郭娟梅（2016）	批判性反思 知识分享 M	0.40** 0.19**	自我效能感	—	

序号	作者	前因（M 表示中介变量）		调节		创新行为测量
		变量名称	相关系数 r	变量名称	相关系数 r	
110	罗瑾琏等 (2016)	双元领导 创造力自我效能感 M 领导-成员交换关系 M	— — —	认知灵活性	—	
111	卢俊婷等 (2017)	公仆型领导 员工社会角色期望 M	0.18** 0.36**	团队积极情绪氛围	—	
112	赵斌等 (2017a)	组织差错管理氛围 基本心理需求 M	— —	工作复杂性	—	
113	刘智强等 (2013)	地位竞争动机 地位赋予标准	— —			
114	刘云和石金涛 (2010)	组织创新氛围 同事支持 主管支持 组织支持 心理授权 M	 0.361** 0.349** 0.388** 0.606**			提出创意、推展/实施创意

序号	作者	前因（M 表示中介变量）		调节		创新行为测量
		变量名称	相关系数 r	变量名称	相关系数 r	
115	刘宗华等 (2018)	工作嵌入 内部人身份感知 M	0.27** 0.28**	主管支持	0.19**	
116	陈丽芬和金灿 (2018)	高绩效人力资源实践 员工组织心理所有权 M	0.513** 0.455**	互动公平	—	
117	王朝晖 (2018)	资质过剩感 工作愤怒 M 创造力自我效能 M	0.12** −0.12** 0.55**	调节定向 促进性定向 防御性定向	 0.54** 0.32**	
118	何奕 (2018)	员工学习目标取向 团队自省 M	0.35** —	团队自省	—	
119	王晓红和徐峰 (2018)	领导创造力 下属创新投入 M	0.15*** 0.31**	分配公正	0.06	
120	步琼等 (2018)	感知团队异质性 信息交换 M	0.256*** 0.265**	挑战性压力 阻断性压力	0.116* 1.090	
121	买热巴·买买提和李野 (2018)	服务型领导行为 心理安全感 M	0.14* 0.15*	领导真诚性	0.09	

序号	作者	前因（M表示中介变量）		调节		创新行为测量
		变量名称	相关系数 r	变量名称	相关系数 r	
122	徐珺等（2018）	上级发展性反馈 创造力自我效能^M	0.143** 0.230**	关系认同感	0.068	
123	张勇等（2018）	挑战性压力 阻断性压力 自我效能^M	0.01 −0.13* 0.26**	程序公平 分配公平	0.06 0.09	
124	朱瑜等（2018）	教练型领导 创造力自我效能感^M	0.19** 0.28**	个体传统性	0.09	
125	汪长玉和左美云（2018）	知识转移 线上代际知识转移 线下代际知识转移 线上同辈知识转移 线下同辈知识转移	—			
126	李召敏和赵曙明（2018）	组织期望贡献 能力面子压力^M	−0.119*、−0.182**、−0.157** 0.374**、0.401**、0.485**	组织提供激励	0.316**、0.156*、0.217**	管理类、生产类、研发类

序号	作者	前因（M表示中介变量）		调节		创新行为测量
		变量名称	相关系数r	变量名称	相关系数r	
127	江苇等（2018）	学习目标导向 知识转化M	0.21*** 0.35***	网络建构能力	0.24***	
128	刘小禹等（2018）	公权领导 私权领导 内部动机M	0.15** -0.01 0.19**	工作自主性	0.11*	
129	张怡凡等（2019）	威权领导 心理依赖M	-0.22** -0.26**	主动性人格 权力距离	0.03 -0.27**	
130	王晓红和徐峰（2019）	领导者创造力 创新过程投入M	0.15*** 0.31**	程序公正	—	
131	王苗苗和张捷（2019）	真实型领导 内部人身份感知M	0.341** 0.305**	角色宽度自我效能感	0.716**	
132	江宇晖等（2019）	时间压力 挑战性评估M 威胁性评估M	-0.01 0.136* -0.171**	领导语言框架 领导积极语言框架 领导消极语言框架	 0.197** 0.122*	

序号	作者	前因（M表示中介变量）		调节		创新行为测量
		变量名称	相关系数 r	变量名称	相关系数 r	
133	钟熙等（2019）	领导信任	0.327**	消极人格特质 马基雅维利主义 神经质 组织公平感知	0.207** 0.132 0.263**	
134	朱永跃和欧阳晨慧（2019）	领导授权 促进性建言M 抑制性建言M	0.602** 0.606** 0.751**	权力距离	−0.261**	
135	仇勇等（2019）	观点采择 团队断层	0.229** —	团队断层 授权型领导 冲突管理策略 合作型 竞争型 回避型	— — — — —	
136	宋锟泰等（2019）	时间压力 员工促进型工作焦点M 员工防御型工作焦点M	0.470**、−0.224** 0.217**、0.218** 0.343**、−0.324**	服务型领导	−0.104、0.197**	利用式创新行为 探索式创新行为

序号	作者	前因（M表示中介变量）		调节		创新行为测量
		变量名称	相关系数 r	变量名称	相关系数 r	
137	刘淑桢等（2019）	工作不安全感	0.195**	领导支持	-0.684**	
		工作重塑^M	0.475**	自我效能	0.233**	
138	林新奇和丁贺（2019）	员工优势使用	0.598**			
		创造力自我效能感^M	0.552**			
		创新时间压力^M	-0.394**			
139	沈伊默等（2019）	辱虐管理	—	中庸思维	-0.05	
		心理契约破坏^M	-0.13*			
140	赵书松和张一杰（2019）	绩效考核政治				
		激励性政治	0.184**			
		惩罚性政治	-0.120*			
		组织公平感^M	0.385**			
		互动公平感^M	0.318**			
		程序公平感^M	0.216**			
		分配公平感^M	0.427**			
		组织支持感^M	0.427**			

序号	作者	前因（M表示中介变量） 变量名称	相关系数 r	调节 变量名称	相关系数 r	创新行为测量
141	张兰霞等（2019）	工作表达抑制	-0.434*	组织创新氛围	—	
		家庭表达抑制	-0.388**			
		工作－家庭冲突ᴹ	-0.508**			
		家庭－工作冲突ᴹ	-0.491**			
142	吴伟伟等（2019）	协调性胜任力	0.52***	创新效能感	0.59***	
		创新效能感	0.59***			
143	方阳春等（2019）	包容型人力资源管理实践		知识能力		创新过程
		公平共赢	0.341**、0.507**	学历水平	0.11**	创新结果
		容错鼓励建言	0.406**、0.414**	工作职称	0.31**	
		注重跨部门交流	0.383**、0.408**			
		用人所长	0.455**、0.461**			
		多元化引进人才	0.132*、0.187**			
		重视员工培养	0.268**、0.398**			
		员工自我效能感ᴹ	0.809**、0.767**			

序号	作者	前因（M表示中介变量）		调节		创新行为测量
		变量名称	相关系数 r	变量名称	相关系数 r	
144	徐珺等 (2019)	领导语言框架 积极框架 消极框架 认知评价ᴹ 挑战评价ᴹ 威胁评价ᴹ	0.149* −0.153* 0.152* −0.214**	领导－成员交换关系	0.308**	
145	王雁飞等 (2019)	领导心理资本 下属心理资本ᴹ	— 0.44**	团队自省	—	
146	赵轩维等 (2019)	生理投入 情感投入 认知投入 领域任务自我效能ᴹ 互动学习自我效能ᴹ	— — — — —			
147	张兰霞等 (2019)	领导－员工认知风格	0.425**、0.472**	组织创新氛围	—	
148	陈明淑和周子旋 (2020)	工作不安全感 现场非正式学习ᴹ	0.35** 0.52**	组织创新氛围感知	0.52**	

序号	作者	前因（M 表示中介变量）		调节		创新行为测量
		变量名称	相关系数 r	变量名称	相关系数 r	
149	蓝媛媛等（2020）	服务型领导 知识分享行为 M	0.31** 0.31**	领导-下属价值观一致性	-0.08	
150	叶晓倩等（2020）	参与式管理 内部人身份感知 M	0.36*** 0.37***	挑战性压力源 阻碍性压力源	0.20** 0.36***	
151	赵李晶等（2020）	资质过剩 工作繁荣	-0.16** 0.33**	服务型领导 任务型契约	0.12 0.12*	
152	覃大嘉等（2020）	职业能力 反思能力 行为能力 交际能力 工作重塑 M	 0.46** 0.48** 0.42** 0.41**	交际能力	0.42**	
153	刘镜等（2020）	员工职业生涯规划 自我效能 持续学习	0.561** 0.613** 0.609**	组织氛围	0.379**	

序号	作者	前因（M表示中介变量）		调节		创新行为测量
		变量名称	相关系数r	变量名称	相关系数r	
154	刘德文等（2020）	顾客参与压力 挑战型压力 阻碍型压力	0.332**、-0.355** 0.460**、-0.365** -0.262**、-0.335**	调节聚焦 防御聚焦 促进聚焦	0.035、0.097 0.003、0.046	利用式创新行为、探索式创新行为
155	赵斌和杨变凯（2020）	挑战性压力 阻断性压力 获得性印象管理动机^M 防御性印象管理动机^M	0.330** -0.254** 0.386** -0.165**	阴阳思维	0.021	
156	王晓艳和高良谋（2020）	用户创新期望 创造力角色认同^M	0.329** 0.562**	个人认同	0.183**	
157	邓志华等（2020）	精神型领导 职业召唤感^M	0.416** 0.491**	儒家工作伦理 职业召唤感	0.411** 0.491**	
158	栾墨等（2020）	预期性交流	—	解释水平	—	
159	李文静等（2020）	绿色变革型领导 绿色内部动机^M	0.579** 0.479**	绿色外部动机 控制性 信息性	0.362** 0.312**	

序号	作者	前因（M表示中介变量）		调节		创新行为测量
		变量名称	相关系数 r	变量名称	相关系数 r	
160	胡巧婷等（2020）	领导成员交换 工作重塑 ^{M} 工作投入 ^{M}	0.07（T1）、0.14（T1） 0.06（T1）、0.03（T1）、0.10（T2）、0.15（T2） 0.13（T1）、0.21*（T1）、0.24**（T3）、0.36**（T3）	个体传统性	-0.003（T0）、0.11（T0）	任务绩效、创造力
161	朱金强等（2020）	员工跨界行为 角色压力 ^{M}	-0.02 -0.15***	角色宽度自我调节效能感	0.33***	
162	罗萍等（2020）	个性化工作协议 能力需求满足 ^{M} 自主需求满足 ^{M} 关系需求满足 ^{M}	0.25** 0.26** 0.17** 0.19**	工作负荷	-0.13	
163	戴万亮等（2020）	心理所有权 知识分享 ^{M}	0.51*** 0.56***	同事间信任	0.17*	
164	张兰霞等（2020）	工作家庭冲突 工作-家庭冲突 ^{M} 家庭-工作冲突 ^{M} 情感平衡 ^{M}	-0.16** -0.40** 0.31**	未来时间洞察力	0.01	

序号	作者	前因（M表示中介变量）		调节		创新行为测量
		变量名称	相关系数 r	变量名称	相关系数 r	
165	周文莉等 (2020)	积极情绪 创造力效能感 ^{M} 工作卷入 ^{M}	0.426**、0.361**、0.399** 0.680**、0.763**、0.422** 0.541、0.632、0.396			创新行为 创意尝试行为 创意推广行为
166	魏华飞等 (2020)	授权型领导 基于情感的信任 ^{M} 基于认知的信任 ^{M}	0.53** 0.63** 0.60**	组织支持感	0.45**	
167	卢艳秋等 (2020)	变革型领导 团队失败共享信念 ^{M}	— —	员工归属感	0.519***	
168	宋嘉艺等 (2020)	工作家庭冲突 工作-家庭冲突 家庭-工作冲突 自主性动机 ^{M}	-0.130** -0.203** 0.538**	家庭支持感知 工作支持感知	0.143 0.356*	
169	李志成和喻凯玲 (2020)	职场不文明行为 道义公平 ^{M}	-0.422** 0.500**	公正世界信念	-0.114	

序号	作者	前因（M表示中介变量）		调节		创新行为测量
		变量名称	相关系数 r	变量名称	相关系数 r	
170	李雪等（2020）	展厅现象	0.059	销售人员的客户导向	0.362	
		挑战性压力	0.223			
		阻碍性压力	−0.373			
171	马君和闫嘉妮（2020）	绩效报酬	−0.02	正面反馈	0.13*	
				表现目标导向	—	
				胜任感知	0.40**	
				盛名综合征	—	
172	牛莉霞和刘勇（2021）	双元领导	0.789**	中庸思维	0.592**	
		矛盾体验 M	0.802**			
173	张健东等（2021）	绩效目标导向				
		上司绩效回避目标导向	−0.205**			
		下属绩效回避目标导向	−0.436*			
		上司绩效趋近目标导向	0.228**			
		下属绩效趋近目标导向	0.562**			
		创新性过程投入 M	0.734**			

序号	作者	前因（M表示中介变量）		调节		创新行为测量
		变量名称	相关系数 r	变量名称	相关系数 r	
174	魏巍等（2021）	地位提升事件强度 自我效能感 M	0.668** 0.789**	内部归因 外部归因	0.704** -0.026	
175	周念华等（2021）	PCSR（员工感知的企业社会责任） 感知的内部社会责任 感知的外部社会责任 组织认同 M 工作不安全感 M 员工的工作投入 M	 0.44*** 0.38*** 0.44*** -0.30*** 0.59***			
176	黄勇等（2021）	领导创造力 角色宽度自我效能感 M	— 0.58**	权力距离 组织创造力支持感	— 0.34**	
177	钟竞等（2021）	资质过剩感 工作繁荣 M	-0.172** 0.315**	分配公正氛围 绩效报酬	— —	
178	崔智淞等（2021）	安全基地型领导 心理安全感 M 创造力自我效能 M	0.310** 0.521** 0.358**	焦虑型依恋风格	-0.377**	

序号	作者	前因（M 表示中介变量）		调节		创新行为测量
		变量名称	相关系数 r	变量名称	相关系数 r	
179	谭新雨（2021）	制度环境	0.54**	公共服务动机	0.18**	
		授权型领导	0.46**			
		变革情感承诺	0.65**			
180	付竞瑶等（2021）	员工边界分割偏好	0.058			
		主管边界分割偏好	0.221**			
		员工工作自主性ᴹ	0.719**			
181	孙长素和郭名（2021）	非正式地位	0.691**	差错氛围	0.102**	
		创新期望ᴹ	0.540**			
182	屠兴勇等（2021）	批判性思维	0.43**	目标清晰度	0.29**	
		创造性思维	0.40**			
		创新工作参与ᴹ	0.45**			
183	赵爽和马君（2021）	领域相关技能	0.207**	地盘意识	−0.010	
		认知固化ᴹ	−0.291**	创造相关技能	0.264**	

序号	作者	前因（M表示中介变量）		调节		创新行为测量
		变量名称	相关系数 r	变量名称	相关系数 r	
184	王雁飞等（2021）	下属工具性关系图式	-0.06			
		下属情感性关系图式	0.10			
		领导工具性关系图式	—			
		领导情感性关系图式	—			
		人际信任				
		对领导的情感信任^M	0.37***			
		对领导的认知信任^M	0.22**			
185	郝旭光等（2021）	平台型领导	0.537**			
		基本心理需要	0.647**			
186	马君等（2022b）	明星员工	-0.34***	高绩效期望	0.09	
		表现目标导向^M	-0.34***	收益型心理框架	-0.11*	
187	王佳燕等（2022）	资质过剩感	-0.152**			
		离职倾向^M	-0.179**			
		工作卷入^M	0.357**			

序号	作者	前因（M表示中介变量）		调节		创新行为测量
		变量名称	相关系数 r	变量名称	相关系数 r	
188	马君等（2022a）	任务绩效 CCB（强制性组织公民行为）M	-0.091 -0.409**	LMXSC（领导成员交换社会比较）	0.122*	
189	侯昭华等（2022）	安全基地型领导 工作旺盛感 M	0.478** 0.582***	不确定性规避	-0.203*	
190	李姜锦等（2022）	领导对员工创造力的期望 心理授权 M	0.115** 0.136**	代际差异	0.101*	
191	严鸣等（2022）	道德型领导行为 基本需求满足程度 M	0.24** 0.30**			
192	戴万亮等（2022）	面子意识 想挣面子 怕丢面子 建设性争辩 M	0.599*** -0.112* 0.617***	团队信任	0.243***	
193	陶厚永等（2022）	悖论式领导行为 努力工作 M 聪明工作 M	0.630** 0.718** 0.739**	调节焦点 促进型调节 防御型调节	0.811** 0.824**	

序号	作者	前因（M表示中介变量）变量名称	相关系数 r	调节 变量名称	相关系数 r	创新行为测量
194	张勇等（2022）	学习目标导向 绩效目标导向	0.18**、-0.03 -0.05、0.24**	外部搜寻 内部搜寻 适应性—创造性认知风格	0.27**、0.05 -0.09、0.31** 0.08、0.03	突破性创造力 渐进性创造力
195	张生太等（2023）	时间压力 外源性 内源性 心理距离 M	-0.133** 0.465* -0.442**	敌意归因偏差	-0.04	
196	徐敏亚等（2023）	性别偏见 父亲性别偏见 母亲性别偏见 M 自尊 M 职业妥协 M	-0.12 0.11 0.43*** 0.40***			
197	董念念等（2023）	领导消极反馈 领导积极反馈 问题解决反思 M 情感反刍 M	0.04 0.07 0.18** -0.09*	证明目标导向 回避目标导向	0.18 0.14	

序号	作者	前因（M表示中介变量）		调节		创新行为测量
		变量名称	相关系数 r	变量名称	相关系数 r	
198	王永伟等（2023）	领导-员工创造力评价一致 不一致 工作自主性	— — 0.53**	差序氛围感知	0.31**	
199	戴万亮等（2023）	幽默特质 心理韧性 M	0.304*** 0.305***	团队情绪氛围	—	
200	李全等（2023）	工作狂领导 时间压力 M	0.19** 0.26**	下属核心自我评价	0.28**	
201	李姜锦等（2023）	领导的挑战性压力 领导的授权行为 M	— 0.169**	领导：对上尽责 领导：对下尽责	— —	
202	张永军等（2023）	团队间竞争 绩效证明导向 M	— 0.454**	程序公平氛围	—	
203	Marshall 等（2019）	兼职创业角色	0.56**	创新氛围 个人目标导向 证明 回避 学习	0.16** 0.47** -0.00 0.43**	

序号	作者	前因（M表示中介变量）		调节		创新行为测量
		变量名称	相关系数 r	变量名称	相关系数 r	
204	Petrou 等（2019）	日常任务冲突	0.39^{**}、0.55^{**}、0.53^{**}	日益增加的结构性就业资源 日益增加的社会就业资源	0.55^{**} 0.53^{**}	
205	Chae 和 Choi（2018）	工作复杂性	0.21^{***}	主管对创造力的支持 成长需要力量	0.14^{**} 0.15^{**}	
206	Zhang 等（2018）	授权型领导M 信息获取 资源获取M 组织自尊M	0.32^{*} 0.21^{**} 0.33^{**} 0.37^{**}	信息获取 资源获取	0.21^{**} 0.33^{**}	
207	Pan 等（2018）	主动性人格 非正式领导地位M	0.31^{**} 0.24^{**}	正式领导的愿景行为	0.23^{**}	
208	Guo 等（2018）	威权领导M 恐惧M 防御性沉默M	-0.32^{***}（S1）、-0.20^{**}（S2） -0.27^{***}（S2） -0.40^{***}（S1）、-0.27^{***}（S2）	心理资本	0.11（S2）	

序号	作者	前因（M表示中介变量）		调节		创新行为测量
		变量名称	相关系数 r	变量名称	相关系数 r	
209	Wang 等 (2018)	发展型契约	0.19**			
		灵活性契约	0.11*			
		创造力自我效能感 M	0.28*			
210	Li 等 (2018)	工作自主性	-0.03 (S2)	监督的自主性支持	0.08 (S2)	
		内在动机 M	0.41** (S1)、-0.02 (S2)			
		认知灵活性 M	0.38** (S1)、0.09 (S2)			
211	Ogbeibu 等 (2018)	活力组织文化	—	仁爱	—	
		市场组织文化	—			
		宗族组织文化	—			
212	Ogbonnaya 和 Messersmith (2019)	能力型人力资源管理实践	0.31***			
		动机型人力资源管理实践	0.52***			
		机会型人力资源管理实践	0.34***			
		情感承诺 M	0.12***			
213	Chae 和 Choi (2019)	常规化	0.16*	学习目标导向	0.44***	
		自由的认知资源 M	0.26***	主管对创造力的支持	0.21**	

序号	作者	前因（M 表示中介变量）		调节		创新行为测量
		变量名称	相关系数 r	变量名称	相关系数 r	
214	Cheung 等（2020）	正念 创新过程投入^M	-0.04（S1）、0.04（S2） 0.17**（S1）、0.13*（S2）	感知领导谦让	0.04（S2）	
215	Shao 等（2019）	矛盾型领导行为 创造力自我效能感^M	0.13* 0.28**	工作负荷性压力 认知综合复杂性	0.09 0.12$^+$	
216	Koh 等（2019）	变革型领导 创造力自我效能感^M 创造力的内在动机^M 创新氛围^M 领导者的认同^M 心理授权^M	0.329*** 0.445*** 0.410*** 0.361*** 0.182*** 0.412***			
217	Montani 等（2019）	感知资产剥离社会化强度 新员工真实的自我表达	-0.22** 0.16	感知主管创造力期望 主管真实性支持	0.14 0.33**	
218	Xu 等（2019）	团队主动型人格 团队创新氛围^M	— —			

续表

序号	作者	前因（M 表示中介变量）		调节		创新行为测量
		变量名称	相关系数 r	变量名称	相关系数 r	
219	Ali 等（2019）	外派员工与东道国国家雇员知识共享 外派员工间的知识共享	— —	外派员工的文化智力	—	
220	Chen 等（2019）	认知多样性 任务反思^M 关系冲突^M	0.09 −0.03 −0.49**	创新支持	0.20*	
221	Wang 等（2019）	服务型领导 工作繁荣^M	— 0.39**	团队反思	—	
222	Eva 等（2019）	上级反馈 工作投入^M 心理契约破裂^M	0.18** 0.28** −0.29**	同事反馈	0.18**	
223	Hernaus 等（2019）	工作复杂性 工作创新需求	0.145** 0.434**	员工年龄	−0.094	
224	Zhang 等（2020a）	家庭经济压力 家庭动机^M 工作工具^M	0.04 0.14** −0.26**	性别	−0.103**	

序号	作者	前因 （M表示中介变量）		调节		创新行为测量
		变量名称	相关系数 r	变量名称	相关系数 r	
225	Zhang等 （2020b）	授权型领导	0.08			
		员工建言行为M	0.56***	奖励遗漏	-0.19**	
		主动担责行为M	0.69***			
226	Gong等 （2020）	社会关系多样性	0.07			
		创造力自我效能M	0.18**	社会关系强度	-0.05	
227	Montani等 （2020）	工作负荷	0.06 （S1）、0.17* （S2）	正念	0.09 （S1）、-0.10 （S2）	
		工作投入M	0.35** （S1）、0.46** （S2）			
228	Hu等 （2020）	开放式领导	0.430**			
		封闭式领导	0.203**			
		创造力自我效能M	0.471**			
229	Sung和Choi （2021）	成本认知	-0.05			
		价值认知	0.20**			
		反馈寻求策略M	0.19**			
		探究策略M				
		监控策略M	0.15**			

序号	作者	前因（M 表示中介变量）		调节		创新行为测量
		变量名称	相关系数 r	变量名称	相关系数 r	
230	Babalola 等（2021）	家庭排斥主义	-0.17*	归属需要	0.12	
		基于压力的家庭与工作冲突 M	-0.22**			
		创造性流程参与 M	0.50**			
231	Liang 等（2021）	共享领导	0.21***	权力距离	-0.10*	
		工作意义 M	0.13***			
232	Mao 等（2021a）	与团队工作相关的焦虑	—	团队合作性	—	
233	Martinaityte 等（2020）	个人心理所有权	0.12			
		集体心理所有权	0.11**			
		个人参与（T2）	0.56**			
234	Rumila 和 Jun（2020）	授权型领导行为				
		参与式决策	0.515*			
		指导	0.588*			
		通知	0.609*			
		员工建言 M	0.604*			

序号	作者	前因（M 表示中介变量）		调节		创新行为测量
		变量名称	相关系数 r	变量名称	相关系数 r	
235	Petrou 等（2020）	叛逆性	0.13	促进性调节焦点 防御性调节焦点	0.48** 0.08	
236	Oluwafemi 等（2020）	开放式领导行为 封闭式领导行为 适应性灵活性行为^M	0.375**，0.184 0.276**，0.372** 0.367**，0.129			探索式创新行为 利用式创新行为
237	Peng 等（2020）	主动性人格一致性 领导认同^M	— 0.29**			
238	Gao 等（2020）	个人与组织活力价值一致不一致	—	直接上级的变革性领导	0.03	
239	Han 和 Bai（2020）	员工创造力自我效能感	0.23*	领导者辩证思维 领导—成员交换	— 0.31*	
240	Shin 和 Grant（2021）	拖延 问题重组^M 新知识的激活^M	0.33***（S1），0.28**（S2） 0.29**（S2） 0.29**（S2）	内在动机 创造性需求	0.25**（S1） 0.16（S1）	

序号	作者	前因（M 表示中介变量）		调节		创新行为测量
		变量名称	相关系数 r	变量名称	相关系数 r	
241	Liu 等（2020）	职场负面八卦 情绪耗竭 M	-0.07 0.09	外倾性	0.06	
242	AlNuaimi 等（2021）	变革型领导 交易型领导	0.410*** 0.181**			
243	Kim 等（2021）	发展型工作经验 工作倦怠 M 心理资本 M	0.53** -0.34** 0.54**	组织内部的工作流动性感知	0.21*	
244	Bledow 等（2022）	行动—状态导向 男性 女性	-0.02 -0.11*	工作自主性 自我决定	0.16** 0.05	
245	Mao 等（2021b）	员工自恋 员工创造力自我效能感 M	0.31***、0.15*（S1）、 0.16**（S2） 0.59***、0.37***（S1）、 0.50***、0.27***（S2）	主管对创造力的期望	0.46***、0.48***（S1）、 0.29**、0.11*（S2）	员工激进式创造力 员工渐进式创造力

续表

序号	作者	前因（M表示中介变量）		调节		创新行为测量
		变量名称	相关系数 r	变量名称	相关系数 r	
246	Hora 等（2021）	女性 心理安全感^M 创造力自我效能^M	-0.01 0.16** 0.12*	女性	-0.01	
247	Lang 等（2022）	授权型领导 员工晋升焦点^M	0.16** 0.18**	主管性别 员工性别	— 0.05	
248	Montani 等（2021）	富有同情心的目标 巴西 加拿大 巴西和加拿大的目标 自我形象的目标 巴西 加拿大 巴西和加拿大 组织的创新支持^M 巴西 加拿大 巴西和加拿大	 0.30** (T1)、0.22** (T2) 0.29** (T1)、0.21** (T2) 0.30** (T1)、0.24** (T2) 0.23** (T1)、0.21** (T2) 0.32** (T1)、0.21** (T2) 0.22** (T1)、0.18** (T2) 0.43** (T1)、0.44** (T2) 0.27** (T1)、0.37** (T2) 0.40** (T1)、0.44** (T2)			

序号	作者	前因（M 表示中介变量）		调节		创新行为测量
		变量名称	相关系数 r	变量名称	相关系数 r	
249	Volery 和 Tarabashkina（2021）	组织氛围	0.40**、0.33**（中国）、0.10、0.13（大洋洲）	工作中心	−0.18**、−0.19**（中国）、0.23**、0.15*（大洋洲）	创意产生 创意实施
		奖励	0.28**、0.23**（中国）、0.07、0.12（大洋洲）			
		领导成员交换	0.34**、0.27**（中国）、0.09、0.09（大洋洲）			
		工作中心	−0.18**、−0.19**（中国）、0.23**、0.15*（大洋洲）			
		员工创造力	0.59**、0.51**（中国）、0.37**、0.29**（大洋洲）			
250	Chatterjee 等（2021）	组织知识分享氛围	—			
		知识特征的复杂性	—	知识隐藏者	—	
		组织中的知识隐藏 M	—	知识寻求者	—	

序号	作者	前因（M表示中介变量）		调节		创新行为测量
		变量名称	相关系数 r	变量名称	相关系数 r	
251	Coelho等（2021）	管理的服务导向	—			
		管理的利润导向	—			
		文化控制	0.56			
		社会控制	0.50			
		过程控制	0.50			
		产出控制	0.50			
		自我控制M	0.62			
252	Liu等（2021）	出生顺序	-0.17** 0.26**	相对时间距离	0.17**、-0.01	
		追求地位取向M				
		理性的	0.42** 0.03			
		感性的	-0.04 0.31**			
253	Luqman等（2021）	企业社交的社会工具使用	-0.35**	预防-以员工为中心	-0.01	利用性创新行为
		中断过载M	-0.44**	普升-员工关注的焦点	-0.14**	探索性创新行为
		心理转换M	-0.34**			

序号	作者	前因（M表示中介变量）		调节		创新行为测量
		变量名称	相关系数 r	变量名称	相关系数 r	
254	Yang 等（2021）	领导型幽默 关系能量^M	0.39** 0.31**	传统性	0.09	
255	Zhang 等（2022）	个人绩效薪酬^M	0.01（S1）、−0.06、 0.27**（S1）、0.33**	文化价值 纵向集体主义取向 横向集体主义取向	 0.05（S1）、−0.11 −0.09（S1）、0.02	
256	Wang 等（2022c）	团队自省 规范承诺^M 情感承诺^M	0.23** 0.28** 0.29**	仁慈型领导	0.10	
257	Ogbeibu 等（2021）	市场型组织文化 层级型组织文化 宗族型组织文化 活力型组织文化	— — — —	领导可信度	—	
258	Cheung 和 Zhang（2021）	自主设计 交互式办公室设计	0.35** 0.27**	内在动机 多元化意识形态	0.23** 0.24**	

续表

序号	作者	前因（M表示中介变量）		调节		创新行为测量
		变量名称	相关系数 r	变量名称	相关系数 r	
259	Wang等（2021）	双元领导				
		开放式领导行为	0.23**			
		封闭式领导行为	0.09**			
		工作压力 M	−0.24**			
		角色模糊性 M	−0.28**			
260	Nguyen等（2022）	感知到的负面声誉	0.17			
		感知到的知识的重要性	0.43	组织文化		
		主动潜伏 M	—	高层管理者的支持	0.56	
		主动阅读	0.12	社交关系	0.51	
		主动应用	0.49			
		知识收集行为 M	0.35			
261	Chen等（2022）	组织政治知觉	−0.23**			
		知识共享敌意 M	−0.21**	共念	0.14*	
262	Farmer等（2024）	文化紧密型/松散型	−0.26**、0.01	创意角色认同	0.41**、0.20**	创意产生 创意实施

序号	作者	前因（M表示中介变量）		调节		创新行为测量
		变量名称	相关系数 r	变量名称	相关系数 r	
263	El-Kassar 等（2022）	人力资源实践	—			
		感知组织对创造力的支持 M	—			
		知识隐藏 M	—			
		员工创造力 M	—			
264	Lin 等（2022）	创造力相关的外在奖励	0.39**	领导-成员交换	0.44**	
		创造力相关的内在动机 M	0.40**			
265	Wang 等（2022a）	独裁式领导	−0.23**	仁慈领导	0.39***	
		创造力自我效能 M	0.52**	权力距离	−0.09	
266	Liu 等（2022）	创造性绩效压力	0.06、0.1	服务型领导	0.17*、0.16*	
		创造性绩效压力的挑战性评价 M	0.29**、0.34**	晋升的重点	0.15*、0.22**	
		创造性绩效压力的阻碍性评价 M	−0.19**、−0.33**			
267	Xu 等（2022）	领导者对员工的完美主义	−0.10	员工控制点	0.17*	
		员工参与 M	0.30***			
		员工情绪衰竭 M	−0.36***			

序号	作者	前因（M表示中介变量）		调节		创新行为测量
		变量名称	相关系数 r	变量名称	相关系数 r	
268	Wang等 (2022b)	反馈寻求 工作繁荣 M	0.21** 0.57**	正念	0.1	
269	Wang和Lau (2022)	工作重塑	0.03 (S1)、0.08 (S2)	认知能力 时间稀缺性	0.05 (S2) 0.09 (S2)	
270	Pasricha等 (2023)	感知到的社会责任 组织自豪感 M 情感承诺 M	0.588** 0.270** 0.476**	移情	0.394**	
271	Hoever等 (2023)	国籍多样性 感知认知多样性 教育背景多样性 灵感 M	— — — 0.19***(S1)、0.17*(S2)	权力感 位置权力	0.13***(S1)、 0.01 (S2) 0.03	
272	Tang等 (2023)	在工作中与自然的接触 广泛的认知加工 M	0.40* 0.32*	经验开放性	0.21*	
273	Zhang等 (2023)	领导自恋 感知领导自恋 M	0.35** −0.20**	领导感知的目标一致性	0.27**	

序号	作者	前因（M表示中介变量）		调节		创新行为测量
		变量名称	相关系数 r	变量名称	相关系数 r	
274	Lin 等（2023）	父母的完美主义期望	0.19**	主管的完美主义期望	0.17*	
		害怕失败	−0.33**			
275	Cai 等（2023a）	个人层面的愿景型领导	0.49**	团队层面的愿景型领导	—	
		领导者-追随者目标一致性^M	0.44**	团队目标承诺	—	
276	Grosser 等（2023）	活跃的政治支持接触数量	0.35**	自我的正式等级	—	
		活跃的政治支持接触的平均师徒网络中心性	0.34**			
		非活跃的政治支持联系的数量	0.08			
277	Xu 等（2023）	以创新为导向的人力资源体系	0.36**			
		个体对创新文化的感知^M	0.43**			
		员工内在动机^M	0.60**			

序号	作者	前因（M 表示中介变量）		调节		创新行为测量
		变量名称	相关系数 r	变量名称	相关系数 r	
278	Cai 等（2023b）	辱虐管理	-0.18^*	组长原型性	—	
		同事排斥 M	-0.24^{**}			
279	Xia 和 Li（2023）	信任结构洞	-0.14^*			
		知识隐藏 M				
		推脱隐藏 M	0.06	观点采样	0.11	
		装傻 M	-0.04			
		合理隐藏 M	0.12			
280	Wang 等（2023）	创造性身份不对称	—			
		创新角色认同	0.02	感知的创造力要求	0.18^{**}	
		创造性的反思性评价	0.10	自我监控	-0.05	
		心理压力 M	-0.20^{**}			

注：a 表示研究分维度报告相关系数，构念维度较多，为节省篇幅故本书未罗列；S 指代研究中的不同样本；"—" 表示研究中未报告变量间相关系数。

通过梳理现有研究，我们发现可以将前因变量与员工创新行为之间的中介机制划分为三类：动机机制、社会交换机制和其他。进一步，按照Parker等（2010）提出的主动性动机模型将动机机制归纳为四类：一是"能动"动机（can do motivation），包括认为自己是否可以做？是否可以实现？以及风险如何？等。二是"内驱"动机（reason to motivation），解释了个体为何要采取创新行为的问题。三是"能量"动机（energized to motivation），反映了个体受到积极情感的激发进行创新行为的过程。四是"其他"，即将不能归入上述三类动机的中介变量编码为"其他"。

2.4　创新行为的前因

2.4.1　与员工相关的因素

影响员工创新行为的个体方面的因素可以分为动机、行为、经历、认知与能力、特质等，如图2-1所示。

1）员工动机

（1）"能动"动机。创造力自我效能[①]是指个体对自己有能力产生创造性结果的信念（Tierney和Farmer（2002））。高创造力自我效能的个体认为自己具备在工作中产生、实施创意的知识和技能，因此他们会投入更多的时间识别工作中存在的问题，继而产生创新性的解决方案；同时，他们也会主动学习新知识和新技能，敢于将新想法付诸实践。

心理安全感是指个体认为可以在组织中自由地展现真实的自我，不用担心危及自己的地位、形象或职业发展。心理安全感鼓励员工开放性地沟通和交流工作中的问题，能有效降低员工提出新想法的人际风险，促使他们为解决问题付出努力，因此心理安全感将正向影响员工的创新行为。

[①]　部分中文文献将创造力自我效能翻译为创新自我效能，为保持行为一致，本书统一为创造力自我效能。

员工动机
"能动"动机：创造力自我效能、心理安全感等
"内驱"动机：外部动机、内部动机、对现状不满、成就/归属/权力需求、创新声誉、地位竞争动机等
"能量"动机：工作场所幸福感

员工行为
反馈寻求、知识隐藏、积极拖延等

员工经历
失败/成功经历等

员工认知与能力
中庸思维、批判性思维、认知风格、主题思维、矛盾思维、政治技能、创新技能、工作专长、情境知识、运营技能、自我领导、任务熟悉度、回任适应等

员工特质
目标导向、自负、自利、核心自我评价、无法忍受不确定性、主动性人格等

其他
年龄、非正式地位、员工倦怠、工作满意度等

动机机制
"能动"动机：预期印象风险/收益、预期积极绩效结果、害怕失败、创造力自我效能感、创新结果预期等
"内驱"动机：内部动机、认同动机、工作卷入等
"能量"动机：团队情绪
其他：心理授权、组织自尊等

社会交换机制
知识分享、信任、同事支持等

其他
工作压力、知识转化、知识转移、反馈质量等

员工创新行为

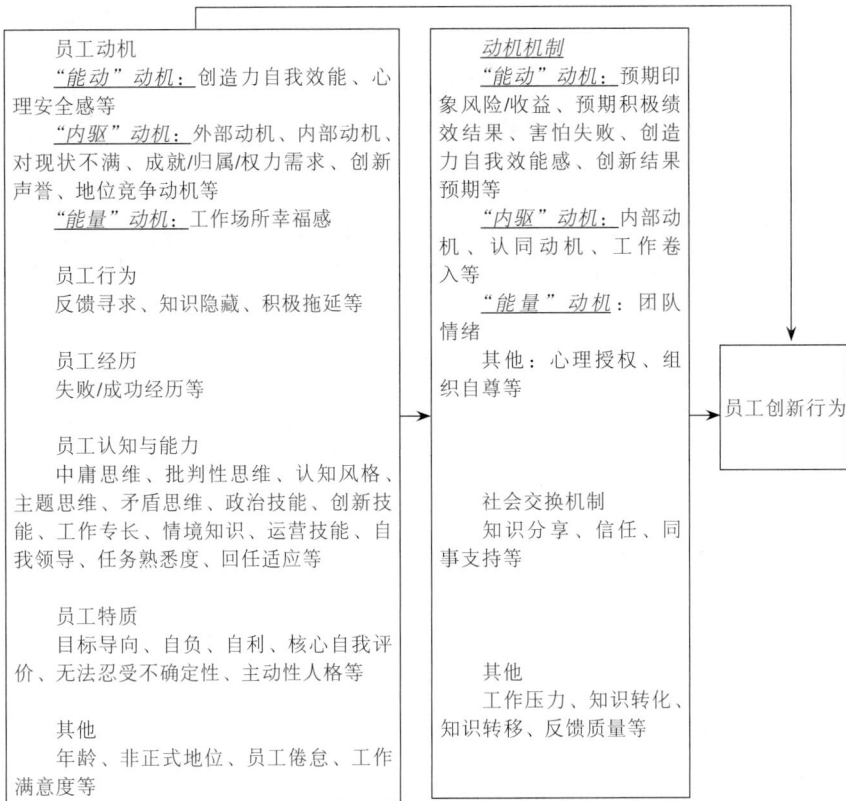

图2-1　与员工相关的因素对创新行为的影响

工作不安全感是指个体对工作稳定性与存续性不确定程度的感知，包括对可能失去工作或者失去有价值的工作特征（如职业发展机会、薪酬等）的担忧。当员工面临失去工作或工作特征的压力时，会积极提升自我、改变工作来寻求缓解压力的方法。同时，在自我改进的过程中将有更大的概率迸发新颖的想法，有助于员工创新行为的产生。

员工"能动"动机与创新行为的中介机制包括社会交换机制与"内驱"动力机制，两种机制具体涉及的变量分别为知识分享和工作卷入。创造力自我效能较高的个体对产生和实施创意的活动充满自信，会主动与同事分享相关的专业知识，从而有利于他们应对创新过程中的复杂性、不确定性和风险性，促进员工表现出更多的创新行为。工作卷入是指个体心理上认同其工作的认知或信念状态。创造力自我效能感能够影

响个体在创新活动中的努力程度，以及在面对困难和挫折时表现出的持久力和耐力，这也正是对工作卷入程度的反映。因此，顾远东和彭纪生（2011）认为工作卷入在创造力自我效能感与创新行为之间起中介作用。根据上述分析，我们发现员工的"能动"动机将通过社会交换和"内驱"动机对创新行为产生影响。

（2）"内驱"动机。自我决定理论认为个体的动机可以划分为去动机、外部动机和内部动机。其中，去动机是指不存在任何动机的激活，个体处于分散和疏离的情况；外部动机是指个体为了获得工作以外的结果而从事某项活动的动机；内部动机是指个体受到工作本身的兴趣所驱动而从事某项活动的动机。受内部动机调节的个体愿意在创造性活动上付出更多的努力，如花费时间思考新方案，在实施新方案遇到阻力时坚持不懈等。Lee和Kim（2017）认为个体的成就、权力和归属需求通过其知识分享和应用行为影响其创新行为。根据自我决定理论，当外部环境满足了个体的胜任、自主和关系等心理需求时，个体的外部动机将向内部动机转化。因此，本书将成就、权力和归属需求归类到内部动机。

Malik等（2015）依据期望理论提出外部奖励引导员工朝组织期望的方向努力，因此当外部报酬取决于创新绩效时，将对员工创新行为起到促进作用。Yuan和Woodman（2010）认为，当员工重视自己作为一个创新者的声誉时，他们通常相信创新将给其工作带来好处，因此会采取更多的创新行为。刘智强等（2013）认为基于支配的地位竞争动机看重地位背后隐含的资源，因此个体在创新行为选择上偏向于可能为其带来更多实际利益的创新推展/实施行为；与之相反，基于威望的地位竞争动机关注自己的形象、面子等，持此类动机的个体既希望通过创新获取威望，又希望尽可能避免风险，因此他们将提出更多创意。上述几类动机本质上都是受到与工作分离的结果的影响，因此我们将之归类为外部动机。

对现状不满是指员工对其工作团队或组织的当前绩效不满意，这种不满削弱了个体维持现有惯例的意愿，并激发了他们产生或引入新想法、新产品或新流程以提升绩效的信念，从而导致他们表现出更多的创新行为（Yuan和Woodman，2010）。

员工"内驱"动机与创新行为之间的中介机制包括"能动"动机机制、"内驱"动机机制和社会交换机制。对于"能动"动机机制而言，涉及的具体变量包括预期印象风险、预期印象收益、预期积极绩效结果等。对现状的不满将为员工的创新行为提供合理性，从而降低预期印象风险并增加预期印象收益；同时，当团队或组织工作绩效不佳时，员工引入或建议采取新方法、新技术将展现其负责任的态度和胜任力，因此将有效提升其绩效评价（Yuan和Woodman，2010）。对于那些注重创新声誉的员工，创新有助于维持其积极的社会评价，因此他们认为预期的印象风险较小（Yuan和Woodman，2010）。综上所述，员工的"内驱"动机一方面有助于降低他们对创新行为风险的评估，另一方面也有助于提高他们对创新行为收益的评估，最终触发员工的创新行为。

对于"内驱"动机机制而言，所涉及的具体变量为内部动机。Malik等（2015）依据认知评价理论指出，外部奖励通过内部动机影响员工创新行为。内控型个体较少将外部奖励视为对其行为的控制，而是视为一种机会和对其能力的反映。因此，对于内控型个体，外部奖励通过内部动机积极影响其创新行为。

对于社会交换机制而言，所涉及的具体变量为知识分享。当个体具有较大的权力、成就需求以及较多的归属需求时，他们一方面需要向同事展现出"胜任"，同时在工作中还需要展现出"共生"的一面。因此，个体积极与同事分享、应用其知识作为他们向周围环境传递"胜任"信号的一种方式；归属的需要促使员工以分享知识为手段与同事构建亲密的互惠关系，而知识分享通过知识应用正向影响员工的创新行为。

（3）"能量"动机。工作场所幸福感是指个体感知工作场所理解、支持和满足其追求心理幸福的程度。当员工在工作中感到幸福时，其大脑中将会产生更多的有助于有效地和创造性地解决问题的化学物质。因此，感到幸福的员工在工作中将表现出更多的创新行为。在上述关系中充当中介效应的是同事支持和工作压力。其中，同事支持是指个体认为同事愿意为其提供协助以完成工作职责的程度。当工作场所充满幸福感时，员工体验到更多的积极情感，愿意为同事提供支持、分享知识，从而导致创新行为。工作压力反映了当工作要求超出员工的能力、资源或需求时，他们产生的一种有害的情绪上和身体上的反应。当员工感知到工作幸福时，他们认为工作压力更小，因此有助于员工创新能力的发挥。

积极情绪是指个体完成某种目标后产生的一种愉悦的主观体验，这种体验既能满足个体需要，又会促使个体产生积极行为。员工积极的情绪体验有利于促进其自发学习，提高认知灵活性。因此，在积极情绪状态下的员工更愿意提出创造性的想法，进而在工作中做出更多的创新行为。周文莉等（2020）认为积极情绪可以帮助个体激活存储于记忆系统中潜在的有利信息，拓宽个体的认知范围，掌握更多与工作相关的信息，提升个体开展创新活动的信心，从而有助于个体保持较强的创造力，进行更多的创新行为。Watson 等（1988）的研究表明，个体积极情绪越高，越能够付出更多时间和精力，全身心投入工作，从而激发个体自觉尝试创新想法，进而进行创新行为。

2）员工行为

反馈寻求行为是指员工通过观察环境以及其他人的行为，从而调整自我行为以迎合组织绩效需要。王石磊和彭正龙（2013）认为，反馈寻求行为有助于新员工迅速进行角色定位，在不确定性纠正误差减小的前提下，通过自身知识与组织资源的整合，产生创造性想法；另外，反馈寻求行为有助于统一员工个人目标与组织目标，通过信息分享、标杆管理和学习等方式促使员工积极投入创新活动中。

知识隐藏是指个体有意对同事隐藏相关信息和知识的行为。这一定义强调个体有意为之，将那些因为缺乏知识或未意识到分享机会而不分享知识的行为与之分离开来。员工的知识隐藏行为将导致其与同事之间缺乏信任，阻碍团队/组织内部创意的产生；同时，创新是一个说服和整合的过程，不信任将导致个体难以获得实施创意所需的信息和支持。

拖延是指个体完全或部分回避自己本该承担的责任，推迟本该立即做出的决策以及延后本该立即实施的任务。拖延分为积极拖延和消极拖延。其中，积极拖延是指个体有能力及时做出决策，但为了集中精力处理其他重要的任务而故意拖延其行为。张敏（2014）认为积极拖延者拥有更强烈的创新动机和自控能力，因此他们能更有创意地完成任务。

优势使用是指员工为了完成任务目标，在工作中主动使用其优势的行为。员工使用自身优势，主动寻求与工作相关的重要资源，并将其充分有效地应用于工作中，从而获得更多工作资源，增强员工实现任务目标的信心，促进员工创新行为（Hu 等，2011）。

表达抑制是一种情绪调节策略，即在情绪即将表达时，通过自我监控的方式对情绪表达进行抑制。根据资源保存理论，个体的情绪资源是一种重要的能量型资源，表达抑制行为会导致个体情绪失调，造成情绪资源的损失，这种资源的损失会增加个体的消极认知，阻碍个体对与工作有关的信息进行加工，进而不利于个体创新行为的产生（Hur 等，2016）。

跨界行为分为团队和员工两个层面。其中，员工跨界行为是指员工为了实现预期目标，与外界主体进行互动。员工跨界行为产生之后，汇聚到团队层面，形成团队跨界行为。员工跨界行为需要长期密切关注外部的动态环境，获取信息，传递知识给团队成员，导致员工付出大量的时间和精力。同时，这种行为要求员工处理复杂的人际关系，导致员工在进行创造性工作时无法集中注意力（Ramarajan 等，2011），不利于员工创造力的提升。

员工行为对其创新行为影响的中介机制包括"能动"动机机制、"内驱"动机机制。对于"能动"动机机制而言，涉及的具体变量为创造力自我效能感。王石磊和彭正龙（2013）认为新员工通过反馈寻求行为从不同信息源获取对自己工作效果的评价，将对他们打破思维束缚、掌握启发式信息产生正向影响，进一步影响到他们的创新行为。林新奇和丁贺（2019）认为优势使用作为一种积极主动的工作行为，产生的积极工作结果能够提高领导支持，表明优势使用有利于提高员工对创新工作结果的积极预期，进而提高了员工的创造力自我效能感。因此，员工的创造力自我效能感在优势使用和员工的创新行为之间起中介作用。

对于"内驱"动机机制而言，涉及的具体变量为工作繁荣。工作繁荣是指当员工在投入工作时，充满活力并自主学习的一种积极的状态。员工反馈寻求行为可以满足其对相关性的心理需求，当员工认为他们得到了有用的信息，并相信他们有能力完成相关任务，就会感到充满活力和精力充沛（Quinn 和 Dutton，2005），开始学习新事物以促进自我发展，进而提升了员工的创新行为。

除此之外，研究者还探讨了资源在其中的关键作用。工作与家庭的双向冲突是指由于员工在工作和家庭方面扮演不同的角色，两种角色无法兼容时产生的冲突。员工的表达抑制行为导致个体资源损失，员工为了减弱资源需求压力，将本应属于某一领域的相应资源应用于另一领域，从而导致了冲突的产生。采用工作表达抑制的个体，会导致工作—家庭冲突的产生；采用家庭表达抑制的个体，会引发家庭—工作冲突。采用工作表达抑制的员工，由于过多地将资源投入到家庭领域，导致工作资源减少。同时，工作—家庭冲突产生的心理和生理压力也会导致个体创造力下降。采用家庭表达抑制的员工，会将这种表达抑制带到工作当中，不利于其创造力的发挥（张兰霞等，2019）。

角色压力是指当个体无法有效完成角色期望时产生的一种压力。角色压力包括角色冲突、角色模糊、角色过载。角色冲突是指员工无法同时满足不同角色的要求所导致的一种冲突。角色模糊是指由于员工对自己所扮演的角色缺乏理解等原因导致无法获得明确的角色期望。角色过载是指个人的角色期望超出了员工的能力和承受范围。陈晓暾等（2020）认为员工跨界行为消耗了员工大量的时间和精力，会引起员工的角色压力。同时，员工角色压力会导致员工资源进一步损失，员工在创造性活动中投入的资源进一步减少。因此，角色压力在跨界行为和个体创造力之间起中介作用。

3）员工经历

部分研究者探讨了员工以往关于创新的成败经验对其创新行为的影响。具体而言，顾远东等（2017）认为，成功的经历和失败的经历分别对员工的创新行为产生正向和负向影响。更进一步，研究者从"能动"动机的角度（创造力自我效能感）分析了上述关系的内在机制。依据社会认知理论，个体的经历是最具影响力的自我效能信息，成功的经历会使他们相信自己具备从事创新活动的能力；与之相反，失败的经历会削弱他们的创造力自我效能感。

4）员工认知与能力

员工认知与能力是创新行为研究者探讨最为广泛的一个话题，本书选取包含中介机制的四个前因进行阐述。

中庸思维是指个体"执两端而允中"，在处理事情时注重整合外部环境和内在需求，并充分考虑行为的后果。魏江茹（2019）认为高中庸思维的个体对外部环境敏感，能采取灵活的方式解决问题。而这种灵活的处理方式通过促进个体的反思与学习对其创新行为产生正向影响。但是，高中庸思维的员工强调和谐，在工作中尽力避免与其他人发生冲突，因此将刻意隐瞒可能引发矛盾的创新行为。因此，中庸思维与创新行为呈倒U形关系。

批判性反思是指个体提出问题、解决问题的认知能力。屠兴勇和郭娟梅（2016）认为具备批判性反思的员工，更容易在短时间内捕捉问题的关键并形成新颖的解决方式，并且他们更容易突破思维模式框架的限制，采取创新性的方式完成工作。

政治技能是指个体能理解他人，并运用知识去影响他人，从而有助于实现个人或组织目标的能力。具备政治技能的员工对周遭环境极为敏感，留心获取各种新知识和新想法的途径；同时，他们拥有高超的人际沟通技能，能有效争取领导、同事的支持。因此，员工的政治技能正向影响其创新行为（唐乐等，2015）。

自我领导是指个体通过自我指导、自我激励影响自身行为的过程。自我领导能力强的个体在面对工作中的问题时，敢于挑战权威思想以寻找创新性的解决方案；同时，他们通常认为自己具有较强的创造潜能，更容易在工作中实施创新行为（刘云，2011；陶建宏等，2014）。

职业能力是指能够对员工职业发展产生重要影响的知识、技能以及能力，主要分为三个维度：反思能力、行为能力和交际能力。反思能力是指员工对其职业的反思程度，分为行为反思和品质反思。反思是一种内在的驱动力量，使得员工在面临不确定的外部环境所带来的困境时，能够通过主动自省行为来明确自身的职业诉求和能力，并在职业目标的驱动下产生创新行为。行为能力是指员工制定目标、积极探索、寻找职业发展机会并进行学习的能力，分为工作探索和职业控制。员工行为能力越强，越能够在自身目标和职业规划的驱动下主动探索、寻求，将创新实践作为一种重要的职业发展机会。交际能力是指员工与外部环境互动的能力，分为充分运用社交网络和证明自己两个方面。交际能力较强的员工更有可能与外部环境充分互动，获得更多的社会网络资源支持，提高了其进行创新行为的可能性（覃大嘉等，2020）。

明星员工是指组织中的少数关键员工，他们通常在绩效表现、知名度、地位或社会资本等方面明显优于其他员工。组织将大量资源向明星员工倾斜，他们在享受这种优厚待遇和超高地位的同时也承受了更高的绩效期望（马君等，2022）。为了实现领导者的高绩效期望，员工产生了较高的自我地位维护和身份自我验证动机，将大量时间精力投入到工作中，进而提升了员工产生创新行为的可能性。

上述研究分别从社会交换机制和动机机制的角度探讨了员工认知与能力对创新行为影响的内在逻辑。具体而言，社会交换机制方面，具备中庸思维和批判性思维的个体不仅能准确把握问题并形成相应的解决方案，还有助于促进团队内部的知识交流和共享（屠兴勇和郭娟梅，2016；魏江茹，2019）。"能动"动机机制方面，唐乐等（2015）认为，政治技能较高的员工善于推广自己的创意，拥有广泛的社交网络，从而更容易获取支持创意实施所需的资源。因此，他们具有较强的创造力自我效能。

另外，陶建宏等（2014）和刘云（2011）分别探讨了组织自尊和心理授权在自我领导与员工创新行为之间的中介作用。

5）员工特质

目标导向是指个体的目标选择倾向，分为学习导向、绩效证明导向和绩效回避导向三个维度。学习目标导向的个体倾向于学习新知识和新技能，并积极予以实践，因而他们的创新水平较高（江辛等，2018；Davis等，2013）。绩效证明导向和回避导向的个体倾向于避免风险，因此他们更少进行创新行为（Davis等，2013）。

主动性人格的员工发现机会并采取行动直至发生有意义的变化。因此，研究证实了主动性人格与员工创新行为正相关（逢键涛和温珂，2017；张振刚等，2016）。

心理所有权是指个体对目标物的一种占有感，这种占有感会影响个体对目标物的态度、动机和行为。根据心理所有权理论，当员工将组织作为自己的占有物后，这种所有权感会激发员工对组织的责任感和主人翁意识（Avey 等，2009），进而愿意主动为组织投入更多热情。因此，心理所有权对员工创新行为有积极影响。

上述研究分别从社会交换机制和动机机制的角度探讨了员工认知与能力对创新行为影响的内在机制。逢键涛和温珂（2017）从"能动"动机的角度探讨了主动性人格与员工创新行为的中介机制。具体而言，主动性人格通过影响员工的创造力自我效能与创新结果预期正向影响其创新行为。张振刚等（2016）认为主动性较高的员工积极与团队内成员进行信息、知识交换，提高彼此之间的信任水平，最终促进员工创新行为。戴万亮等（2020）认为心理所有权会增强员工对组织的认同和情感承诺，使其愿意积极与团队内成员进行知识分享。这种知识分享行为产生了异质性知识的碰撞，进而促进了新知识的产生，最终促进了员工创新行为。

2.4.2 与领导相关的因素

影响员工创新行为的领导方面的因素可以分为领导风格、领导行为、领导能力等，如图2-2所示。

1）领导风格

（1）变革型领导。变革型领导是指通过影响员工的士气、理想、兴趣和价值观，激励他们表现得比预期更好的一种领导风格，包含理想化影响、个性化关怀、智力激发和感召力四个维度。变革型领导通过向员工描述愿景，鼓励他们质疑现状以激发员工创新行为；同时，变革型领导将员工个人目标与组织目标进行整合，从而促使员工在创新行为上付出额外的努力。因此，变革型领导正向影响员工的创新行为（李永占，2018；曲如杰和康海琴，2014；Gu 等，2017；Pieterse 等，2010）。

领导风格
变革型、交易型、授权型、道德型、创业型、服务型、辱虐型、真实型、包容型、涌现型、教练型、仁慈型、双元型、公仆型领导、LMX 等

动机机制
"能动"动机： 预期印象风险/收益、预期积极绩效结果、心理资本、创造力自我效能感、团队心理安全感等
"内驱"动机： 内部动机、组织承诺、领导认同等
"能量"动机： 团队情绪
其他： 投入、组织自尊、心理授权等

领导行为
任务导向、团队建设、创新期望、支持行为等

社会交换机制
感知组织支持、组织创新氛围、信任、LMX、内部人身份感知等

领导能力
政治技能、技术胜任力等

员工创新行为

其他
公平、正直等

其他
共享领导、下属学习行为、企业家导向、情绪劳动、批判性反思、员工亲社会性角色期望等

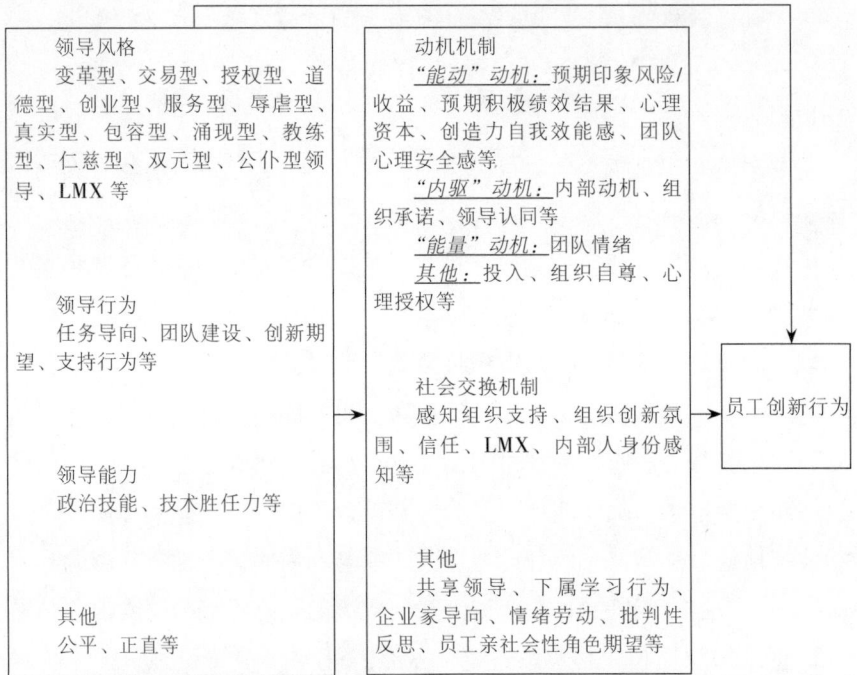

图 2-2　与领导相关的因素对创新行为的影响

随着组织多层面研究的兴起，研究者将变革型领导区分为团队一致性变革型领导和个体差异性变革型领导。其中，前者通常包括理想化影响、感召力两个维度；后者包括智力激发和个性化关系两个维度。冯彩玲（2017）认为，团队一致性变革型领导激励员工瞄准组织目标，以身作则促进员工之间的合作，在此情况下，员工更愿意创造性地解决问题；而个体一致性变革型领导让员工感觉被边缘化，从而削弱他们智力激发和创新的意愿。与上述研究结论相反，梁阜等（2018）认为团队层面的变革型领导能有效发挥成员之间的资源协同和增效效应，推动他们为完成创新目标共同努力；个体层面的变革型领导根据员工的特征和需求予以资源支持，从而有效支持员工的创新行为。

变革型领导与员工创新行为之间的两条重要的中介路径为"内驱"动机（组织承诺）与社会交换（LMX）。其中，组织承诺是指将个体约束在与一个或多个目标相关的一系列行为上的驱动力。Gu 等（2017）认为变革型领导者有助于员工的组织承诺。因此，当领导者树立创新目

标时，高承诺的员工将产生更多的创新性想法并积极在工作中实践这些想法。梁阜等（2018）强调，团队层面的变革型领导倾向于公平地分配资源以加快领导与下属之间的资源交换，有利于弥补下属创新过程中的资源消耗；个体层面的变革型领导有差别地分配资源，从而形成高质量的领导-成员交换关系，最终正向影响员工的创新行为。

另外，研究者还探讨了共享领导（Hoch，2013）、心理授权（李永占，2018）、企业家导向（冯彩玲，2017）等在变革型领导与员工创新行为之间的中介效应。

（2）授权型领导。授权型领导是指通过一系列的行为向员工授予权力的过程，这些行为或者说授权型领导的维度包括促进下属参与决策、表达对下属取得良好绩效的信心等。授权型领导通过与下属分享权力，提高他们对自我价值的评价，员工为了维持这种积极的评价会创造性地工作；同时，授权型领导有利于团队内部知识的流动和分享，为提高员工创新行为创造了条件。因此，研究认为授权型领导将正向影响员工的创新行为（Gu等，2017；Hoch，2013）。

考虑到一些组织开始将领导角色转移到一般员工身上，因此部分研究者开始探索共享授权型领导对创新行为的影响。具体而言，苏屹等（2018）认为共享授权型领导通过权力授予促使团队成员之间相互支持和鼓励，彼此之间取长补短，进而提高员工的创新意识并促进其创新行为。

授权型领导与员工创新行为之间的中介机制包括动机和社会交换两种。"能动"动机方面，心理资本是指个体所拥有的积极的心理资源，主要包括自我效能感、乐观、希望和韧性四个方面。授权型领导通过鼓励员工参与决策有助于激发员工的希望，而充满希望的个体在面对失败和挑战时，能坚持目标并在必要的时候敢于选择不同的路径实现目标。因此，他们能以有效的方式创造性地解决问题（Gupta和Singh，2014）。另外，王宏蕾和孙健敏（2018）从基于组织自尊的角度探讨了授权型领导影响员工创新行为的动机机制。社会交换机制方面，苏屹等（2018）认为，共享授权型领导通过团队成员的自我管理和相互授权，促进了团队成员之间的相互支持和沟通，建立了较高的交换关系，所以团队成员具备较强的内部人身份感知。而员工通过感知自己作为"圈内人"，对组织产生归属感，将组织目标视为己任，从而通过创新行为帮助组织提高产出。

（3）包容型领导。包容型领导是指善于听取下属意见和认可下属贡献的领导方式，包括开放性、有效性和易接近性三个维度。包容型领导的开放性和有效性要求领导者本身具有冒险精神和创新支持行为，为员工提供示范，从而促进员工创新行为；而易接近性有助于领导者与员工构建良好的关系，使员工降低创新失败的风险感知。因此，包容型领导将触发员工的创新行为（方阳春和陈超颖，2017；古银华，2016；周飞等，2018）。另外，朱金强等（2018）认为，过度的领导包容行为将对创新带来不利影响。其原因在于当领导者过度包容下属，给予他们过多的自由时，容易导致下属失去工作方向，从而妨碍其创新。因此，他们认为包容型领导与员工创新行为之间存在倒 U 形关系。

古银华（2016）从"能动"动机（团队心理安全感）的视角探讨了包容型领导对员工创新行为产生影响的内在机制。当领导展现出开放性、有效性和易接近性时，能有效提升员工和团队的心理安全感；而当团队对创新风险持积极态度时，员工更愿意提出具有创造性的想法和观点，主动学习新技能，付出更多努力以发挥其创意等。另外，周飞等（2018）认为包容型领导正向影响员工的深层表达和自然表达两种情绪，进而对他们的创新行为产生积极的影响。

（4）领导-成员交换关系。领导-成员交换关系（leader-member exchange，LMX）理论认为领导者囿于时间和精力，在工作中将下属区分为"圈内人"和"圈外人"，"圈内人"与领导者建立了特殊的关系，将得到更多的信任和关照；而"圈外人"与领导者的关系局限在正式工作关系范围内，占用领导者的时间和获得奖励的机会都较少。"圈内人"将获得领导者授予的更多的资源、决策自主权，因此他们更有机会在工作中思考、尝试解决问题的新方法，并且获得的资源和支持有助于他们成功实施创新行为。因此，LMX 与员工创新行为正相关（孙锐等，2009；Kim 和 Koo，2017；Yuan 和 Woodman，2010）。

Yuan 和 Woodman（2010）从"能动"动机的角度探讨了 LMX 对员

工创新行为影响的内在机制。具体而言，被领导信任的员工在进行创新行为时，会感到更安全，即便失败也不会对其印象管理产生不利影响；同时，与领导者关系较好的员工相信自己的创新行为将会得到领导者积极的评价，从而获得积极的绩效评价结果。因此，当员工感知到从事创新行为的风险较小、收益较大时，他们将更多地实施这种行为。Kim和Koo（2017）认为，高质量的LMX有助于提高员工的工作投入和组织投入，从而对他们的创新行为产生积极的影响。孙锐等（2009）则探讨了组织创新氛围在LMX与员工创新行为之间的中介效应。

影响员工创新行为的领导风格前因还包括辱虐型领导（曲如杰等，2015；朱金强等，2018）、教练型领导（屠兴勇等，2016；朱瑜等，2018）、道德型领导（Dhar，2016；Tu和Lu，2013）等，而其中涉及的主要中介机制包括"能动"动机机制、"内驱"动机机制和社会交换机制等。

（5）安全基地型领导。安全基地型领导是指领导向下属提供安全基地支持，使他们勇于探索、承担风险和寻求挑战的领导行为。其包含两个维度：关爱和挑战。Wu和Parker（2017）将这两个维度进一步划分为三个维度，即可利用性、成长激励、不加干涉。可利用性是指领导者在下属需要支持时能够给予帮助的程度。成长激励是指领导者鼓励下属追求个人目标和自我发展的程度。不加干涉是指领导者对下属自主决策的授权程度。

安全基地型领导通过为下属提供安全基地来激活其依恋系统，进而有效提升下属的安全感和探索意愿。具体而言，其能够为下属提供资源支持，增加下属的技能，提高下属进行创新活动的勇气。其成长激励能够提升下属的内在动机，改善其心智模式，激发创新热情，提升创造力。其不加干涉的维度能够提高下属对工作的责任感，促使下属寻找新的方法和技能来完成工作和解决问题，进而提升创造力（Feeney和Van Vleet，2010）。

崔智淞等（2021）从"能动"动机角度探讨了安全基地型领导对员工创新行为的作用机制。具体而言，安全基地型领导强调对员工的关爱，这为其与下属之间建立起一种情感纽带，从而增强下属的心理安全感。同时，员工的心理安全感有利于降低员工对创新风险的感知，从而增加其创新意愿，最终对员工创新行为产生积极作用。

侯昭华等（2022）从"能量"动机的视角探讨了安全基地型领导对员工创造力的内在机制。根据工作中个人成长整合模型，安全基地型领导的三个维度（可利用性、成长激励、不加干涉）契合了员工的心理需求，进而正向激发了员工的工作旺盛感。工作旺盛感较高的员工能够在工作中持续学习并且保持活力，提升了员工的创造性思维，进而提升了其创造力。

（6）领导者对员工的完美主义。领导者对员工的完美主义被定义为领导者对员工完美的渴望，其特点是领导者为员工设定异常高的标准，坚持要求他们满足这些标准，并期望他们在没有错误或缺陷的情况下提供最好的结果。根据自我调节理论，领导者的完美主义加剧了当前工作结果和理想工作结果之间的差异。Xu 等（2022）从"内驱"动机（员工参与）和"能量"动机（情绪耗竭）的视角探讨了领导者对员工的完美主义对员工创造力影响的内在机制。具体而言，当完美主义领导者的高需求和对完美的强调使当前和期望状态之间的差异突出，并对卓越的结果构成挑战时，员工会产生一种积极的状态，可以提高员工对工作的参与度（Mitchell 等，2019；Parke 等，2018），员工在工作中投入精力，发挥主观能动性，从而提升创造力。当领导者持续强调优越性，其对缺陷的厌恶会导致员工产生情绪耗竭（Flaxman 等，2012；Mahmoodi-Shahrebabaki，2017），在这种状态下，人会感到疲惫，并失去认知焦点，失去寻找新的解决方案的热情，降低认知灵活性，从而抑制创造力。因此，Xu 等（2022）认为员工参与和情绪耗竭在领导者对员工的完美主义与员工创造力之间起中介作用。

（7）领导自恋。自恋是一种亚临床人格特质，其特征是从膨胀而脆弱的自我意识和对无限成功和钦佩的永不满足的渴望中追求满足。根据特质激活理论，当自恋型领导者和员工之间有高度的目标一致性时，促进领导者和员工之间的密切关系，可能会激发领导者的自恋型特质，从而导致员工感知到领导者自恋。反之，领导者不太可能表现出自恋特质。Zhang 等（2023）从社会交换机制（感知领导自恋）视角探讨了领导自恋与员工创造力之间的作用机制。感知领导者自恋指的是观察者对领导者自恋的消极性的看法，并且感知领导者自恋在领导自恋和员工创造力之间起中介作用。当领导者自恋特质被激活时，其在行为上表现出自私偏见、剥削和支配，在这种情况下，员工更有可能感知到领导者自恋，进而员工不太可能将领导者视为产生积极影响的人，因此，员工不太可能提升工作绩效并发挥创造力。

2）领导行为

领导者任务导向行为帮助员工学习和获取创新所需要的相关技能和知识，鼓励他们采取不同的方式完成任务，及时为员工提供相关的信息并协助他们完成目标。而强调团队建设的领导者鼓励团队成员之间的相互学习和交流，通过不同意见和看法之间的碰撞形成创造性的解决方案。因此，Gupta 和 Singh（2014）认为领导者的任务导向行为和团队建设行为对员工的创新行为都具有促进作用。

领导支持是指下属对领导者支持程度的感知，它是基于领导者构建对下属产生积极影响的直接情境所作出的判断。Chen 等（2016）认为支持型领导关心下属的感觉和需求，重视他们的努力和共享，所以领导支持有助于触发员工的自我决定和内部动机；而受到内部动机调节的员工具有较高的认知灵活性和坚韧性，他们更有可能产生不同寻常的解决方案并予以实施。因此，Chen 等从"内驱"动机（内部动机）的角度探讨了领导支持对员工创新行为的影响。

领导幽默是指领导者通过幽默的沟通来娱乐员工。首先，领导者的幽默行为会使员工产生更多的积极情绪，扩大员工的注意力范围，提高其认知灵活性；其次，领导幽默可以减少正式的等级差异，促进非正式沟通，培养开放的沟通环境。在该环境下，员工可以自由表达和交流，为新灵感的合成提供了原材料（Gong 等，2013）。领导者幽默表明，某些领导者可以通过有趣地呈现信息来促进主管和员工之间的社交互动，从而使员工感到相对更有活力。因此，经常与幽默的领导者互动的员工会产生关系能量。体验到关系能量的员工倾向于在解决问题的过程中花费额外的时间和精力。因此，这些员工可能会产生新的和有价值的解决方案。

领导反馈是指领导为员工提供有用或有价值的信息，使员工能够在工作中学习、发展和改进的程度。其包括消极反馈和积极反馈，其中积极反馈是指上级对下属的鼓励以及支持，消极反馈是指上级提供给下级的负面和批评性的信息。其涉及的中介机制包括动机机制和社会交换机制。"能动"动机方面，徐珺等（2018）认为上级发展性反馈强调学习和改进，不仅能够避免创新失败给员工带来的打击，防止员工将这种失败归因为自身能力不足，也能够促进员工学习新的知识技能和改进自身不足。学习和改进的行为帮助员工积累更多与工作相关的知识和技能，进而表现出更高的创造力自我效能。另外，Eva等（2019）基于工作投入（动机机制）的角度探讨了领导反馈与员工创造力之间的作用机制。他认为员工收到主管的反馈时，会以针对特定工作的建议的形式获得重要资源，使其能够处理他们的工作需求。这促进了工作投入，并产生了激励，员工更有可能超越他们的工作要求，在工作中进行创新行为。社会交换机制方面，董念念等（2023）从社会交换机制（问题解决反思、情感反刍）角度探讨领导消极反馈与员工创造力之间的中介机制，认为高证明目标导向的员工面对领导的消极反馈倾向于将困境视为挑战，采用适应性的自我调节策略，将注意力聚焦于问题解决反思这一任务过程上，有利于提升员工的后续工作表现，帮助员工产生新的见解，提出更加新颖的策略，提升员工的创造力。高回避目标导向的员工则倾向于将注意力聚焦于消极反馈带来的负面情绪，更有可能持续回想领导负面评价，从而引发情感反刍，员工难以提出建设性的解决方案，不利于员工创造力的发挥。Eva等（2019）从社会交换机制（心理契约破裂）角度探讨领导反馈和员工创造力的中介机制。员工没有收到领导的反馈就感觉不到领导的重视，进而导致员工对组织违反心理契约的看法加剧，促使员工只专注履行工作合同中的职责，进而减少创新行为。

绩效考核政治是从上级评估者的视角进行界定，具体是指上级评估者为达到某种政治性的目的，考虑下级实际的绩效表现之外的因素，使其绩效考核结果偏离真实结果的非伦理行为。绩效考核政治分为两个维度：激励性绩效考核政治和惩罚性绩效考核政治。绩效考核政治和员工创新行为之间的中介机制主要包括"能动"动机（组织公平感）和社会交换机制（组织支持感）。"能动"动机方面，受到激励性绩效考核政治影响的下级，为获取其在组织中的定位，将自己的投入所得与其他员工进行比较，进而形成了积极的组织公平感知，促使下属提出创新想法并付诸实践；反之，惩罚性绩效考核政治则会导致下属形成消极的组织公平感知，从而不利于员工创新行为的产生。社会交换机制方面，基于激励性动机下的绩效考核结果会给予下级更多资源支持，使下级产生较高的组织支持感，进而积极提出创新想法来回馈组织；反之，惩罚性绩效考核政治使下级感受到来自组织的压力，进而产生较低的组织支持感，不利于创新行为的产生（赵书松和张一杰，2019）。

3）领导能力

政治技能强的领导者容易获得员工的信任与认同，他们具有较强的沟通能力和领会能力。因此，员工一方面愿意与领导者分享自己的创意；另一方面员工能从与领导者的沟通中感受到领导者对自己创意的理解和认可，从而促进员工的创新行为。同时，高政治技能的领导者通常也是创新者，他们因其在工作中表现出创新行为而成为员工学习的榜样，有助于提高员工的创造力自我效能，进而正向影响员工的创新行为（唐乐等，2015）。因此，"能动"动机（创造力自我效能感）在领导者政治技能与员工创新行为之间发挥中介作用。

Minh 等（2017）认为，技术能力较强的领导者通常是员工主要的知识来源，员工会向这些领导者咨询在工作遇到的问题，从而有助于激发员工创意的产生；同时，具有技术胜任力的领导者清楚地理解问题的本质及其重要性，因此他们会及时为遇到问题的下属提供资源以协助他们实施创意。因此，领导技术胜任力正向影响员工的创新行为，而员工学习行为在其中起中介作用。

王晓红和徐峰（2018）认为，当领导者表现出卓越的创造力时，会被员工所模仿，从而刺激员工做出类似的行为。同时，创造力强的领导者还会带领员工创造性地解决问题，容忍员工试错，提高员工的创新过程投入。员工的创新过程包括三个阶段：问题识别、信息搜索和编码、创意及备选方案生成。黄勇等（2021）从"能动"动机角度（角色宽度自我效能）探讨了领导者创力和下属创造力之间的作用机制。角色宽度自我效能是一种特殊的自我效能感，强调更强的员工积极性和主动性，具体是指员工做出超出工作要求之外的工作任务能力的感知（Parker等，2010；Schaubroeck等，2017）。创造力高的领导者树立了一个榜样，为员工提供学习和积累与创造力相关的知识和技能的机会（Gong等，2009），同时，其在工作中表现出的创造力向员工传达了对创新的期望和支持，不仅为员工提供了创造性工作的机会，还提升了员工从事创新活动的信心，对角色宽度自我效能产生积极影响，进而提高了员工的创造力。

2.4.3 与团队/组织相关的因素

影响员工创新行为的团队/组织方面的因素可以分为团队/组织氛围、HRM、工作特征、人际互动等，如图2-3所示。

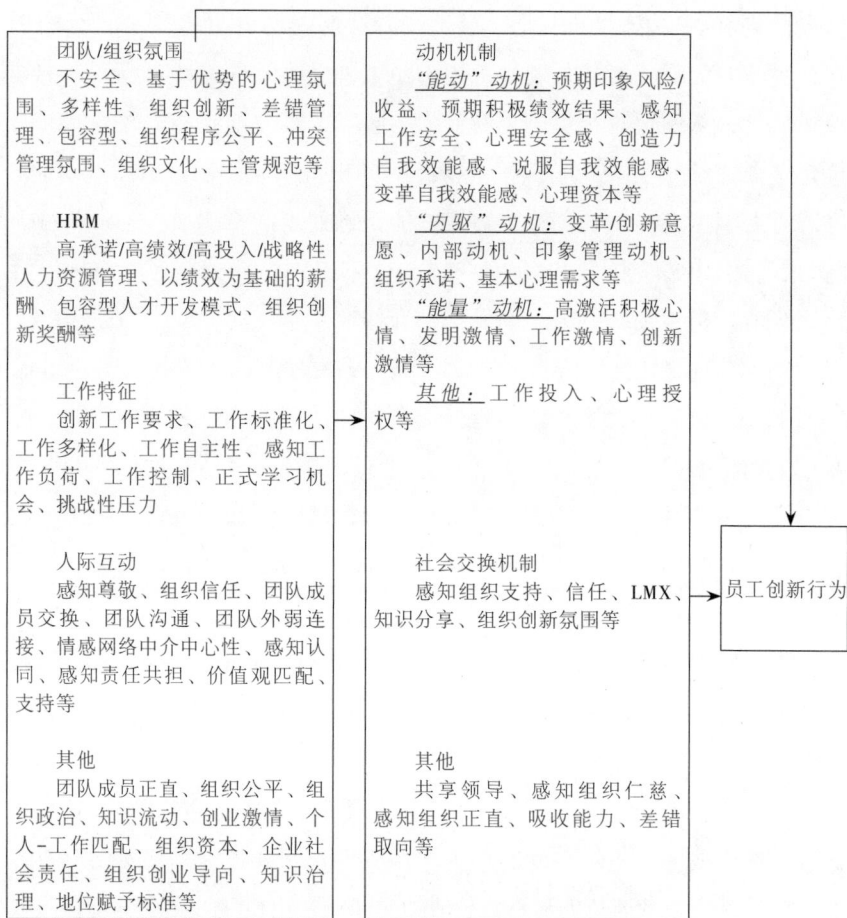

团队/组织氛围
不安全、基于优势的心理氛围、多样性、组织创新、差错管理、包容型、组织程序公平、冲突管理氛围、组织文化、主管规范等

HRM
高承诺/高绩效/高投入/战略性人力资源管理、以绩效为基础的薪酬、包容型人才开发模式、组织创新奖酬等

工作特征
创新工作要求、工作标准化、工作多样化、工作自主性、感知工作负荷、工作控制、正式学习机会、挑战性压力

人际互动
感知尊敬、组织信任、团队成员交换、团队沟通、团队外弱连接、情感网络中介中心性、感知认同、感知责任共担、价值观匹配、支持等

其他
团队成员正直、组织公平、组织政治、知识流动、创业激情、个人-工作匹配、组织资本、企业社会责任、组织创业导向、知识治理、地位赋予标准等

动机机制
"能动"动机：预期印象风险/收益、预期积极绩效结果、感知工作安全、心理安全感、创造力自我效能感、说服自我效能感、变革自我效能感、心理资本等

"内驱"动机：变革/创新意愿、内部动机、印象管理动机、组织承诺、基本心理需求等

"能量"动机：高激活积极心情、发明激情、工作激情、创新激情等

其他：工作投入、心理授权等

社会交换机制
感知组织支持、信任、LMX、知识分享、组织创新氛围等

其他
共享领导、感知组织仁慈、感知组织正直、吸收能力、差错取向等

员工创新行为

图2-3 与团队/组织相关的因素对创新行为的影响

1）团队/组织氛围

组织创新氛围是指组织成员对其所处的工作环境的知觉描述，是组织成员感知工作环境中支持创造力和创新的程度，通常包括工作自主性、团队协作和组织激励三个维度。较高的组织创新氛围支持员工挑战惯例、思考并提出新想法，鼓励员工从组织内外部学习。因此，大量研究证实了组织创新氛围正向影响员工创新行为的结论（顾远东和彭纪生，2010；刘云和石金涛，2009；王辉和常阳，2017；阎亮和张治河，2017；Kang 等，2016；Shanker 等，2017）。

梳理上述文献，我们发现组织创新氛围及其具体维度对创新行为的影响主要通过动机和社会交换两条路径进行。社会交换机制方面，曹科岩和窦志铭（2015）认为，组织创新氛围有利于员工之间分享知识、建立知识网络，从而对员工的创新行为产生正向影响。"能动"动机机制方面，顾远东和彭纪生（2010）借鉴"自我效能与绩效关系理论模型"，认为创造力自我效能在个体对环境因素的认知评价（组织创新氛围）与创新行为之间起中介作用。"内驱"动机方面，王辉和常阳（2017）指出，工作自主性、团队协作、组织激励分别满足了个体的自主、关系和胜任需求，因此将触发员工的内部动机，进而表现出较高水平的创新行为；另外，组织激励可以为缺乏创新兴趣的个体提供奖励，刺激他们表现出创新行为并予以强化。阎亮和张治河（2017）整合社会交换和"内驱"动机，提出了一个链式中介模型，即在具有浓厚创新氛围的组织中工作的员工，能感受到组织的支持；组织支持感有助于提升员工受组织重视的积极情感体验，从而对组织产生较高的情感承诺，最终影响其创新行为。"能量"动机机制方面，Kang 等（2016）发现，组织创新氛围通过提高员工对愿景的认同激发他们搜索创造性想法和方案的激情；受到这种激情影响的员工识别、把握新的商业机会，并积极实施新想法。

另外，研究者还探讨了诸如差错管理氛围（张宁俊等，2015；赵斌等，2017）、多样性氛围（Luu，2019）、冲突管理氛围（Jung 和 Yoon，2018）等对员工创新行为的影响，具体可以见表2-3与图2-3。

2）人力资源管理

人力资源管理方面的影响因素主要包括人力资源管理系统/实践、人才开发模式、薪酬和奖励等。

（1）人力资源管理系统/实践。高绩效人力资源管理实践由相互关联的人力资源活动组成，旨在确保员工拥有实现组织目标所必需的技能和能力。Alfes 等（2013）认为，高绩效人力资源系统通过甄选具备良好技能的员工，为他们提供以绩效为基础的薪酬以及授权的机制，从而促使员工投入额外的时间和资源寻找新的工作方式，改善和提升组织绩效。其中，工作投入起到了中介作用。

高投入人力资源管理实践包括人员甄选、持续培训、提供发展机会、发展性的绩效评价、员工参与决策、以绩效和团队为基础的薪酬。高投入人力资源管理实践通过上述一系列活动提高员工的变革意愿和吸收能力，最终正向影响其创新行为（Chang 等，2017）。

战略性人力资源管理实践通过内部晋升、决策参与、薪酬制度、开发培训和人才甄选以及正式的绩效评估影响员工对组织环境的整体创新知觉，而这种认知性解释有助于激励员工投入到创新活动中去（孙锐，2014）。也就是说，组织创新氛围在其中起到了中介作用。

个性化契约是一种人力资源管理实践。具体是指员工和组织通过谈判协商，自愿达成的非标准化工作协议，包括发展性契约和灵活性契约。发展性契约涉及为技能获取和职业发展提供特殊机会，并满足员工对专业或职业发展的个人愿望。Wang 等（2018）从"能动"动机（创造力自我效能感）角度探讨了个性化契约与员工创造力之间的中介机制。首先，发展性契约带来的专业知识和知识获取、积累可能会增强员工的掌握体验（即积极实现自我效能感）。因此，员工在进行创造性任务时会更有信心。同时，被授予发展性契约员工的地位相对较高，会提升员工的创造力。其次，灵活性契约帮助员工平衡工作和个人生活，为可持续的工作绩效创造最佳条件，有助于吸引和留住合格的员工。灵活性契约不仅可以帮助员工提升自己的生理状态，缓解工作和非工作问题带来的焦虑，从而拥有更多的积极情绪，还可以增强员工自主工作的信心，最终在工作中发挥创造力。另外，罗萍等（2020）从"内驱"动机（员工基本心理满足）角度探讨了个性化契约与员工创造力之间的中介机制。个性化契约具备信息化环境特征，能够促进三种基本心理需求——能力需求、自主需求、关系需求的满足，进而促进员工创造力的提升。

（2）包容性人才开发模式。包容性人才开发模式是指把包容理念引入人力资源管理实践中，注重多元化吸引人才并以发挥人才优势的方式使用人才，强调组织和员工实现双赢以激励人才，以理性包容人才的创新思想和失败来激发人才的创新激情，通过公平对待人才的方式提高他们的工作满意度，从而全面提升人才的能力、动机和机会。因此，包容性人才开发模式能有效激发员工的创新行为（方阳春等，2017；方阳春等，2015）。其内在作用机制包括"能动"动机机制和"能量"动机机制。具体而言，包容性人才开发模式通过提升员工的能力、动机和机会，提高他们的自我效能感，使他们更有信心、更为主动和坚持不懈地从事创新活动（方阳春等，2015）。包容性人才开发模式有助于提高员工的创新激情，从而促进员工的创新行为（方阳春等，2017）。

（3）薪酬和奖励。刘宁等（2019）认为创新奖酬有助于降低个体创新的厌恶感，提高他们的创新意愿；同时，创新奖酬向员工传递了组织对创新的期望，有助于员工梳理创新的工作目标；创新奖酬有助于个体自我效能感和内部动机的提升，从而激励员工的创新行为。

Sanders 等（2018）探讨了以绩效为基础的薪酬体系对员工创新行为的影响。由于以绩效为基础的薪酬体系实质上包含于高承诺和高投入的人力资源管理实践之中，我们在前面已经做了简要的叙述，因此不再赘言。

3）工作特征

工作特征主要涉及创新工作要求、标准化、多样性、自主性、工作压力等方面。由于研究分散，我们选取其中包含中介机制的两方面研究予以阐述。

Yuan 和 Woodman（2010）认为创新工作要求明确了创新作为员工工作责任的一部分，在其绩效评估中占有重要的地位，因此员工预期创新行为可能的收益而采取该行为；另外，当员工感知到创新作为其工作职责时，他们较少担心从事创新活动所带来的印象风险，并且认为管理者和同事会对其创意给予积极的评价。预期积极绩效结果、预期印象管理风险和收益反映了个体对创新行为的成本-收益的衡量，因此该研究的中介机制属于"能动"动机机制类别。

工作标准化是指员工应该遵守标准作业程序以完成任务的程度，包括硬件和软件之间的协同程度。工作标准化强调员工应该严格按照规定开展工作，从而使得员工降低对工作意义的评价；同时，标准化的作业程序限制了员工能力的发挥，这将削弱员工的工作胜任感。另外，工作标准化限制了员工的行为，使得他们失去对工作的控制，完成这种工作不存在参与决策制定的可能性，所以员工通常认为自己没有自主权和影响力。也就是说，从事标准化工作的员工其心理授权水平较低，这将不利于他们表达和实施想法和创意（Luoh 等，2014）。

Chatterjee 等（2021）从社会交换角度（知识隐藏）探讨了知识特征的复杂性与员工创造力之间的作用机制。根据相互依存理论，当工作任务中员工需要转移的知识很复杂时，隐藏知识的动机就会加强。这一知识隐藏行为会减少组织知识的二元交换，进而减少员工获得工作任务所必需的想法、信息和经验，最终不利于员工创造力的发挥。

在工作中与自然接触是指组织将自然元素融入物理工作空间的设计中，从而使员工与自然世界进行更紧密、更频繁的接触。Tang 等（2023）根据注意力恢复理论，提出与自然直接接触可以提供"认知益处"，这会导致员工的思维转向自然所唤起的新的和扩展的精神空间，进而表现出更广泛的认知加工，具有高度认知处理的个体不仅有效地处理信息，而且能够在不同的信息和想法之间建立联系，产生与工作任务相关的新想法和建议，进而提高创造力。

4）人际互动

弱连接是指具有相对较少的互动和相对较低的情感亲密度的社会关

系。团队外弱连接是指个体与其工作团队以外的人保持较小的互动和较低的情感亲密的社会关系。员工具有更广的社交范畴，能从不同的信息源获取信息，有助于产生新的想法；另外，与团队外保持弱连接的员工能为领导者提供充足的信息，带来有价值的资源，促进领导者有效完成工作目标，因此这类员工通常与领导者建立了良好的社会交换关系。作为回报，领导者也将为员工实施其创意提供支持和资源。综上所述，团队外弱连接通过团队内强连接对员工的创新行为产生正向影响（Wang等，2015）。也就是说，团队外弱连接通过社会交换机制影响员工创新行为。

感知尊重是指员工对其作为组织成员被接纳、欣赏和尊重程度的评价；组织信任是指员工对组织的行为的积极预期。Ng 和 Lucianetti（2016）认为当个体感知被尊重和组织可信任时，他们认为自己的创新活动不会惹恼领导者和同事，具有更强的心理安全感和自我效能。因此，感知尊重和组织信任通过"能动"动机机制影响员工创新行为。

团队成员交换或者员工横向交换关系是指个体与团队成员之间的互惠关系，衡量成员之间自发的相互帮助，分享和反馈信息、意见的程度。团队成员交换能帮助员工从其他成员那里吸纳新想法和新观念，有助于他们获得可用于创新的社会资源，从而在较大程度上引导、推动员工的创新行为（孙锐等，2012）。团队成员交换影响员工创新行为存在两条路径：一是社会交换路径，高质量的团队成员交换能促进团队成员之间的相互信任、关爱、尊重和互惠，加强他们对组织创新支持气氛的感知，从而正向影响其创新行为；二是"内驱"动机路径，成员之间的信任有利于建立创新的工作模式，形成良好的沟通和反馈机制，激发员工的内部动机，推动他们以创新的方式完成工作并实现个人价值（孙锐等，2012）。

组织创新支持能激活员工的"能动"动机和"能量"动机，从而对员工的创新行为产生影响。具体而言，当员工获得组织支持时，他们认为创造性地完成工作将对组织绩效产生积极的影响，并且认为自己的创新性活动将得到领导者和同事的积极评价，具有较小或没有印象风险

（Yuan和Woodman，2010）。由于创新性的工作为员工提供了建设有价值的心理资源的机会，所以对创新的支持将激活个体的积极情感（如热情、兴奋等）；而高激活的积极情感有助于个体进行灵活的认知加工并产生创意，提升他们传播和实施创意的动机和行为倾向（Madrid等，2014）。

团队自省是指团队成员集体反思团队的目标、战略和流程，并使其适应当前或预期情况的程度。Wang等（2022）从"内驱"动机（组织承诺）的角度探讨了团队自省与员工创新行为之间的中介作用。组织承诺包括情感承诺和规范承诺。团队自省构成了积极的工作环境，通过各种自省事件促进了员工的积极反应和态度，从而塑造了他们的情感承诺和规范承诺。这种情感承诺和规范承诺随后会激励员工参与角色外活动并表现出创新行为。

结构洞是指在社会网络中，某些个体之间存在着无直接联系或关系间断的现象，从网络整体来看，好像结构中出现了洞穴。信任结构洞捕捉了经纪人在多大程度上被彼此不信任的联系人所信任（Gupta等，2016）。联系人之间缺乏信任关系限制了信任结构洞的两个边缘接触者之间的信息交换。因此，当联系人彼此不信任时，他们之间的信息不对称使经纪人更容易隐藏知识。知识隐藏涉及三种策略：推脱隐藏、装傻和合理隐藏。推脱隐藏表示自信的策略，构建了寻求者对隐藏者的主动管理印象，可以在寻求者和隐藏者之间保持相当多的知识和信息交流，从而提高隐藏者的创造力。装傻是一种防御性印象管理策略，涉及自我障碍和自我贬低，会减少与他人的非冗余信息和知识交流，从而抑制创造力。合理化的隐藏涉及诚实，因为隐藏者不会隐瞒他们向他人隐瞒知识的事实（Connelly等，2012）。因此，其他人会避免与隐藏者进行知识交流，这种知识交流的减少反过来可能会削弱隐藏者的创造力。

综上所述，团队/组织人际互动方面的因素影响员工创新行为的内在机制包括社会交换机制和三个动机机制。需要指出的是，还有部分研究者探讨了企业社会责任（Park等，2017）、组织创业导向（宋典等，2011）、知识智力（曹勇和向阳，2014）、组织地位赋予标准（刘智强等，2013）等对员工创新行为的影响及其内在机制。由于这些都属于单一文献来源，难以将之进行归纳，故本书仅将之罗列于文献汇总表格和作用机制图中。

2.5 创新行为研究的其他议题

2.5.1 创新行为后果研究

相比于创新行为前因的研究，只有少数研究者探讨了创新行为的影响效应。从员工方面而言，Khazanchi 和 Masterson（2011）认为创意产生行为和创意实施行为将正向影响创新绩效；同时，员工创新行为还将带来领导者、同事等对他们绩效的积极评价和晋升的积极评价。从组织方面而言，员工创新行为为组织实施新的创新战略提供了资源和支持，有助于组织获取持续的竞争优势，提高组织的创新绩效和整体绩效；Stock 等（2019）认为高管团队成员拥有独特的沟通渠道宣传其创意并促进资源分配和投资决策，因此高管成员的创意更容易转化为新产品，推动组织新产品项目的实施。

2.5.2 创新过程研究

创新行为研究的另一个重要问题是创新行为各阶段之间的关系为何？通过梳理文献，我们发现这一问题还没有引起研究者足够的重视，而仅有的几项研究结论并不一致。Baer（2012）认为创意实施包含人际风险，除非个体具备发展和使用社会网络进行变革的能力（网络能力）以及变革完成后将获得相应的奖励和报酬（实施工具性），否则创意的产生不会过渡到实施阶段。也就是说，网络能力和实施工具性将削弱创意产生与创意实施之间的负向关系。Škerlavaj 等（2014）认为创意产生和创意实施分属不同的活动，个体在一项活动上投入资源、时间和精力必然降低在另一项活动上的投入。因此，过度关注创意产生的个体，可能忽视创意的实施，从而导致创意产生与创意实施呈现出倒 U 形的关系。而主管支持在一定程度上将弥补创意产生阶段个体的资源损失，进而提高创意实施的可能。国内部分研究者通过实证的方式证实了创意产生与创意实施的正向关系（顾远东和彭纪生，2010；顾远东和彭纪生，2011），但这些研究并未就两者之间的关系为何呈现正向关系提供理论解释。

2.6　现有研究的局限性与未来的研究方向

通过梳理上述文献可以发现，研究者对创新行为进行了广泛和深入的探讨，对于我们理解创新行为的前因、后果和过程具有十分重要的意义。但是，这些研究仍存在一些局限性。

首先，现有研究更强调领导、团队/组织等社会情境因素对创新行为的影响，忽视了个体因素中人格特质的作用。一方面，个体依据其人格特质有选择性地注意、保留其所偏好的信息，因此他们对相同环境的感知存在差异；另一方面，人格特质反映了个体的动机控制，将对其行为产生影响。具体而言，个体会有目的地投入更多的注意力、情感连接和能量等资源以展现其人格特质（Barrick等，2013）。基于此，我们认为人格特质将通过个体对环境信息的解读和对动机的选择影响其创新行为。未来的研究可以探讨大五人格对员工创新行为的影响，因为大五人格作为一种重要的描述个体思维、感知和行为模式差异的变量，对员工主动性行为有重要的影响。

其次，现有研究采取相同的框架解释前因变量对创意产生、创意传播和创意实施的影响，忽视了创新活动之间的差异性，其研究结论是不完善甚至可能是不准确的。创意产生阶段是指个体产生一个新奇且有用的想法，在这一过程中需要个体具备认知灵活性，整合社会情境中的不同知识，从而产生偏离常规的新颖想法；而创意传播阶段是个体积极推广其创意并获得实施创意所必需的资源，在这一过程中需要个体拥有影响力和合法性，以确保其创意以及自己实施创意的能力得到认可；创意实施阶段则是将创意转化为产品、服务或流程并应用到工作中，在这一阶段需要团队有共同的愿景，成员之间相互理解，才能克服阻力确保创新成功（Perry-Smith 和 Mannucci，2015）。因此，考虑到创新各阶段之间对员工能力的不同要求，未来的研究应该探索不同的解释框架，从而更深入地理解创新行为。

最后，从表 2-3 可以看到，现有研究更多的是探讨那些触发员工创新行为的积极因素，忽视了消极因素的影响。借鉴资源保存理论中的资源保存原则，当个体处于资源匮乏状态时，他们倾向于保存现有资源，因此表现出较少的创新行为。现有研究亦证实了这一点，如焦虑（张敏，2014）、工作厌倦（Stock，2015）、感知工作压力（De Clercq 等，2016）等与创新行为负相关。另外，创新行为能获得较高的绩效评价，更有可能获得晋升（Guillén 和 Kunze，2019）。依据资源获取原则，资源匮乏的个体也有可能采取创新行为以获取资源。例如，Binnewies 和 Wörnlein（2011）发现，处于工作压力之下的个体更具创造性。因此，未来的研究可以探讨消极因素通过何种机制正向影响创新行为。

与之相对，某些积极的因素可能对创新行为存在阻碍效应。如上文所述，授权型领导能激活员工的"能动"动机，从而促使他们进行创新行为。而近来有研究发现，授权型领导客观上增加了员工的工作任务，他们需要承担本属于领导者的权力和责任，导致他们难以整合内外部信息和资源以从事创造性的工作。因此，未来的研究有必要探讨积极因素可能对创新行为产生的潜在的负面影响。通过辩证地看待、探讨积极因素和消极因素对创新行为的影响，能在丰富相关理论的同时更好地为指导组织实践提供依据。

现有研究的另一个缺陷在于只有少数研究探讨了创新阶段之间的关系，并且结论并不一致。国内学者"无理由"地认为创意的产生必然带来创意的实施，然而柯达数码相机、中国移动飞信的案例为反驳这一观点提供了现实证据。Baer（2012）则认为创意实施过程包含风险，拥有创意的个体往往不愿意承担实施创意所带来的风险，因此两者是负向关系；而 Škerlavaj 等（2014）依据资源分配框架的逻辑，提出并证实了创意产生与创意实施之间为倒 U 形关系。笔者认为导致这种情况的出现，其可能的原因在于研究者并没有仔细界定创新过程，而是笼统地将之分为两个阶段。部分研究者认为，在这两个阶段之间还存在创意传播阶段，这一阶段能为创新者累积经济、人力和政治等资源，为创意实施创造有利条件（Perry-Smith 和 Mannucci，2015）。综上所述，未来的研究者可以从仔细界定创新阶段着手，揭示创意从产生到实施的全过程及其作用机制。

3

员工创新行为的前因：人格视角

3.1 引言

企业创新的基础和载体归根结底在于员工，因而哪些因素影响员工创新行为成为研究者十分关注的问题，并对此进行了广泛、深入的探讨。

回顾以往文献，研究者分别从情境和个体两个方面探讨了员工创新行为的前因，为促进员工创新行为提供了坚实的理论基础。从个体因素来看，已有研究分别探讨了员工创造力自我效能、工作投入、动机、人格特质等的影响。与其他因素相比，人格特质反映了个体意志或动机控制之间存在的差异，将对个体思维方式、情绪和行为产生持久和稳定的影响（Barrick 等，2013）。因此，人格特质对员工创新行为的影响作用凸显（Anderson 等，2014）。为数不多的关于人格与创新行为的研究，其结论并未达成一致。究其原因，主要是人格并非独立存在，某一人格特质对员工行为的影响依赖于其所拥有的其他特质。员工创新是一种包含多阶段的复杂行为，每个阶段所包含的活动内容和所需的认知、动机资源均存在差异（Perry-Smith 和 Mannucci，2017），因此不同人格特质在创新行为不同阶段中所发挥的作用亦存在差异性。因此，欲解释以往研究的矛盾性结论，应综合考虑多种人格特质对创新行为不同阶段的影响。

实证研究方法虽然有助于探讨变量之间的独特效应，但其仅能分析三维交互作用，在探讨复杂人格特质交互作用方面的效力有限。因此，研究者主张采取以个体为中心（person-centered）的研究路径，刻画人格特质组合与不同子群体的结果相关联的整体图景。模糊集定性比较分析方法作为一种典型的以个体为中心的研究方法，不但能分析前因条件对结果的影响，还能探讨前因条件之间所有可能的交互和组合效应，以便从数据中获得更丰富和更深入的见解。

大五人格被许多研究者认为是一种可复制和统一的人格分类法，并且对于工作场所创新行为有较好的预测效果。综上所述，本书采用

fsQCA方法分析大五人格对员工创新行为的影响，从而揭示引致员工创新行为的多元前因组态及其作用机理。

3.2 研究框架

人格是指个体思维、情感、行为及心理机制的特征模式，反映了个体的自我意识和自我控制能力，并将个体与他人区分开来（Barrick等，2013）。经过众多学者的努力，人格的五因素模型得到了学者广泛认同，并成为人格研究中最具影响力的框架模型。构成人格的大五因素分别为外向性、宜人性、尽责性、神经质/情绪稳定和经验开放性。

外向性是指积极地对待周遭的社会性和物质性的世界。外向的个体通常具备以下特质：精力充沛、热情、合群、善于交际、自信、喜欢控制他人、寻求刺激和拥有积极情绪。除了善于社交，其他的特征（特别是控制欲强和积极情感）被认为与发散思维以及创造力的其他维度密切相关。同时，善于社交的员工更愿意与团队、组织内的其他人沟通并寻求他们的支持（翁清雄等，2016），因此外向性的员工通常能较好地传播其创意并获得支持性资源以促进创意的实施。另外，由于外向性的个体渴望获得地位和权力，因此他们在工作中通常愿意承担风险，从而不断寻求新的问题解决方案并付诸实践。

宜人性是指对他人的亲社会和集体取向。其所包含的特征为信任、率真、利他、顺从、谦虚和温柔。宜人性的个体通常追求工作中和谐的人际关系，他们会努力避免冲突，更愿意听从他人的意见而非挑战现状。而创新通常意味着挑战现状，很可能破坏人际关系以及他人习惯的工作流程，从而引发创新者与同事或领导之间的冲突。基于这个逻辑，研究者认为宜人性的个体不会主动提出和表达新的想法。同时，宜人性的个体试图规避风险，他们一般不会主动探索新方法或新技术。从创新的过程来看，每一环节都不是孤立的事件，将对后续阶段产生影响。因此，较少探索、传播创意的员工，自然也不会采取创意实施行为。

尽责性是指个体具有自控力以促进任务导向和目标导向的行为。其所包含的特征包括有能力的、遵守秩序、有责任感、追逐成就、执着、自律和谨慎。尽责性在创新方面的表现，研究者尚未得出一致的论断。例如，有研究者认为尽责性个体与生俱来的责任感以及在遭遇困难时的坚持不懈，都促使他们积极寻找创造性的问题解决方案并努力将之付诸行动；同时，尽责性的个体在完成工作的过程中注重积累经验，通常具有较高的工作绩效，因此他们对自己从事创新活动持有更大的效能感。与之相反，部分研究者认为，尽责性的个体循规蹈矩，缺乏独立性思考，因此难以产生富有创造性的想法；而且尽责性个体在工作中更关心自我利益，他们不愿意与领导和同事分享自己的想法，自然也就难以获得支持实施创意的关键性资源。

神经质的个体通常具备焦虑、愤怒、敌意、抑郁、自我意识、冲动和脆弱等特征。而情绪稳定的个体是自信的、冷静的、放松的，很少将压力视为威胁，他们能够有效处理困难的工作情境，并且自信和冷静可以帮助他们转变思维方式以及产生新的想法。情绪稳定的个体即便处于压力之下，也能与同事形成较好的人际关系（Barrick等，2013），有助于他们获得对其创意的支持。

经验开放性是指个体精神层面和实际生活的生机、深度、独创性和复杂性。其特征包括充满想象力、思维灵活、才智过人、有好奇心、对艺术的敏感性、行动派。开放性的个体不但能主动寻找新知识，而且还能整合新的、不相关的信息，因此经验开放性与发散性思维、创造力、创新行为正相关。另外，经验开放性的个体能意识到变革的必要性并具备变革的创意，因此他们会更多地投入到变革导向的组织行为或主动性行为中。

员工创新行为是由多个并发条件（大五人格）所影响的，在不同的人格组合中，单一人格与创新行为的因果机制会发生改变，且组态研究具有较强的探索性，因此我们仅阐述大五人格对员工创新行为的影响以提炼前因条件，而没有提出具体的研究假设。本书关注的问题如下：（1）什么样的人格组合将影响创意产生、传播和实施三个阶段？（2）什么样的人格组合将影响员工整体创新行为？需要指出的是，创新的不同阶段并非离散的独立的事件，每一环节都将对后面的阶段产生重要的影响。因此，本书认为员工整体创新行为将由三阶段的最小值决定，分析框架如图3-1所示。

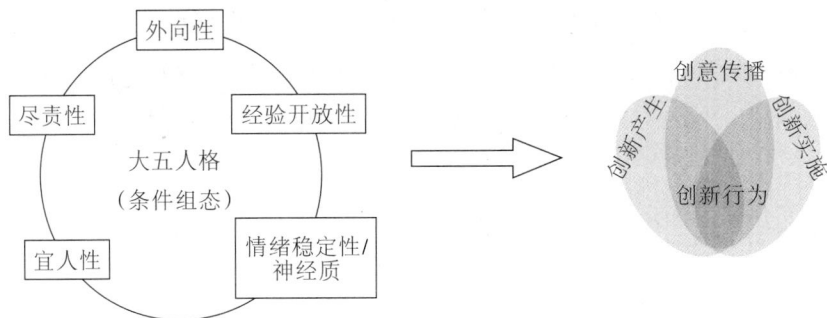

图 3-1　分析框架

3.3　研究方法

3.3.1　样本和程序

考虑到高新技术企业是研发的重要主体，创新需求较高。因此，我们联系长三角地区12家高新技术企业的人力资源经理，说明本次调研的性质和要求，请他们提供从事研发和技术相关工作的人员名单，从中随机抽取240人（每家公司20人）作为研究对象。为了消除被试者的疑虑，我们在发放问卷时附上一个贴有双面胶的信封，被试者匿名填写后自行密封并现场交给研究人员。最终回收问卷233份。

我们剔除填答不全、回答存在规律性的问卷，最终获得有效问卷215份，问卷有效率为89.58%。被试者中，60.47%为男性，全部具有大专及以上学历，49.30%为一般员工，平均年龄为29.40岁（SD=5.48），在当前公司工作的平均时间为3.54年（SD=3.49）。

3.3.2　变量测量

本次调研的量表全部采用英文文献中的成熟量表，并遵照以往研究的建议对量表进行翻译与回译，经过专家审定后应用于正式调研。所有条目的测量均采用李克特五点量表。

大五人格。采用 Goldberg（1992）开发的量表来测量大五人格。其中，外向性包括"我是聚会中的灵魂人物""我话不多（R）"等10个条目，内部一致性系数为0.79；宜人性包括"我不太关心别人（R）""我有颗柔软的心"等10个条目，内部一致性系数为0.80；尽责性包括"我总是做到有备无患""我总是丢三落四（R）"等10个条目，内部一致性系数为0.80；情绪稳定性包括"我容易感到压力过大（R）""我多数时候是轻松自在的"等10个条目，内部一致性系数为0.85；经验开放性包括"我有生动的想象力""我对抽象概念不感兴趣（R）"等10个条目，内部一致性系数为0.79。

员工创新行为。采用 Janssen（2000）开发的量表，创意产生包括"我会想到新的点子以改进现有工作""我会搜寻新的工作方法、技术或工具""我会提出解决问题的原创性方案"3个条目，内部一致性系数为0.80；创意传播包括"我动员大家支持我提出的创新性想法""我的创新性想法经常被大家所认可""我能让组织内重要成员对我的创新性想法感兴趣"3个条目，内部一致性系数为0.77；创意实施包括"我经常将创新性的想法转化为实际的应用""我将创新性想法系统地引入到工作环境中""我会评估创新性想法的实用性"3个条目，内部一致性系数为0.85。

3.3.3 数据校准

在进行 fsQCA 分析之前，要先对研究变量进行校准（calibration）。李克特量表数据通常存在一个较为严重的问题——偏度（skewness），如果按照通常做法将5，3，1分别设置为完全隶属、交叉点和完全不隶属的锚点，可能导致某些结果中的前因条件均被识别为必要条件，将降低数据分析结果的价值和意义。同时，李克特量表包含不同意（1=非常不同意，2=不同意）和同意（4=同意，5=非常同意）两个不同的集合，而非一个集合的两端。因此，研究者建议采用间接方法对李克特量表进行校准。具体而言，首先将案例定性分组为完全隶属（1.0）、非常隶属（0.8）、有些隶属（0.6）、有些不隶属（0.4）、非常不隶属（0.2）

和完全不隶属（0.0）；然后采用分段对数回归模型对原始数据进行转换。上述校准程序封装在 R 语言 QCA 程序包中，可直接使用间接校准参数对数据进行校准。

如前所述，创新三阶段的最小值决定了员工整体创新表现。因此，对员工整体创新行为的校准，我们采取对创意产生、传播和实施校准值取交集的方式。

3.4 数据分析结果

3.4.1 共同方法偏差检验

共同方法偏差是社会科学研究中反复被提及的、重要的方法学问题，其采用同种测量工具或方法对多个变量进行测量，会导致变量间产生虚假的共同变异，变量信度、效度的估计产生偏差，甚至出现相关系数偏离真实相关系数，从而得出错误的因果关系推论。因此，在进行实证分析之前，需要对研究中可能存在的共同方法偏差进行检验。

针对本书而言，变量均采用自陈式测量，由被试者在同一时间对研究中所涉及的变量进行填答，涉及相同的数据采集方法、被试者的反应偏向等可能引起的系统误差。为此，本书将通过以下方式对共同方法偏差进行控制和检验。

首先，在问卷设计环节，由于所有变量的测量工具均来自国外高水平期刊，为确保测量条目的准确性和可读性，我们邀请本领域的博士研究生对所有测量条件进行翻译和回译，并邀请专家学者对翻译后的测量条目进行逐条审核、修订和调整；在正式调查之前，对所修订的量表进行了预测试，确保经过修订后的测量条目准确反映了构念，并具有较高的信度；在正式调查阶段，采用匿名填答的方式，并通过多种方式向被试者说明研究者将严格遵守学术伦理，从而消除被试者的疑虑，鼓励他们客观、真实作答。

其次，采用 Harman 单因子分析以检验共同方法偏差问题的严重性。

该方法认为，如果存在较大的方法变异，那么在探索性因子分析的过程中，可能会出现仅存在一个共同因子的情况，或者析出多个共同因子，但存在某一个因子解释了大部分变量变异的情况。根据Podsakoff等（2003）的建议，我们将外向性、宜人性、尽责性、情绪稳定性、经验开放性、创意产生、创意传播和创意实施8个变量的所有条目进行未旋转的探索性因子分析。结果显示，析出13个共同因子，累计解释了63.314%的变异量；同时，第一个共同因子的解释量为18.365%，未占到总解释变量的一半。因此，Harman单因子检验的结果显示，共同方法偏差对本研究造成的影响并不严重。

最后，考虑到Harman单因素检验是一种不灵敏的检验方法，继续采用控制未测量的潜在方法——因子法（controlling for the effects of an unmeasured latent methods factor，ULMC）进行检验。该方法在原有构念因子结构的基础上，将所有测量条目作为方法因子的观测指标，建立双因子模型。如果双因子模型与仅含构念的因子模型差异显著，则说明共同方法偏差严重。通过因子分析发现，不包含方法因子的模型与包含方法因子的模型相比，卡方变化量（$\triangle \chi^2$（67）= 492.52，p<0.001）显著，说明共同方法偏差存在。需要指出的是，所有59个观测指标方法偏差的中位数（即ULMC的标准化因子负荷平方的平均值）为12.6%，低于Williams和McGonagle（2016）报告的17.2%。因此，在本次调查中，共同方法偏差并不是一个严重的问题。

3.4.2　验证性因子分析

1）外向性的验证性因子分析

（1）因子模型的设定与识别。外向性量表共10个测量条目，利用因子载荷高低配对将测量条目打包为3个，p（p+1）/2=6，该模型需要估计2个路径系数、1个潜在变量方差以及3个残差的方差，共需估计6个参数，根据t规则（估计参数≤p），该模型可以识别。

（2）因子模型的参数估计。运用最大似然法估计外向性的预设模型，并借助R语言lavaan包对相关指标进行逐步分析，具体结果如表3-1所示。

表3-1　　　　　　　　　　外向性因子分析参数估计表

潜变量	路径	标准化因子载荷	C.R.	CR	AVE
外向性	EX1←外向性	0.847	—	0.771	0.529
	EX2←外向性	0.747	8.532***		
	EX3←外向性	0.633	7.974***		

$\chi^2/df=0$，NFI=1.000，IFI=1.000，CFI=1.000，TLI=1.000，RMR=0.000，RMSEA=0.000，SRMR=0.000

注：***表示$p<0.001$；C.R.代表参数估计的临界比值；CR代表组合信度；AVE代表平均方差提取量。

绝对适配度指标方面，RMSEA=0.000、SRMR=0.000、RMR=0.000，达到了小于0.050的适配标准；增值适配度指标方面，NFI=1.000、IFI=1.000、CFI=1.000、TLI=1.000都达到了0.900的最低适配标准。简约适配度指标方面，$\chi^2/df=0<5$，达到良好适配的标准。综上所述，外向性因子模型的适配度较好，模型验证通过。

（3）信度检验。在信度检验中，潜在变量与指标变量之间的因子载荷系数应不低于0.50，且结构方程模型中的C.R.值（即t值）需要达到显著标准。如表3-1所示，标准化因子载荷均超过了0.50的最低标准，且达到了显著性水平（$p<0.001$）。此外，本研究采用组合信度来评估因子整体信度水平，结果显示，外向性组合信度为0.771，超过了0.60的临界值。综上所述，可以推断外向性测量具有较高的信度。

（4）效度检验。由表3-1可知，观测指标的标准化系数均在0.50以上，且达到了显著水平（$p<0.001$），说明具备较好的聚合效度；同时，通过平均方差抽取量（AVE）对效度进行检验，结果显示，AVE值为0.529，高于0.50的最低可接受标准，表明外向性的测量量表具有较好的效度。

2）宜人性的验证性因子分析

（1）因子模型的设定与识别。宜人性量表共10个测量条目，利用因子载荷高低配对将测量条目打包为3个，p（p+1）/2=6，该模型需要估计2个路径系数、1个潜在变量方差以及3个残差的方差，共需估计6

个参数，根据t规则（估计参数≤p），该模型可以识别。

（2）因子模型的参数估计。运用最大似然法估计外向性的预设模型，并借助R语言lavaan包对相关指标进行逐步分析，具体结果如表3-2所示。

表3-2 宜人性因子分析参数估计表

潜变量	路径	标准化因子载荷	C.R.	CR	AVE
宜人性	AG1←宜人性	0.766	—	0.801	0.574
	AG2←宜人性	0.905	9.648***		
	AG3←宜人性	0.633	8.944***		

$\chi^2/df=0$，NFI=1.000，IFI=1.000，CFI=1.000，TLI=1.000，RMR=0.000，RMSEA=0.000，SRMR=0.000

注：***表示$p<0.001$；C.R.代表参数估计的临界比值；CR代表组合信度；AVE代表平均方差提取量。

绝对适配度指标方面，RMSEA=0.000、SRMR=0.000、RMR=0.000，达到了小于0.050的适配标准；增值适配度指标方面，NFI=1.000、IFI=1.000、CFI=1.000、TLI=1.000都达到了0.900的最低适配标准。简约适配度指标方面，$\chi^2/df=0<5$，达到良好适配的标准。综上所述，宜人性因子模型的适配度较好，模型验证通过。

（3）信度检验。在信度检验中，潜在变量与指标变量之间的因子载荷系数应不低于0.50，且结构方程模型中的C.R.值（即t值）需要达到显著标准。如表3-2所示，标准化因子载荷均超过了0.50的最低标准，且达到了显著性水平（$p<0.001$）。此外，本研究采用组合信度来评估因子整体信度水平，结果显示，宜人性组合信度为0.801，超过了0.60的临界值。综上所述，可以推断宜人性测量具有较高的信度。

（4）效度检验。由表3-2可知，观测指标的标准化系数均在0.50以上，且达到了显著水平（$p<0.001$），说明具备较好的聚合效度；同时，通过平均方差抽取量（AVE）对效度进行检验，结果显示，AVE值为0.574，高于0.50的最低可接受标准，表明宜人性的测量量表具有较好的效度。

3）尽责性的验证性因子分析

（1）因子模型的设定与识别。尽责性量表共10个测量条目，利用因子载荷高低配对将测量条目打包为3个，p（p+1）/2=6，该模型需要估计2个路径系数、1个潜在变量方差以及3个残差的方差，共需估计6个参数，根据t规则（估计参数≤p），该模型可以识别。

（2）因子模型的参数估计。运用最大似然法估计外向性的预设模型，并借助R语言lavaan包对相关指标进行逐步分析，具体结果如表3-3所示。

表3-3　　　　　　　　　尽责性因子分析参数估计表

潜变量	路径	标准化因子载荷	C.R.	CR	AVE
尽责性	CO1←尽责性	0.848	—	0.809	0.588
	CO2←尽责性	0.841	10.117***		
	CO3←尽责性	0.618	8.706***		

$\chi^2/df=0$，NFI=1.000，IFI=1.000，CFI=1.000，TLI=1.000，RMR=0.000，RMSEA=0.000，SRMR=0.000

注：***表示$p<0.001$；C.R.代表参数估计的临界比值；CR代表组合信度；AVE代表平均方差提取量。

绝对适配度指标方面，RMSEA=0.000、SRMR=0.000、RMR=0.000，达到了小于0.050的适配标准；增值适配度指标方面，NFI=1.000、IFI=1.000、CFI=1.000、TLI=1.000都达到了0.900的最低适配标准。简约适配度指标方面，$\chi^2/df=0<5$，达到良好适配的标准。综上所述，尽责性因子模型的适配度较好，模型验证通过。

（3）信度检验。在信度检验中，潜在变量与指标变量之间的因子载荷系数应不低于0.50，且结构方程模型中的C.R.值（即t值）需要达到显著标准。如表3-3所示，标准化因子载荷均超过了0.50的最低标准，且达到了显著性水平（$p<0.001$）。此外，本研究采用组合信度来评估因子整体信度水平，结果显示，尽责性组合信度为0.809，超过了0.60的临界值。综上所述，可以推断尽责性测量具有较高的信度。

（4）效度检验。由表3-3可知，观测指标的标准化系数均在0.50以上，且达到了显著水平（p<0.001），说明具备较好的聚合效度；同时，通过平均方差抽取量（AVE）对效度进行检验，结果显示，AVE值为0.588，高于0.50的最低可接受标准，表明尽责性的测量量表具有较好的效度。

4）情绪稳定性的验证性因子分析

（1）因子模型的设定与识别。情绪稳定性量表共10个测量条目，利用因子载荷高低配对将测量条目打包为3个，p（p+1）/2=6，该模型需要估计2个路径系数、1个潜在变量方差以及3个残差的方差，共需估计6个参数，根据t规则（估计参数≤p），该模型可以识别。

（2）因子模型的参数估计。运用最大似然法估计外向性的预设模型，并借助R语言lavaan包对相关指标进行逐步分析，具体结果如表3-4所示。

表3-4 情绪稳定性因子分析参数估计表

潜变量	路径	标准化因子载荷	C.R.	CR	AVE
情绪稳定性	ES1←情绪稳定性	0.760	—	0.832	0.642
	ES2←情绪稳定性	0.836	10.465***		
	ES3←情绪稳定性	0.769	10.258***		

$\chi^2/df=0$，NFI=1.000，IFI=1.000，CFI=1.000，TLI=1.000，RMR=0.000，RMSEA=0.000，SRMR=0.000

注：***表示p<0.001；C.R.代表参数估计的临界比值；CR代表组合信度；AVE代表平均方差提取量。

绝对适配度指标方面，RMSEA=0.000、SRMR=0.000、RMR=0.000，达到了小于0.050的适配标准；增值适配度指标方面，NFI=1.000、IFI=1.000、CFI=1.000、TLI=1.000都达到了0.900的最低适配标准。简约适配度指标方面，$\chi^2/df=0<5$，达到良好适配的标准。综上所述，情绪稳定性因子模型的适配度较好，模型验证通过。

（3）信度检验。在信度检验中，潜在变量与指标变量之间的因子载荷系数应不低于0.50，且结构方程模型中的C.R.值（即t值）需要达到显著标准。如表3-4所示，标准化因子载荷均超过了0.50的最低标准，且达到了显著性水平（p<0.001）。此外，本研究采用组合信度来评估因子整体信度水平，结果显示，情绪稳定性组合信度为0.832，超过了0.60的临界值。综上所述，可以推断情绪稳定性测量具有较高的信度。

（4）效度检验。由表3-4可知，观测指标的标准化系数均在0.50以上，且达到了显著水平（p<0.001），说明具备较好的聚合效度；同时，通过平均方差抽取量（AVE）对效度进行检验，结果显示，AVE值为0.642，高于0.50的最低可接受标准，表明情绪稳定性的测量量表具有较好的效度。

5）经验开放性的验证性因子分析

（1）因子模型的设定与识别。经验开放性量表共10个测量条目，利用因子载荷高低配对将测量条目打包为3个，p（p+1）/2=6，该模型需要估计2个路径系数、1个潜在变量方差以及3个残差的方差，共需估计6个参数，根据t规则（估计参数<p），该模型可以识别。

（2）因子模型的参数估计。运用最大似然法估计外向性的预设模型，并借助R语言lavaan包对相关指标进行逐步分析，具体结果如表3-5所示。

表3-5　　　　　　　经验开放性因子分析参数估计表

潜变量	路径	标准化因子载荷	C.R.	CR	AVE
	OP1←经验开放性	0.786	—		
经验开放性	OP2←经验开放性	0.782	8.594***	0.775	0.535
	OP3←经验开放性	0.656	8.230***		

$\chi^2/df=0$，NFI=1.000，IFI=1.000，CFI=1.000，TLI=1.000，RMR=0.000，RMSEA=0.000，SRMR=0.000

注：***表示p<0.001；C.R.代表参数估计的临界比值；CR代表组合信度；AVE代表平均方差提取量。

绝对适配度指标方面，RMSEA=0.000、SRMR=0.000、RMR=0.000，达到了小于0.050的适配标准；增值适配度指标方面，NFI=1.000、IFI=1.000、CFI=1.000、TLI=1.000都达到了0.900的最低适配标准。简约适配度指标方面，$\chi^2/df=0<5$，达到良好适配的标准。综上所述，经验开放

性因子模型的适配度较好，模型验证通过。

（3）信度检验。在信度检验中，潜在变量与指标变量之间的因子载荷系数应不低于0.50，且结构方程模型中的C.R.值（即t值）需要达到显著标准。如表3-5所示，标准化因子载荷均超过了0.50的最低标准，且达到了显著性水平（p<0.001）。此外，本研究采用组合信度来评估因子整体信度水平，结果显示，经验开放性组合信度为0.775，超过了0.60的临界值。综上所述，可以推断经验开放性测量具有较高的信度。

（4）效度检验。由表3-5可知，观测指标的标准化系数均在0.50以上，且达到了显著水平（p<0.001），说明具备较好的聚合效度；同时，通过平均方差抽取量（AVE）对效度进行检验，结果显示，AVE值为0.535，高于0.50的最低可接受标准，表明经验开放性的测量量表具有较好的效度。

6）创意产生的验证性因子分析

（1）因子模型的设定与识别。创意产生量表共3个测量条目，p（p+1）/2=6，该模型需要估计2个路径系数、1个潜在变量方差以及3个残差的方差，共需估计6个参数，根据t规则（估计参数≤p），该模型可以识别。

（2）因子模型的参数估计。运用最大似然法估计外向性的预设模型，并借助R语言lavaan包对相关指标进行逐步分析，具体结果如表3-6所示。

表3-6　　　　　　　　　创意产生因子分析参数估计表

潜变量	路径	标准化因子载荷	C.R.	CR	AVE
创意产生	IG1←创意产生	0.711	—	0.798	0.570
	IG2←创意产生	0.797	8.883***		
	IG3←创意产生	0.755	8.876***		

$\chi^2/df=0$，NFI=1.000，IFI=1.000，CFI=1.000，TLI=1.000，RMR=0.000，RMSEA=0.000，SRMR=0.000

注：***表示p<0.001；C.R.代表参数估计的临界比值；CR代表组合信度；AVE代表平均方差提取量。

绝对适配度指标方面，RMSEA=0.000、SRMR=0.000、RMR=0.000，达到了小于0.050的适配标准；增值适配度指标方面，NFI=1.000、IFI=1.000、CFI=1.000、TLI=1.000都达到了0.900的最低适配标准。简约适配度指标方面，$\chi^2/df=0<5$，达到良好适配的标准。综上所述，创意产生因子模型的适配度较好，模型验证通过。

（3）信度检验。在信度检验中，潜在变量与指标变量之间的因子载荷系数应不低于0.50，且结构方程模型中的C.R.值（即t值）需要达到显著标准。如表3-6所示，标准化因子载荷均超过了0.50的最低标准，且达到了显著性水平（$p<0.001$）。此外，本研究采用组合信度来评估因子整体信度水平，结果显示，创意产生组合信度为0.798，超过了0.60的临界值。综上所述，可以推断创意产生测量具有较高的信度。

（4）效度检验。由表3-6可知，观测指标的标准化系数均在0.50以上，且达到了显著水平（$p<0.001$），说明具备较好的聚合效度；同时，通过平均方差抽取量（AVE）对效度进行检验，结果显示，AVE值为0.570，高于0.50的最低可接受标准，表明创意产生的测量量表具有较好的效度。

7）创意传播的验证性因子分析

（1）因子模型的设定与识别。创意传播量表共3个测量条目，p(p+1)/2=6，该模型需要估计2个路径系数、1个潜在变量方差以及3个残差的方差，共需估计6个参数，根据t规则（估计参数≤p），该模型可以识别。

（2）因子模型的参数估计。运用最大似然法估计外向性的预设模型，并借助R语言lavaan包对相关指标进行逐步分析，具体结果如表3-7所示。

表3-7　　　　　　　　创意传播因子分析参数估计表

潜变量	路径	标准化因子载荷	C.R.	CR	AVE
创意传播	ID1←创意传播	0.656	—	0.788	0.556
	ID2←创意传播	0.801	8.251***		

潜变量	路径	标准化因子载荷	C.R.	CR	AVE
创意传播	ID3←创意传播	0.772	8.302***	0.788	0.556

$\chi^2/df=0$，NFI=1.000，IFI=1.000，CFI=1.000，TLI=1.000，RMR=0.000，RMSEA=0.000，SRMR=0.000

注：***表示 $p<0.001$；C.R.代表参数估计的临界比值；CR代表组合信度；AVE代表平均方差提取量。

绝对适配度指标方面，RMSEA=0.000、SRMR=0.000、RMR=0.000，达到了小于0.050的适配标准；增值适配度指标方面，NFI=1.000、IFI=1.000、CFI=1.000、TLI=1.000都达到了0.900的最低适配标准。简约适配度指标方面，$\chi^2/df=0<5$，达到良好适配的标准。综上所述，创意传播因子模型的适配度较好，模型验证通过。

（3）信度检验。在信度检验中，潜在变量与指标变量之间的因子载荷系数应不低于0.50，且结构方程模型中的C.R.值（即t值）需要达到显著标准。如表3-7所示，标准化因子载荷均超过了0.50的最低标准，且达到了显著性水平（$p<0.001$）。此外，本研究采用组合信度来评估因子整体信度水平，结果显示，创意传播组合信度为0.788，超过了0.60的临界值。综上所述，可以推断创意传播测量具有较高的信度。

（4）效度检验。由表3-7可知，观测指标的标准化系数均在0.50以上，且达到了显著水平（$p<0.001$），说明具备较好的聚合效度；同时，通过平均方差抽取量（AVE）对效度进行检验，结果显示，AVE值为0.556，高于0.50的最低可接受标准，表明创意传播的测量量表具有较好的效度。

8）创意实施的验证性因子分析

（1）因子模型的设定与识别。创意实施量表共3个测量条目，$p(p+1)/2=6$，该模型需要估计2个路径系数、1个潜在变量方差以及3个残差的方差，共需估计6个参数，根据t规则（估计参数≤p），该模型可以识别。

（2）因子模型的参数估计。运用最大似然法估计外向性的预设模型，并借助 R 语言 lavaan 包对相关指标进行逐步分析，具体结果如表 3-8 所示。

表 3-8　　　　　　创意实施因子分析参数估计表

潜变量	路径	标准化因子载荷	C.R.	CR	AVE
创意实施	IG1←创意实施	0.850	—	0.855	0.664
	IG2←创意实施	0.862	12.359***		
	IG3←创意实施	0.720	11.032***		

$\chi^2/df=0$，NFI=1.000，IFI=1.000，CFI=1.000，TLI=1.000，RMR=0.000，RMSEA=0.000，SRMR=0.000

注：***表示 p<0.001；C.R.代表参数估计的临界比值；CR 代表组合信度；AVE 代表平均方差提取量。

绝对适配度指标方面，RMSEA=0.000、SRMR=0.000、RMR=0.000，达到了小于 0.050 的适配标准；增值适配度指标方面，NFI=1.000、IFI=1.000、CFI=1.000、TLI=1.000 都达到了 0.900 的最低适配标准。简约适配度指标方面，$\chi^2/df=0<5$，达到良好适配的标准。综上所述，创意实施因子模型的适配度较好，模型验证通过。

（3）信度检验。在信度检验中，潜在变量与指标变量之间的因子载荷系数应不低于 0.50，且结构方程模型中的 C.R. 值（即 t 值）需要达到显著标准。如表 3-8 所示，标准化因子载荷均超过了 0.50 的最低标准，且达到了显著性水平（p<0.001）。此外，本研究采用组合信度来评估因子整体信度水平，结果显示，创意实施组合信度为 0.855，超过了 0.60 的临界值。综上所述，可以推断创意实施测量具有较高的信度。

（4）效度检验。由表 3-8 可知，观测指标的标准化系数均在 0.50 以上，且达到了显著水平（p<0.001），说明具备较好的聚合效度；同时，通过平均方差抽取量（AVE）对效度进行检验，结果显示，AVE 值为 0.664，高于 0.50 的最低可接受标准，表明创意实施的测量量表具有较好的效度。

9）所有变量的整体验证性因子分析

为了检验本研究涉及变量的构念区分度，我们对员工外向性、宜人性、尽责性、情绪稳定性、经验开放性、创意产生、创意传播、创意实施8个变量进行验证性因子分析。由于上述变量共包含59个条目，超过了推荐的估计参数与样本量比例（1∶5），所以我们采用条目打包方法来降低误差，提高共同度。其具体做法如下：对外向性、宜人性、尽责性、情绪稳定性和经验开放性5个变量依据其因子载荷进行高低配对，将每个变量打包为3个新的观测指标；创新行为各阶段由于都只包含3个条目，以原条目纳入分析。因此，最终得到24个观测指标。采用Mplus 7.4进行验证性因子分析，结果如表3-9所示。从表3-9中可以看出，八因子模型与数据拟合更为理想（χ^2（224）=443.23，RMSEA=0.07，CFI=0.91，TLI=0.89，SRMR=0.07），且显著优于其他竞争模型，证明变量之间具有良好的区分效度。

表3-9　　　　　　　　　　　　验证性因子分析

模型	χ^2	df	χ^2/df	RMSEA	CFI	TLI	SRMR
M1: EX, AG, CO, ES, OP, IG, ID, II	443.23	224	1.98	0.07	0.91	0.89	0.07
M2: EX, AG, CO, ES, OP, IG+ID, II	495.26	231	2.14	0.07	0.89	0.87	0.07
M3: EX, AG, CO, ES, OP, IG+ID+II	508.85	237	2.15	0.07	0.89	0.87	0.07
M4: EX+AG, CO, ES, OP, IG+ID+II	746.93	242	3.09	0.10	0.79	0.76	0.10
M5: EX+AG+CO, ES, OP, IG+ID+II	882.09	246	3.59	0.11	0.74	0.71	0.10
M6: EX+AG+CO+ES, OP, IG+ID+II	1 044.41	249	4.19	0.12	0.67	0.64	0.10
M7: EX+AG+CO+ES+OP, IG+ID+II	1 105.22	251	4.40	0.13	0.65	0.61	0.10
M8: EX+AG+CO+ES+OP+IG+ID+II	1 359.06	252	5.39	0.14	0.54	0.50	0.12

注：EX=外向性，AG=宜人性，CO=尽责性，ES=情绪稳定性，OP=经验开放性，IG=创意产生，ID=创意传播，II=创意实施。

3.4.3 描述性统计分析

变量的均值、标准差和相关系数如表3-10所示。外向性（r=0.24，p<0.001）、宜人性（r=0.23，p<0.001）、尽责性（r=0.41，p<0.001）、情绪稳定性（r=0.23，p<0.001）、经验开放性（r=0.39，p<0.001）与创意产生正相关；外向性（r=0.25，p<0.001）、宜人性（r=0.18，p<0.01）、尽责性（r=0.37，p<0.001）、情绪稳定性（r=0.20，p<0.01）、经验开放性（r=0.25，p<0.001）与创意传播正相关；外向性（r=0.25，p<0.001）、宜人性（r=0.25，p<0.001）、尽责性（r=0.47，p<0.001）、情绪稳定性（r=0.31，p<0.001）、经验开放性（r=0.38，p<0.001）与创意实施正相关。

表3-10 描述性统计分析

变量	1	2	3	4	5	6	7	8
1. 外向性	0.79							
2. 宜人性	0.19**	0.80						
3. 尽责性	0.16*	0.42***	0.80					
4. 情绪稳定性	0.34***	0.23**	0.38***	0.85				
5. 经验开放性	0.33***	0.23**	0.34***	0.19**	0.79			
6. 创意产生	0.24***	0.23**	0.41***	0.23**	0.39***	0.80		
7. 创意传播	0.25***	0.18**	0.37***	0.20**	0.25***	0.61***	0.79	
8. 创意实施	0.25***	0.25***	0.47***	0.31***	0.38***	0.71***	0.72***	0.85
平均值	2.89	3.72	3.58	3.11	3.33	3.71	3.41	3.53
标准差	0.60	0.52	0.59	0.66	0.54	0.70	0.71	0.78

注：N=215；* p<0.05，** p<0.01，*** p<0.001。

3.4.4 必要性条件分析

在构建真值表进行条件组态充分性分析之前，需要检验单项条件是否构成结果的必要条件。必要条件是指只要结果存在，该条件就一定存在，即结果是该条件的子集。本研究首先通过NCA方法对单个前因条件的必要性效应量及其显著性进行检验，并通过瓶颈水平估计前因条件的必要性水平值。判断一个前因条件是否为必要条件的标准包括两个方面：一是效应量不小于0.1，二是通过蒙特卡洛仿真置换检验（Monte Carlo simulations of permutation tests）效应量显著。其结果如表3-11所示。由于本研究采用李克特5点量表对变量进行测量，所以使用上限回归（ceiling regression，CR）生成上限函数[①]，可以发现效应量及其显著性均不满足上述标准，因此大五人格不是员工创意产生、创意传播、创意实施和整体创新行为的必要条件。

表3-11　　　　　　　　　　NCA方法必要条件分析结果

前因条件	方法	创意产生					创意传播				
		精确性	上线区域	范围	效应量	P值	精确性	上线区域	范围	效应量	P值
外向性	CE	100%	0.000	0.961	0.000	0.284	100%	0.003	0.963	0.003	0.378
	CR	100%	0.000	0.961	0.000	0.324	100%	0.001	0.963	0.001	0.424
宜人性	CE	100%	0.007	0.944	0.008	0.818	100%	0.036	0.946	0.038	0.680
	CR	99.5%	0.005	0.944	0.005	0.816	99.1%	0.026	0.946	0.028	0.672
尽责性	CE	100%	0.024	0.888	0.027	0.046	100%	0.040	0.890	0.044	0.056
	CR	99.1%	0.019	0.888	0.021	0.098	99.5%	0.024	0.890	0.027	0.254
情绪稳定性	CE	100%	0.000	0.971	0.000	0.442	100%	0.001	0.972	0.001	0.542
	CR	100%	0.000	0.971	0.000	0.472	99.5%	0.002	0.972	0.002	0.550
经验开放性	CE	100%	0.067	0.991	0.067	0.118	100%	0.056	0.992	0.057	0.410
	CR	99.1%	0.045	0.991	0.045	0.145	99.5%	0.039	0.992	0.039	0.450

---

① 上限回归方法适用连续变量，上限包络分析适用5个类别以下的离散变量，本研究采用两种方法并报告其结果，以此比较结果的稳健性。

前因条件	方法	创意实施					创新行为				
		精确性	上线区域	范围	效应量	P值	精确性	上线区域	范围	效应量	P值
外向性	CE	100%	0.000	0.965	0.000	1.000	100%	0.008	0.964	0.008	0.362
	CR	100%	0.000	0.965	0.000	1.000	100%	0.004	0.964	0.004	0.444
宜人性	CE	100%	0.069	0.948	0.072	0.182	100%	0.093	0.947	0.098	0.244
	CR	99.5%	0.044	0.948	0.047	0.262	99.5%	0.080	0.947	0.085	0.260
尽责性	CE	100%	0.040	0.892	0.045	0.014	100%	0.046	0.891	0.052	0.102
	CR	99.5%	0.025	0.892	0.028	0.092	99.1%	0.034	0.891	0.038	0.248
情绪稳定性	CE	100%	0.000	0.974	0.000	0.472	100%	0.002	0.974	0.002	0.608
	CR	100%	0.000	0.974	0.000	0.478	99.5%	0.001	0.974	0.001	0.638
经验开放性	CE	100%	0.048	0.994	0.048	0.420	100%	0.068	0.994	0.068	0.462
	CR	99.5%	0.034	0.994	0.034	0.402	99.5%	0.045	0.994	0.045	0.566

注：CR= ceiling regression，上限回归；CE= ceiling envelopment，上限包络分析。

表3-12为瓶颈水平表，进一步报告了瓶颈分析结果。瓶颈水平（％）指达到结果最大观测范围的某一水平，前因条件最大观测范围内需要满足的水平值（％）。如表3-12所示，要达到60%的创意产生水平，需要2.3%水平的尽责性、5.4%水平的经验开放性；要达到60%的创意传播水平，需要3.2%水平的尽责性和4.8%水平的经验开放性；要达到60%的创意实施水平，需要4.6%水平的宜人性、3.4%水平的尽责性和4.3%水平的经验开放性；要达到60%的创新行为水平，需要5.2%水平的宜人性、4.7%水平的尽责性和5.5%水平的经验开放性。

表3-12　　　　　　　NCA方法瓶颈水平（%）分析结果

IG	EX	AG	CO	ES	OP	ID	EX	AG	CO	ES	OP
0	NN	NN	NN	NN	NN	0	NN	NN	NN	NN	NN
10	NN	NN	NN	NN	0.6	10	NN	NN	NN	NN	NN
20	NN	NN	NN	NN	1.5	20	NN	NN	NN	NN	0.9
30	NN	NN	NN	NN	2.5	30	NN	NN	NN	NN	1.9
40	NN	NN	NN	NN	3.5	40	NN	NN	1.0	NN	2.9
50	NN	NN	1.1	NN	4.4	50	NN	NN	2.1	NN	3.8
60	NN	NN	2.3	NN	5.4	60	NN	NN	3.2	NN	4.8
70	NN	NN	3.5	NN	6.4	70	NN	NN	4.4	NN	5.8
80	NN	NN	4.7	NN	7.4	80	NN	NN	5.5	0.3	6.8
90	NN	NN	5.9	NN	8.3	90	NN	11.8	6.6	0.6	7.7
100	1.5	25.1	7.1	0.9	9.3	100	20.9	38.8	7.8	0.8	8.7
II	EX	AG	CO	ES	OP	IB	EX	AG	CO	ES	OP
0	NN	NN	NN	NN	NN	0	NN	NN	NN	NN	NN
10	NN	NN	NN	NN	NN	10	NN	NN	NN	NN	0.7
20	NN	NN	NN	NN	0.3	20	NN	NN	NN	NN	1.7
30	NN	NN	0.2	NN	1.3	30	NN	NN	0.9	NN	2.6
40	NN	NN	1.2	NN	2.3	40	NN	NN	2.2	NN	3.6
50	NN	1.5	2.3	NN	3.3	50	NN	NN	3.5	NN	4.5
60	NN	4.6	3.4	NN	4.3	60	NN	5.2	4.7	NN	5.5
70	NN	7.8	4.5	NN	5.3	70	NN	13.0	6.0	NN	6.4
80	NN	10.9	5.6	NN	6.3	80	NN	20.8	7.3	0.3	7.4
90	NN	14.0	6.7	NN	7.2	90	NN	28.5	8.5	0.6	8.3
100	NN	17.1	7.8	0.9	8.2	100	20.9	36.3	9.8	0.9	9.3

　　注：IG=创意产生，ID=创意传播，II=创意实施，IB=创新行为，EX=外向性，AG=宜人性，CO=尽责性，ES=情绪稳定性，OP=经验开放性；NN=不必要。

本研究进一步使用 R 语言 QCA 程序包对大五人格的必要性进行分析，结果如表3-13所示。对创意产生、传播和实施三阶段而言，所有单项人格及其反面的一致性均小于0.9，即不存在引致创新三阶段的必要人格条件；对员工创新行为而言，宜人性的一致性等于0.9，即宜人性可能是解释员工创新行为的必要条件。然而，通过检验宜人性和员工创新行为的 X-Y 散点图可以发现，多数案例分布在右侧 Y 轴附近，且拟合参数 RoN（relevance of necessity，必要性的切题性）的分数为0.48，说明宜人性作为必要条件的相对重要性较低。因此，在分析员工创新行为时，应该综合考虑大五人格的并发协同效应。

表3-13　　　　　　　　　　　单个前因条件的必要性分析

前因条件	创意产生		创意传播		创意实施		员工创新行为	
	一致性	RoN	一致性	RoN	一致性	RoN	一致性	RoN
~外向性	0.77	0.62	0.80	0.54	0.79	0.56	0.81	0.49
外向性	0.46	0.96	0.52	0.93	0.50	0.94	0.57	0.91
~宜人性	0.37	0.92	0.40	0.89	0.37	0.89	0.41	0.86
宜人性	0.84	0.63	0.87	0.53	0.88	0.57	0.90	0.48
~尽责性	0.43	0.86	0.47	0.82	0.43	0.82	0.47	0.79
尽责性	0.81	0.77	0.84	0.66	0.85	0.71	0.88	0.61
~情绪稳定性	0.65	0.71	0.69	0.65	0.67	0.67	0.70	0.60
情绪稳定性	0.59	0.93	0.63	0.86	0.62	0.88	0.70	0.83
~经验开放性	0.57	0.80	0.63	0.75	0.57	0.75	0.63	0.70
经验开放性	0.70	0.88	0.73	0.79	0.74	0.83	0.79	0.74

注：~表示条件的反面；RoN- relevance of necessity，必要性的切题性。

3.4.5　条件组态的充分性分析

校准了所有测量值后开始创建 2^k 行的真值表，其中 k 代表前因条件的个数，每一行代表可能的条件组合。在本研究中，我们将可接受案例数的阈值设定为9，依此设定，76%的样本被保留在真值表中，符合

Ragin（2008）的建议；根据真值表一致性的自然中断（natural break），我们分别使用0.88、0.84、0.80作为创意产生、传播、实施的阈值；而对员工创新行为而言，真值表中仅有三个组态的一致性大于0.80，故在分析中全部予以保留，即将其阈值设置为0.80。对215位员工的数据采用R语言QCA程序包计算得到引致创意产生、创意传播、创意实施和整体创新行为的人格组态结果如表3-14所示，总体一致性分别为0.90、0.83、0.80和0.80，总体覆盖度分别为0.64、0.64、0.76和0.63，引致创意产生、创意传播和创意实施各存在3条路径，引致员工整体创新行为则存在2条路径。我们参照Fiss（2011）的做法，用"●"代表条件存在，"⊗"代表条件缺席，"空白"代表条件可能存在和不存在（和结果不相关）。此外，大圆代表给定组态的核心条件，而小圆代表辅助条件。

表3-14　　　　　　　　　引致创新行为的人格组态

前因条件	创意产生			创意传播			创意实施			整体创新行为	
	S1	S2	S3	S4	S5a	S5b	S6	S7	S8	S9a	S9b
外向性（EXTRAVERSION）	⊗	⊗		⊗	⊗		⊗	⊗		⊗	
宜人性（AGREEABLENESS）	●	●	●	●	●	●		●	●	●	●
尽责性（CONSCIENTIOUSNESS）		●	●	⊗				●	●	●	
情绪稳定性（STABILITY）	⊗	●	●	⊗			⊗	●	●	●	●
经验开放性（OPENNESS）	●		●	●				●	●	●	●
一致性	0.90	0.94	0.96	0.86	0.86	0.88	0.86	0.80	0.91	0.80	0.84
原始覆盖度	0.43	0.43	0.45	0.33	0.48	0.51	0.47	0.65	0.49	0.54	0.58
唯一覆盖度	0.14	0.05	0.08	0.08	0.05	0.08	0.02	0.12	0.08	0.05	0.09
总体一致性	0.90			0.83			0.80			0.80	
总体覆盖度	0.64			0.64			0.76			0.63	

　　注："●"代表该前因条件存在，"⊗"代表该前因条件缺席，空白代表前因条件与结果无关；大圈代表核心条件，小圈代表辅助条件。

在预测创意产生的前因组态 1（extraversion×AGREEABLENESS×stability×OPENNESS）[①]中，经验开放性为核心条件，外向性缺席、宜人性和情绪稳定性缺席作为辅助条件；组态 2（extraversion×AGREEABLENESS×CONSCIENTIOUSNESS×STABILITY）中，情绪稳定性为核心条件，外向性缺席、宜人性和尽责性为辅助条件；组态 3（AGREEABLENESS×CONSCIENTIOUSNESS×STABILITY×OPENNESS）中，情绪稳定性和经验开放性为核心条件，宜人性和尽责性为辅助条件。组态 1 的唯一覆盖度最大，说明在引致员工创意产生的三个人格组态中，组态 1 单独解释的案例较多。

在预测创意传播的前因组态 4（extraversion×AGREEABLENESS×conscientiousness×stability×OPENNESS）中，尽责性缺席和经验开放性为核心条件，外向性缺席、情绪稳定性缺席和宜人性为辅助条件；组态 5a（extraversion×AGREEABLENESS×CONSCIENTIOUSNESS×STABILITY）中，情绪稳定性为核心条件，外向性缺席、宜人性和尽责性为辅助条件；组态 5b（AGREEABLENESS×CONSCIENTIOUSNESS×STABILITY×OPENNESS）中，情绪稳定性为核心条件，宜人性、尽责性和经验开放性为辅助条件。组态 5a 和 5b 构成二阶等价组态，即它们的核心条件一致（Fiss，2011）。其中，组态 5b 的原始覆盖度和唯一覆盖度最大，说明在引致员工创意传播的人格组态中，组态 5b 解释的案例较多。

在预测创意实施的前因组态 6（extraversion×AGREEABLENESS×stability×OPENNESS）中，经验开放性为核心条件，外向性缺席、宜人性和情绪稳定性缺席为辅助条件；组态 7（extraversion×AGREEABLENESS×CONSCIENTIOUSNESS）中，尽责性为核心条件，外向性缺席和宜人性为辅助条件；组态 8（AGREEABLENESS×CONSCIENTIOUSNESS×STABILITY×OPENNESS）中，尽责性和经验开放性为核心条件，宜人性和情绪稳定性为辅助条件。组态 7 的原始覆盖度和唯一覆盖度最大，说明在引致员工创意实施的人格组态中，组态 7 解释的案例较多。

---

① 大写字母表示条件存在，小写字母表示条件缺席。

在预测员工整体创新行为的前因组态 9a （extraversion×
AGREEABLENESS×CONSCIENTIOUSNESS×STABILITY）中，情绪稳定
性为核心条件，外向性缺席、宜人性和尽责性为辅助条件；组态 9b
（AGREEABLENESS×CONSCIENTIOUSNESS×STABILITY×OPENNESS）
中，情绪稳定性为核心条件，宜人性、尽责性和经验开放性为辅助条
件。两个组态具有相同的核心条件，说明两者为二阶等价组态，且组态
9b 解释的案例较多。

3.4.6 稳健性分析

本项目采用 Tobit 回归模型对 fsQCA 所获结果的稳健性进行检验。
具体而言，首先，计算 215 个案例在所有组态上的隶属度并保存为一个
新变量；其次，为了避免新建变量之间存在严重的多重共线性问题，将
隶属度≥0.5 的案例编码为 1，反之编码为 0；最后，进行双限制 Tobit 回
归。在回归分析中，控制了年龄、性别、受教育程度、职位和任职年限
等的影响，结果如表 3-15 所示。

表 3-15 双限制 Tobit 回归结果

前因	创意产生		创意传播		创意实施		创新行为	
	B	SE	B	SE	B	SE	B	SE
性别	−0.045	0.039	−0.038	0.039	−0.036	0.041	−0.028	0.038
学历	0.010	0.030	−0.046	0.030	−0.019	0.031	−0.031	0.029
年龄	0.007	0.005	0.005	0.005	0.007	0.005	0.004	0.004
职位	0.029	0.020	0.061	0.020	0.026	0.021	0.034	0.019
工作年限	−0.001	0.007	0.006	0.007	0.003	0.007	0.012	0.006
S1	0.101*	0.046						
S2	0.028	0.058						
S3	0.245***	0.059						
S4			0.039	0.091				
S5a			−0.024	0.058				

前因	创意产生		创意传播		创意实施		创新行为	
	B	SE	B	SE	B	SE	B	SE
S5b			0.204***	0.059				
S6					0.038	0.043		
S7					0.156**	0.052		
S8					0.290***	0.058		
S9a							−0.023	0.056
S9b							0.258***	0.057
Pseudo-R^2	0.598		0.566		0.492		0.713	

注：N=215，* p<0.05，** p<0.01，*** p<0.001。

组态 S1、S2 和 S3 对创意产生回归的 Pseudo-R^2 为 0.598，组态 1 对创意产生存在正向影响（B=0.101，SE=0.046，p<0.05）；组态 S2 对创意产生的回归系数不显著（B=0.028，SE=0.058，ns）；组态 S3 对创意产生存在正向影响（B=0.245，SE=0.059，p<0.001）。组态 S1 和 S3 的原始覆盖度和唯一覆盖度均大于组态 S2，而组态 S2 对创意产生的影响不显著，即回归分析的结果验证了 fsQCA 的结果。因此，引致创意产生的人格组态具有稳健性。

组态 S4、S5a 和 S5b 对创意传播回归的 Pseudo-R^2 为 0.566，组态 S5b 对创意传播的影响显著（B=0.204，SE=0.059，p<0.001），而组态 S4（B=0.039，SE=0.091，ns）和组态 S5a（B=-0.024，SE=0.058，ns）对创意传播的回归系数均不显著。三组组态中，组态 S5b 的原始覆盖度和唯一覆盖度最大，回归分析为 fsQCA 结果提供了证据。因此，引致创意传播的人格组态具有稳健性。

组态 S6、S7 和 S8 对创意实施回归的 Pseudo-R^2 为 0.492，组态 S7（B=0.156，SE=0.052，p<0.01）和组态 S8（B=0.290，SE=0.058，p<0.001）对创意实施存在正向影响，而组态 S6 对创意实施的回归系数不显著（B=0.038，SE=0.043，ns）。组态 S7 的原始覆盖度和唯一覆盖度最

大，组态S8次之，组态S6最小。回归分析进一步验证了fsQCA结果，因此引致创意实施的人格组态具有稳健性。

组态S9a和组态S9b对员工整体创新行为回归的Pseudo-R^2为0.713，组态S9a对整体创新行为的回归系数不显著（B=-0.023，SE=0.056，ns），而组态S9b对整体创新行为存在显著的正向影响（B=0.258，SE=0.057，p<0.001），结合组态S9b原始覆盖度和唯一覆盖度均大于组态S9a的结果，我们认为引致员工整体创新行为的人格组态具有稳健性。

3.4.7　替代和互补关系分析

根据Misangyi和Acharya（2014）的做法，我们使用"模糊或"（fuzzy or）运算构造前因条件组合以验证替代关系，使用"模糊与"（fuzzy and）运算构造前因条件组合以验证互补关系。

综合考虑总体覆盖度、简约性等原则（Misangyi和Acharya，2014），我们认为对创新三阶段及整体创新行为而言，宜人性与外向性存在相互替代关系；宜人性和情绪稳定性在引致创意产生的组态中，是互补关系；尽责性和情绪稳定性在引致创意产生、实施和整体创新行为的组态中，是互补关系；宜人性和尽责性在引致创意产生、实施和整体创新行为的组态中，是替代关系。

基于宜人性、尽责性、情绪稳定性同时存在于引致创新行为的多个人格组态中，以及上述关于三者两两之间关系的结论，我们进一步分析三者之间及其与外向性和经验开放性的复杂关系。结果显示，"宜人性_or_尽责性[1]"与情绪稳定性在引致创意实施和整体创新行为的组态中，是互补关系；在引致创意产生的组态中，同时为互补和替代关系，但互补关系强于替代关系；"宜人性_and_尽责性_and_情绪稳定性"与外向性、经验开放性在引致创意产生和实施的组态中，是相互替代关系。

---

① "_or_"表示以"模糊或"（fuzzy or）构造前因的组合，"_and_"表示以"模糊与"（fuzzy and）构造前因的组合。

3.5 结果和讨论

3.5.1 结果分析

fsQCA 有效识别了引致创意产生、创意传播、创意实施和整体创新行为的 11 组人格前因组态。其中，外向性和宜人性在所有组态中均为相互替代关系，其原因可能在于外向性的个体具有娴熟的社会交际能力，对人友善，通常能与同事和领导形成积极的互动关系；而宜人性的个体乐意与他人交流和互动，会综合考虑自己和工作伙伴的利益，往往表现出自我牺牲精神，因此他们通常拥有良好的人际关系网络。在组织内部，员工的信任关系将显著提高知识共享意愿和准确度。因此，可以预期外向性和宜人性的个体均能从组织内获得更多的信息和知识，从而有助于产生创造性的方案和想法。从创意产生到创意实施是一个"社会-政治"过程，其中包含较大的人际风险。外向性和宜人性的个体因其与领导者和同事建立的信任关系，能获得更多的资源和认可，因此他们为传播和实施创意甘冒风险并能采取有效的策略化解面临的冲突。

在引致创意产生、实施和整体创新行为的组态中，宜人性与情绪稳定性为互补关系。如前所述，宜人性的个体通常拥有成功的人际关系网络，他们能从团队或组织内外获得不同的知识和经验，为他们产生创意提供了准备；与此同时，情绪稳定的个体在面对问题时能够冷静应对，对获得的知识和经验进行仔细加工和处理，从而发展出可行性较高的创意。同时，宜人性和情绪稳定性的个体在工作中追求共生（communion）动机，因此与领导和同事形成信任的人际关系（Barrick 等，2013），继而在创意实施过程中消除阻力和获取支持。

在引致创意产生、实施和整体创新行为的组态中，宜人性与尽责性为替代关系。与宜人性的个体通过人际关系获取创意不同，尽责性的个体专注于工作，他们善于从日常工作中发现问题并寻找改进机会；在实施创意的过程中，尽责性个体一方面受到责任和道德驱动，关注的是团队或组织的成功，因此愿意承担风险以改进工作流程（Tangirala 等，2013）；另外，尽责性个体追求成就，而采取创新行为的员工通常能获得领导和同事较高的评价，因此他们在推动创意实施时更能坚持不懈。总之，宜人性个体从"外部"获得创意及实施创意的资源，而尽责性个体从"内部"出发，即从工作中获得新想法，并基于责任和成就导向予以实施。

比较引致创意产生、传播、实施和整体创新行为的人格组态可以发现，存在两类相似的组态，即 2、5a、7、9a 为一类[①]、3、5b、8 和 9b 为一类。依据大五人格潜在的心理机制，宜人性对应共生（communion）动机，尽责性对应成就（achievement）动机，情绪稳定性对应共生和成就动机，经验开放性对应自主（autonomy）动机，外向性对应的动机主要为地位（status）（Barrick 等，2013）。其中，追求共生的个体强调融入社会，与他人以和谐的方式共同开展工作；追求成就的个体强调提升自我价值，力求在任务完成过程中取得成功；追求自主的个体其行为受到自我兴趣的驱动，强调对环境进行有效变革；追求地位的个体在人际关系中寻求主导地位，对其他人施加影响。因此，对于第一类组态（即组态 2、5a、7、9a）而言，其背后的动机为高共生、高成就和低地位；第二类组态（即组态 3、5b、8、9b）的个体同时追求共生、成就和自主。

高成就动机的个体通常更具创新性，他们会针对工作中的问题思考不同的解决方案，为了提高自己和团队的绩效而传播和实施其创造性的想法，即便与其他人产生冲突也在所不惜；而高共生动机的个体尽力避免与其他人发生冲突，为了维持良好的人际关系，他们随时调整自己的行为与他人保持一致；与此同时，低地位动机的个体尽量避免诱发与其他人的冲突，使得团队成员能够聚焦于任务本身，对个体提出的不同方案进行详尽的系统式信息加工，从而使得创意得以不断完善。因此，低地位动机和高共生动机有效化解了个体追求成就过程中产生的人际冲突，帮助个体从领导和同事那里获得实施创意的资源和支持，确保创新

---

① 在组态 7 中，情绪稳定性与结果无关，即可存在亦可缺席。为方便分析，我们将组态 7 与其子集（组态 2、5a 和 9a）视为相似组态。从动机的角度来看，上述人格组态背后的动机完全一致，也说明将之视为相似组态具有合理性。

能取得最终的成功。换言之，高宜人性、高尽责性、高情绪稳定性和低外向性的个体创新水平更高。

高自主动机的个体偏好发展其改变和控制环境的能力（Barrick等，2013），他们具有发散性思维，不易受到规则的束缚，在完成工作的过程中会自主规划、主动决策并独立尝试不同方案。综上所述，高成就动机、高自主动机和高共生动机的个体，其人格组态为高宜人性、高尽责性、高情绪稳定性和高经验开放性，他们的创新水平更高。

组态1、4和6亦呈现出相似性。具体而言，组态1和6完全一致，而组态4中尽责性缺席，因此其为组态1和6的子集。依据上述人格与动机的关系，三个组态的动机均为低地位、低成就、高共生和高自主。尽管低成就动机的个体通常很少提出与工作相关的新想法，但是他们的竞争性也相对较小，因此会更多地关注其他人的利益。可以预期低成就动机、低地位动机和高共生动机协同作用，促进个体与工作伙伴之间信息的流动和互动机制的形成，从而为个体改变和控制环境提供支撑。

3.5.2　理论意义

本章的理论意义主要有以下方面：首先，情境因素被视为影响员工创新的重要前因得到了研究者的广泛关注，但个体对情境的解读通常受到其人格特质的影响，因此加强人格特质这一前因的研究对我们理解员工为何创新具有十分重要的意义。同时，研究者意识到不同人格维度并非是独立的，它们之间协同作用影响个体的行为。本章采取fsQCA方法发现并不存在某种单一人格特质足以主导个体的创新行为，以情绪稳定性、经验开放性、尽责性等不同条件为核心的多元组态通过"殊途同归"的方式引致员工创新行为。这些研究结论对促进后续相关议题的研究具有一定的借鉴意义。

本章的研究结论显示，引致创新三阶段的前因组态既存在相似性，也存在差异性。从组态中人格特质数量和表现形式（存在、缺席、无关）而言，引致创新三阶段和整体创新行为的人格前因组态存在相似性。之所以出现这一情况的原因可能在于创新行为是一个不断循环往复的过程，尽管创意主要发生在创新行为的早期阶段，但在创意传播和实施的过程中遇到意外情况时也需要提出创意；与此类似，尽管创意传播和实施发生在创新行为的中后期阶段，但最初的创意通常不具有可操作性，需要获取其他人的意见或通过实验以进行迭代。从人格特质在前因组态中的作用来看，作为核心条件的人格特质大多不同。创新行为不同阶段的主要活动内容及其所需的认知和动机资源存在差异性（Perry-Smith 和 Mannucci，2017），而人格特质作为个体思维方式、情绪和行为的特征模式，在创新行为不同阶段所发挥的作用不尽相同。我们认为后续研究者应该发展更具细粒度的理论框架探讨员工创新行为不同阶段的影响因素及其作用机制。

如前所述，大五人格作为一个完整的系统，在探讨其与结果变量之间的关系时，必须充分考虑五种人格特质之间的交互作用。然而，以往研究者大多采用以变量为中心的研究路径，探讨人格特质的"净效应"，不利于有效刻画不同子群体在特定结果上的差异，可能导致出现相互矛盾的研究结果。因此，有研究者呼吁推动人格特质研究从以变量为中心向以个体为中心转变。本章采用 fsQCA 这一典型的以个体为中心的研究方法，研究结果不仅反映了具有较高水平创新行为子群体在大五人格特质上的数量差异和表现形式差异，更为重要的是分离出影响创新行为的核心条件，反映了单一人格特质在组态中的作用差异。

3.5.3　实践意义

本研究对管理者提高员工和组织创新水平具有一些启示作用。首先，研究发现多种人格特质共同作用于员工的创新行为，因此管理者在招聘员工时，应该根据工作岗位创新性的要求，选择与之相契合的"个性化"员工，例如针对创新任务不可分离的岗位，可以配置同时具备宜人性、尽责性、情绪稳定性和经验开放性的员工。其次，由于人格特质在短时间内难以改变，而创新不同阶段需要不同的主导人格特质，因此管理者可以鼓励员工"术业有专攻"，安排合适的员工分别进行创意产生、传播和实施活动，例如相似人格组态中尽责性更高的员工适合进行创意实施，情绪稳定性更高的员工适合传播创意以获得组织支持，而情绪稳定性和经验开放性更高的员工适合提出创意。最后，依据特征激活理论，潜藏在个体内部的特质在适宜的情境中将被激活，进而促使个体表现出相应的行为。因此，管理者在选拔和配置合适的员工后，应该营造与其人格特质相匹配的工作特征，激活员工的特质以采取创新行为。具体而言，针对组态3（5b、8）一类的员工，其工作必须具有多样性和互依性，并且管理者应该及时为他们提供反馈（Barrick等，2013）。

3.5.4　局限性与未来研究展望

由于本研究存在一些局限性，未来的研究可以从以下方面进行完善：第一，数据为单一来源，员工可能受到社会赞许性的影响，而肯定自己所拥有的正向特质，未来研究可以考虑采取领导与下属配对的方式收集问卷。第二，特征激活理论认为，情境会调节个人特征对行为的影响效果。因此，未来的研究可以综合考虑人格特征及组织中情境因素对员工创新行为的共同作用。第三，从过程的视角来看，缺乏对创意产生、传播和实施之间关系的考察，未来可以针对创新阶段之间转化的机制进行深入探讨。

4

员工创新行为前因：情境视角

4.1　引言

在外部环境不断变化的今天，创新是组织不断发展和保持竞争优势的关键驱动因素。员工创新行为被认为是组织的一种独特的资产，有助于组织在复杂的环境中取得成功。有鉴于此，研究者对影响员工创新行为的前因进行了广泛、深入的探讨。

如前所述，有关员工创新行为的前因可以概括为个体因素和情境因素。其中，人力资源管理系统作为组织可以掌控的规则和制度，可以有效激发员工进行创新的动机和能力，并为他们提供实施创新方案的机会。然而，以往的研究大多从普适视角展开，认为存在影响员工创新行为的最佳实践，将不同人力资源管理实践放在同等重要的位置，认为它们之间具有叠加效应。随着管理实践的深入，研究者逐渐意识到企业由于自身资源的限制，很少能兼顾不同的人力资源管理实践。因此，强调不同人力资源管理实践具有其独特性、异质性和相对重要性，从组态视角考察不同人力资源管理实践的协同组合效应是理论发展的主要趋势。在探讨人力资源管理系统对员工创新行为的影响时，必须解析不同实践的相对重要性问题。本章采用fsQCA的方法，探讨招聘与甄选、培训、员工参与等人力资源管理实践与员工创新行为间存在的非线性和更为复杂的关系。

4.2　研究框架

高绩效人力资源管理系统是一系列以提高组织绩效为目标的人力资源管理实践的集合，主要包括严格的招聘与甄选、广泛的培训、薪酬激励、绩效管理和员工参与机制等。与其他人力资源管理系统不同，高绩效人力资源管理系统旨在通过提高员工的能力，激发他们潜心工作的动机，为员工参与工作创造机会，从而实现不断提升员工和组织绩效的目的。

招聘与甄选是指根据组织的目标和战略，合理地安排和分配人力资源，以实现组织目标的过程，包括确定组织中需要哪些职位，以及如何招募、选拔和评估员工，以确保他们能够胜任这些职位。通过广泛招聘与细致甄选，企业能够吸引更多的应聘者，并对应聘者的知识、技能、认知和内在动机等与创新相关的素质进行考察，从而挑选出符合岗位创新性要求的员工。另外，能力较强的员工通常也具备较多的社会资本，他们能够快速地从组织外部获得知识和信息，并将之整合到自己的工作当中，从而产生更多具有创意的想法和方案；在组织内部，他们也能吸引其他同事的合作，因而能够更广泛地传播其创意并获得其他人的配合，推进创意实现。

　　培训是一种组织为员工提供的学习机会，旨在提高员工的技能、知识和能力，以更好地完成工作任务和实现组织目标，包括课堂培训、在线培训、实践培训等多种形式。通过全方位培训，一方面能拓展员工开展创新行为所需的专业知识和技能，进一步加深他们对工作的认知思维能力，有助于他们建立起不同知识、经验间的联系，从而更好地把握工作中改进的机会，并提出切实可行的创新方案；另一方面高绩效人力资源管理系统也会注重对员工沟通能力的培养，具有良好沟通技巧的员工在阐述其创意时能够针对不同"听众"的特点采取灵活的表达方式，从而快速获得组织内其他人对创新的支持。

　　绩效管理是一种评估员工工作表现和成果的方法，通常包括对员工的工作目标、工作质量、工作效率、工作态度等方面的评估。绩效管理可以帮助组织识别员工的优点和不足，通过为员工提供与任务相关的建设性信息，激发员工自主学习和成长，激发他们对工作的兴趣和内部动机，从而产生创造性的想法。

　　薪酬管理指企业为激励员工而采取的一种薪酬制度，通常包括基本工资、奖金、福利等多种形式。针对员工的工作表现基于薪酬奖励，体现了组织对员工能力的肯定，满足了他们的胜任需求，虽然薪酬奖励被认为可能会引发员工的外部动机，但受外部动机驱动的个体在工作中也希望实现自我价值，获得社会地位，而创新的员工通常能够获得更高的绩效评价，在团队或组织中拥有较高的地位。与此同时，薪酬管理有助于企业与员工之间建立长期的交换关系，从而提高员工的组织承诺。组织承诺较高的员工愿意为了组织利益而自愿做出牺牲，从而更愿意采取创新性行为。

工作安全是指企业为员工提供工作的稳定程度。工作安全能够让员工确定自己在较长一段时间里都能稳定工作，不会被随意解雇。一方面，具有较高安全感的员工对组织更为认同，对组织的情感依附更高，他们把工作看成自我实现的过程，因此更愿意通过创新来体现自己对组织的价值；另一方面，在具有雇佣保障的组织中，为员工营造了一种支持氛围，员工可以自主地进行探索，即便失败员工也不必担心自己被解雇。因此，可以预见在这样的组织中，员工愿意进行创新性行为。

员工参与指员工在工作中主动参与和投入的程度。参与度高的员工通常会表现出更高的工作满意度、更高的工作投入度，而这些都是员工主动进行创新的前因条件。具体而言，让员工参与到工作决策中，将促使员工感受到自己的价值和组织的重视，从而能够激发他们的自我效能，这样的员工更愿意提出新想法、尝试新方案和新流程。倡导员工参与的工作氛围，满足了员工的基本心理需要，同时有助于员工建构资源以获得其他人的支持，应对传播和实施过程中可能遭遇的质疑等。

工作丰富度是指企业培养员工多项技能、丰富员工知识的有效氛围。例如，目前多数企业对于管培生的前期培养就会采取多种任务和跨部门的轮岗，让员工更好地了解企业架构，学习更丰富的知识技能，掌握多边的工作经验，这些都有助于提高员工的观察力，促使他们发现工作中的创新机会。多样化的工作设计有助于提高员工的内在激励和从工作中体验到的成就感，从而促使员工积极地提出、传播和实施创新性想法。

本章分析框架如图4-1所示。

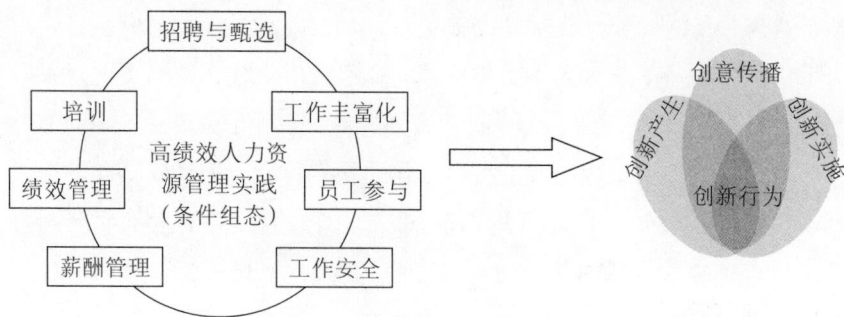

图 4-1 研究框架

4.3 研究方法

4.3.1 样本和程序

考虑到高新技术企业是研发的重要主体，创新需求较高。因此，我们主动联系长三角地区 12 家高新技术企业的人力资源经理，说明本次调研的性质和要求，请他们提供从事研发和技术相关工作的人员名单，从中随机抽取 240 人（每家公司 20 人）作为研究对象。为了消除被试者的疑虑，我们在发放问卷时附上一个贴有双面胶的信封，被试者匿名填写后自行密封并现场交给研究人员。最终回收问卷 233 份。

我们剔除填答不全、回答存在规律性的问卷，最终获得有效问卷 215 份，问卷有效率为 89.58%。被试者中，60.47% 为男性，全部具有大专及以上学历，49.30% 为一般员工，平均年龄为 29.40 岁（SD=5.48），在当前公司工作的平均时间为 3.54 年（SD=3.49）。

4.3.2 变量测量

本章的量表全部采用英文文献中的成熟量表，并遵照以往研究的建议对量表进行翻译与回译，经过专家审定后应用于正式调研。所有条目的测量均采用李克特五点量表。

高绩效人力资源管理系统。采用 Chuang 和 Liao（2010）开发的量表。其中，招聘与甄选包括"在招聘员工时，优先考虑应聘者的学习潜力"等5个条目，内部一致性系数为0.847；培训包括"培训是全面的，不限于技能培训"等5个条目，内部一致性系数为0.876；绩效管理包括"绩效评估为员工的个人发展提供反馈"等6个条目，内部一致性系数为0.849；薪酬管理包括"员工的工资和奖励是由他们的表现决定的"等7个条目，内部一致性系数为0.901；员工参与包括"允许员工对工作方式进行必要的更改"等7个条目，内部一致性系数为0.930；对于工作安全的测度综合了Yousef（1998）和Vlachos（2008）的研究，包括"员工在承担风险时有安全感"等3个条目，内部一致性系数为0.910；对丰富工作化的指标测度则参考了Patterson等（2004）和Subramony（2009），包括"员工经常执行各种不同的任务"等4个条目，内部一致性系数为0.909。

员工创新行为。采用Janssen（2000）开发的量表，创意产生包括"我会想到新的点子以改进现有工作""我会搜寻新的工作方法、技术或工具""我会提出解决问题的原创性方案"3个条目，内部一致性系数为0.80；创意传播包括"我动员大家支持我提出的创新性想法""我的创新性想法经常被大家所认可""我能让组织内重要成员对我的创新性想法感兴趣"3个条目，内部一致性系数为0.77；创意实施包括"我经常将创新性的想法转化为实际的应用""我将创新性想法系统地引入到工作环境中""我会评估创新性想法的实用性"3个条目，内部一致性系数为0.85。

4.3.3 数据校准

在进行fsQCA分析之前，要先对研究变量进行校准（calibration）。李克特量表数据通常存在一个较为严重的问题——偏度（skewness），如果按照通常做法将5、3、1分别设置为完全隶属、交叉点和完全不隶属的锚点，可能导致某些结果中的前因条件均被识别为必要条件，将降低数据分析结果的价值和意义。同时，李克特量表包含不同意（1=非常不同意，2=不同意）和同意（4=同意，5=非常同意）两个不同的集合，而非一个集合的两端。因此，研究者建议采用间接方法对李克特量表进行校准。具体而言，首先将案例定性分组为完全隶属（1.0）、非常隶属（0.8）、有些隶属（0.6）、有些不隶属（0.4）、非常不隶属（0.2）和完全不隶属（0.0）；然后采用分段对数回归模型对原始数据进行转换。上述校准程序封装在 R 语言 QCA 程序包中，可直接使用间接校准参数对数据进行校准。

如前所述，创新三阶段的最小值决定了员工整体创新表现。因此，对员工整体创新行为的校准，我们采取对创意产生、传播和实施校准值取交集的方式。

4.4 数据分析结果

4.4.1 共同方法偏差检验

共同方法偏差是社会科学研究中反复被提及的、重要的方法学问题，它采用同种测量工具或方法对多个变量进行测量导致变量间产生虚假的共同变异，会导致变量信度、效度的估计产生偏差，甚至导致测量相关系数偏离真实相关系数，从而导致错误的因果关系推论。因此，在进行实证分析之前，需要对研究中可能存在的共同方法偏差进行检验。

针对本研究而言，变量均采用自陈式测量，由被试者在同一时间对研究中所涉及的变量进行填答，涉及相同的数据采集方法、被试者的反应偏向等可能引起的系统误差。为此，将通过以下方式对共同方法偏差进行控制和检验。

首先，在问卷设计环节，由于所有变量的测量工具均来自国外高水平期刊，为确保测量条目的准确性和可读性，我们邀请本领域的博士研究生对所有测量条件进行翻译和回译，并邀请专家学者对翻译后的测量条目进行逐条审核、修订和调整；在正式调查之前，我们对所修订的量表进行了预测试，确保经过修订后的测量条目准确反映构念，并具有较高的信度；在正式调查阶段，我们采用匿名填答的方式，通过多种方式向被试者说明研究者将严格遵守学术伦理，从而消除被试者的疑虑，鼓励他们客观、真实作答。

其次，采用 Harman 单因子分析以检验共同方法偏差问题的严重性。该方法认为，如果存在较大的方法变异，那么在探索性因子分析的过程中，可能会出现仅存在一个共同因子的情况，或者析出多个共同因子，但存在某一个因子解释了大部分变量变异的情况。根据 Podsakoff 等（2003）的建议，我们将招聘和甄选、培训、绩效管理、薪酬管理、工作安全、员工参与、工作丰富化、创意产生、创意传播和创意实施 10 个变量的所有条目进行未旋转的探索性因子分析。结果显示，析出 8 个共同因子，累计解释了 66.991% 的变异量；同时，第一个共同因子的解释量为 24.932%，未占到总解释变量的一半。因此，Harman 单因子检验的结果显示，共同方法偏差对本研究造成的影响并不严重。

最后，考虑到 Harman 单因素检验是一种不灵敏的检验方法，本研究继续采用控制未测量的潜在方法——因子法（controlling for the effects of an unmeasured latent methods factor，ULMC）进行检验。该方法在原有构念因子结构的基础上，将所有测量条目作为方法因子的观测指标，建立双因子模型。如果双因子模型与仅含构念的因子模型差异显著，则说明共同方法偏差严重。通过因子分析发现，不包含方法因子的模型与包含方法因子的模型相比，卡方变化量（$\triangle \chi^2$（56）= 117.49，p< 0.001）显著，说明共同方法偏差存在。需要指出的是，所有 46 个观测指标方法偏差的中位数（即 ULMC 的标准化因子负荷平方的平均值）为 10.2%，低于 Williams 和 McGonagle（2016）报告的 17.2%。因此，在本次调查中，共同方法偏差并不是一个严重的问题。

4.4.2 验证性因子分析

1）招聘与甄选的验证性因子分析

（1）因子模型的设定与识别。招聘与甄选量表共 5 个测量条目，p（p+1）/2=15，该模型需要估计 4 个路径系数、1 个潜在变量方差以及 5 个残差的方差，共需估计 10 个参数，根据 t 规则（估计参数≤p），该模型可以识别。

（2）因子模型的参数估计。运用最大似然法估计外向性的预设模型，

并借助 R 语言 lavaan 包对相关指标进行逐步分析，具体结果如表 4-1
所示。

表 4-1　　　　　招聘与甄选因子分析参数估计表

潜变量	路径	标准化因子载荷	C.R.	CR	AVE
招聘与甄选	RS1←招聘与甄选	0.696	—	0.848	0.529
	RS2←招聘与甄选	0.777	9.871***		
	RS3←招聘与甄选	0.662	8.601***		
	RS4←招聘与甄选	0.736	9.444***		
	RS5←招聘与甄选	0.775	9.842***		

χ^2/df=1.736，NFI=0.979，IFI=0.991，CFI=0.991，TLI=0.982，RMR=0.022，RMSEA=0.059，SRMR=0.024

注：***表示 p<0.001；C.R. 代表参数估计的临界比值；CR 代表组合信度；AVE 代表平均方差提取量。

绝对适配度指标方面，RMSEA=0.059、SRMR=0.024、RMR=0.022，基本达到了小于 0.050 的适配标准；增值适配度指标方面，NFI=0.979、IFI=0.991、CFI=0.991、TLI=0.982 都达到了 0.900 的最低适配标准。简约适配度指标方面，χ^2/df=1.736<5，达到良好适配的标准。综上所述，招聘与甄选因子模型的适配度较好，模型验证通过。

（3）信度检验。在信度检验中，潜在变量与指标变量之间的因子载荷系数应不低于 0.50，且结构方程模型中的 C.R. 值（即 t 值）需要达到显著标准。如表 4-1 所示，标准化因子载荷均超过了 0.50 的最低标准，且达到了显著性水平（p<0.001）。此外，本研究采用组合信度来评估因子整体信度水平，结果显示，招聘与甄选组合信度为 0.848，超过了 0.60 的临界值。综上所述，可以推断招聘与甄选测量具有较高的信度。

（4）效度检验。由表 4-1 可知，观测指标的标准化系数均在 0.50 以上，且达到了显著水平（p<0.001），说明具备较好的聚合效度；同时，通过平均方差抽取量（AVE）对效度进行检验，结果显示，AVE 值为 0.529，高于 0.50 的最低可接受标准，表明招聘与甄选的测量量表具有较好的效度。

2）培训的验证性因子分析

（1）因子模型的设定与识别。培训量表共5个测量条目，p（p+1）/2=15，该模型需要估计4个路径系数、1个潜在变量方差以及5个残差的方差，共需估计10个参数，根据t规则（估计参数≤p），该模型可以识别。

（2）因子模型的参数估计。运用最大似然法估计外向性的预设模型，并借助R语言lavaan包对相关指标进行逐步分析，具体结果如表4-2所示。

表4-2 培训因子分析参数估计表

潜变量	路径	标准化因子载荷	C.R.	CR	AVE
培训	TRA1←培训	0.865	—	0.878	0.592
	TRA2←培训	0.755	12.505***		
	TRA3←培训	0.690	11.058***		
	TRA4←培训	0.754	12.474***		
	TRA5←培训	0.763	12.677***		

$\chi^2/df=1.714$，NFI=0.984，IFI=0.993，CFI=0.993，TLI=0.986，RMR=0.022，RMSEA=0.058，SRMR=0.021

注：***表示$p<0.001$；C.R.代表参数估计的临界比值；CR代表组合信度；AVE代表平均方差提取量。

绝对适配度指标方面，RMSEA=0.058、SRMR=0.021、RMR=0.022，基本达到了小于0.050的适配标准；增值适配度指标方面，NFI=0.984、IFI=0.993、CFI=0.993、TLI=0.986都达到了0.900的最低适配标准。简约适配度指标方面，$\chi^2/df=1.714<5$，达到良好适配的标准。综上所述，培训因子模型的适配度较好，模型验证通过。

（3）信度检验。在信度检验中，潜在变量与指标变量之间的因子载荷系数应不低于0.50，且结构方程模型中的C.R.值（即t值）需要达到显著标准。如表4-2所示，标准化因子载荷均超过了0.50的最低标准，且达到了显著性水平（$p<0.001$）。此外，本研究采用组合信度来评估因子整体信度水平，结果显示，培训组合信度为0.878，超过了0.60的临界值。综上所述，可以推断培训测量具有较高的信度。

（4）效度检验。由表4-2可知，观测指标的标准化系数均在0.50以上，且达到了显著水平（p<0.001），说明具备较好的聚合效度；同时，通过平均方差抽取量（AVE）对效度进行检验，结果显示，AVE值为0.592，高于0.50的最低可接受标准，表明培训的测量量表具有较好的效度。

3）绩效管理的验证性因子分析

（1）因子模型的设定与识别。绩效管理量表共6个测量条目，p（p+1）/2=21，该模型需要估计5个路径系数、1个潜在变量方差以及6个残差的方差，共需估计12个参数，根据t规则（估计参数≤p），该模型可以识别。

（2）因子模型的参数估计。运用最大似然法估计外向性的预设模型，并借助R语言lavaan包对相关指标进行逐步分析，具体结果如表4-3所示。

表4-3　　　　　　　　绩效管理因子分析参数估计表

潜变量	路径	标准化因子载荷	C.R.	CR	AVE
绩效管理	PM1←绩效管理	0.739	—	0.850	0.488
	PM2←绩效管理	0.726	9.889***		
	PM3←绩效管理	0.669	9.138***		
	PM4←绩效管理	0.690	9.417***		
	PM5←绩效管理	0.773	10.479***		
	PM6←绩效管理	0.577	7.876***		

$\chi^2/df=2.738$，　NFI=0.949，　IFI=0.967，　CFI=0.967，　TLI=0.945，　RMR=0.039，RMSEA=0.056，SRMR=0.041

注：***表示p<0.001；C.R.代表参数估计的临界比值；CR代表组合信度；AVE代表平均方差提取量。

绝对适配度指标方面，RMSEA=0.056、SRMR=0.041、RMR=0.039，基本达到了小于0.050的适配标准；增值适配度指标方面，NFI=0.949、IFI=0.967、CFI=0.967、TLI=0.945都达到了0.900的最低适配标准。简约适配度指标方面，$\chi^2/df=2.738<5$，达到良好适配的标准。综上所述，绩效管理因子模型的适配度较好，模型验证通过。

（3）信度检验。在信度检验中，潜在变量与指标变量之间的因子载荷系数应不低于0.50，且结构方程模型中的C.R.值（即t值）需要达到显著标准。如表4-3所示，标准化因子载荷均超过了0.50的最低标准，且达到了显著性水平（p<0.001）。此外，本研究采用组合信度来评估因子整体信度水平，结果显示，绩效管理组合信度为0.850，超过了0.60的临界值。综上所述，可以推断绩效管理测量具有较高的信度。

（4）效度检验。由表4-3可知，观测指标的标准化系数均在0.50以上，且达到了显著水平（p<0.001），说明具备较好的聚合效度；同时，通过平均方差抽取量（AVE）对效度进行检验，结果显示，AVE值为0.488，接近0.50的最低可接受标准，表明绩效管理的测量量表具有较好的效度。

4）薪酬管理的验证性因子分析

（1）因子模型的设定与识别。薪酬管理量表共7个测量条目，p(p+1)/2=28，该模型需要估计6个路径系数、1个潜在变量方差以及7个残差的方差，共需估计14个参数，根据t规则（估计参数≤p），该模型可以识别。

（2）因子模型的参数估计。运用最大似然法估计外向性的预设模型，并借助R语言lavaan包对相关指标进行逐步分析，具体结果如表4-4所示。

表4-4 薪酬管理因子分析参数估计表

潜变量	路径	标准化因子载荷	C.R.	CR	AVE
薪酬管理	COM1←薪酬管理	0.793	—	0.901	0.566
	COM2←薪酬管理	0.778	12.199***		
	COM3←薪酬管理	0.715	11.001***		
	COM4←薪酬管理	0.775	12.124***		
	COM5←薪酬管理	0.720	11.094***		
	COM6←薪酬管理	0.707	10.850***		
	COM7←薪酬管理	0.771	12.063***		

$\chi^2/df=2.664$，NFI=0.953，IFI=0.970，CFI=0.970，TLI=0.905，RMR=0.035，RMSEA=0.034，SRMR=0.033

注：***表示p<0.001；C.R.代表参数估计的临界比值；CR代表组合信度；AVE代表平均方差提取量。

绝对适配度指标方面，RMSEA=0.034、SRMR=0.033、RMR=0.035，达到了小于0.050的适配标准；增值适配度指标方面，NFI=0.953、IFI=0.970、CFI=0.970、TLI=0.905都达到了0.900的最低适配标准。简约适配度指标方面，$\chi^2/df=2.664<5$，达到良好适配的标准。综上所述，薪酬管理因子模型的适配度较好，模型验证通过。

（3）信度检验。在信度检验中，潜在变量与指标变量之间的因子载荷系数应不低于0.50，且结构方程模型中的C.R.值（即t值）需要达到显著标准。如表4-4所示，标准化因子载荷均超过了0.50的最低标准，且达到了显著性水平（p<0.001）。此外，本研究采用组合信度来评估因子整体信度水平，结果显示，薪酬管理组合信度为0.901，超过了0.60的临界值。综上所述，可以推断薪酬管理测量具有较高的信度。

（4）效度检验。由表4-4可知，观测指标的标准化系数均在0.50以上，且达到了显著水平（p<0.001），说明具备较好的聚合效度；同时，通过平均方差抽取量（AVE）对效度进行检验，结果显示，AVE值为0.566，高于0.50的最低可接受标准，表明薪酬管理的测量量表具有较好的效度。

5）员工参与的验证性因子分析

（1）因子模型的设定与识别。员工参与量表共7个测量条目，p（p+1）/2=28，该模型需要估计6个路径系数、1个潜在变量方差以及7个残差的方差，共需估计14个参数，根据t规则（估计参数≤p），该模型可以识别。

（2）因子模型的参数估计。运用最大似然法估计外向性的预设模型，并借助R语言lavaan包对相关指标进行逐步分析，具体结果如表4-5所示。

绝对适配度指标方面，RMSEA=0.062、SRMR=0.022、RMR=0.030，基本达到了小于0.050的适配标准；增值适配度指标方面，NFI=0.976、IFI=0.989、CFI=0.989、TLI=0.983都达到了0.900的最低适配标准。简约适配度指标方面，$\chi^2/df=1.826<5$，达到良好适配的标准。综上所述，员工参与因子模型的适配度较好，模型验证通过。

表4-5　　　　　　　　　　　员工参与因子分析参数估计表

潜变量	路径	标准化因子载荷	C.R.	CR	AVE
员工参与	PART1←员工参与	0.798	—	0.930	0.657
	PART2←员工参与	0.792	12.948***		
	PART3←员工参与	0.815	13.473***		
	PART4←员工参与	0.836	13.925***		
	PART5←员工参与	0.828	13.763***		
	PART6←员工参与	0.819	13.542***		
	PART7←员工参与	0.786	12.820***		

$\chi^2/df=1.826$，　NFI=0.976，　IFI=0.989，　CFI=0.989，　TLI=0.983，　RMR=0.030，RMSEA=0.062，SRMR=0.022

注：***表示p<0.001；C.R.代表参数估计的临界比值；CR代表组合信度；AVE代表平均方差提取量。

（3）信度检验。在信度检验中，潜在变量与指标变量之间的因子载荷系数应不低于0.50，且结构方程模型中的C.R.值（即t值）需要达到显著标准。如表4-5所示，标准化因子载荷均超过了0.50的最低标准，且达到了显著性水平（p<0.001）。此外，本研究采用组合信度来评估因子整体信度水平，结果显示，员工参与组合信度为0.930，超过了0.60的临界值。综上所述，可以推断员工参与测量具有较高的信度。

（4）效度检验。由表4-5可知，观测指标的标准化系数均在0.50以上，且达到了显著水平（p<0.001），说明具备较好的聚合效度；同时，通过平均方差抽取量（AVE）对效度进行检验，结果显示，AVE值为0.657，高于0.50的最低可接受标准，表明员工参与的测量量表具有较好的效度。

6）工作丰富化的验证性因子分析

（1）因子模型的设定与识别。工作丰富化量表共4个测量条目，p（p+1）/2=10，该模型需要估计3个路径系数、1个潜在变量方差以及4个残差的方差，共需估计8个参数，根据t规则（估计参数≤p），该模型可以识别。

（2）因子模型的参数估计。运用最大似然法估计外向性的预设模型，并借助 R 语言 lavaan 包对相关指标进行逐步分析，具体结果如表 4-6 所示。

表4-6　　　　　　　　工作丰富化因子分析参数估计表

潜变量	路径	标准化因子载荷	C.R.	CR	AVE
工作丰富化	JD1←工作丰富化	0.865	—	0.910	0.716
	JD2←工作丰富化	0.811	14.697***		
	JD3←工作丰富化	0.815	14.821***		
	JD4←工作丰富化	0.899	17.292***		

$\chi^2/df=1.368$，NFI=0.995，IFI=0.999，CFI=0.999，TLI=0.996，RMR=0.014，RMSEA=0.041，SRMR=0.010

注：***表示 $p<0.001$；C.R. 代表参数估计的临界比值；CR 代表组合信度；AVE 代表平均方差提取量。

绝对适配度指标方面，RMSEA=0.041、SRMR=0.010、RMR=0.014，达到了小于 0.050 的适配标准；增值适配度指标方面，NFI=0.995、IFI=0.999、CFI=0.999、TLI=0.996 都达到了 0.900 的最低适配标准。简约适配度指标方面，$\chi^2/df=1.368<5$，达到良好适配的标准。综上所述，工作丰富化因子模型的适配度较好，模型验证通过。

（3）信度检验。在信度检验中，潜在变量与指标变量之间的因子载荷系数应不低于 0.50，且结构方程模型中的 C.R. 值（即 t 值）需要达到显著标准。如表 4-6 所示，标准化因子载荷均超过了 0.50 的最低标准，且达到了显著性水平（$p<0.001$）。此外，本研究采用组合信度来评估因子整体信度水平，结果显示，工作丰富化组合信度为 0.910，超过了 0.60 的临界值。综上所述，可以推断工作丰富化测量具有较高的信度。

（4）效度检验。由表 4-6 可知，观测指标的标准化系数均在 0.50 以上，且达到了显著水平（$p<0.001$），说明具备较好的聚合效度；同时，通过平均方差抽取量（AVE）对效度进行检验，结果显示，AVE 值为 0.716，高于 0.50 的最低可接受标准，表明工作丰富化的测量量表具有较好的效度。

7）工作安全的验证性因子分析

（1）因子模型的设定与识别。工作安全量表共3个测量条目，p（p+1）/2=6，该模型需要估计2个路径系数、1个潜在变量方差以及3个残差的方差，共需估计6个参数，根据t规则（估计参数≤p），该模型可以识别。

（2）因子模型的参数估计。运用最大似然法估计外向性的预设模型，并借助R语言lavaan包对相关指标进行逐步分析，具体结果如表4-7所示。

表4-7　　　　　　　工作安全因子分析参数估计表

潜变量	路径	标准化因子载荷	C.R.	CR	AVE
工作安全	JS1←工作安全	0.893	—	0.910	0.772
	JS2←工作安全	0.894	17.464***		
	JS3←工作安全	0.846	16.253***		

$\chi^2/df=0$，NFI=1.000，IFI=1.000，CFI=1.000，TLI=1.000，RMR=0.000，RMSEA=0.000，SRMR=0.000

注：***表示p<0.001；C.R.代表参数估计的临界比值；CR代表组合信度；AVE代表平均方差提取量。

绝对适配度指标方面，RMSEA=0.000、SRMR=0.000、RMR=0.000，达到了小于0.050的适配标准；增值适配度指标方面，NFI=1.000、IFI=1.000、CFI=1.000、TLI=1.000都达到了0.900的最低适配标准。简约适配度指标方面，$\chi^2/df=0<5$，达到良好适配的标准。综上所述，工作安全因子模型的适配度较好，模型验证通过。

（3）信度检验。在信度检验中，潜在变量与指标变量之间的因子载荷系数应不低于0.50，且结构方程模型中的C.R.值（即t值）需要达到显著标准。如表4-7所示，标准化因子载荷均超过了0.50的最低标准，且达到了显著性水平（p<0.001）。此外，本研究采用组合信度来评估因子整体信度水平，结果显示，工作安全组合信度为0.910，超过了0.60的临界值。综上所述，可以推断工作安全测量具有较高的信度。

（4）效度检验。由表4-7可知，观测指标的标准化系数均在0.50以上，且达到了显著水平（p<0.001），说明具备较好的聚合效度；同时，通过平均方差抽取量（AVE）对效度进行检验，结果显示，AVE值为0.772，高于0.50的最低可接受标准，表明工作安全的测量量表具有较好的效度。

8）所有变量的整体验证性因子分析

为了检验本研究涉及变量的构念区分度，我们对员工招聘与甄选、培训、绩效管理、薪酬管理、工作安全、员工参与、工作丰富化、创意产生、创意传播、创意实施10个变量进行验证性因子分析。由于上述变量共包含46个条目，不符合推荐的估计参数与样本量比例（1：5），所以我们采用条目打包方法来降低误差，提高共同度。其具体做法如下：对招聘与甄选、培训、绩效管理、薪酬管理、工作安全、员工参与、工作丰富化7个变量依据其因子载荷进行高低配对，将每个变量打包为3个新的观测指标；创新行为各阶段由于都只包含3个条目，以原条目纳入分析。最终得到30个观测指标。采用Mplus 7.4进行验证性因子分析，结果如表4-8所示。从中可知，十因子模型与数据拟合更为理想（χ^2（360）=443.984，RMSEA=0.033，CFI=0.979，TLI=0.974，SRMR=0.037），且显著优于其他竞争模型，证明变量之间具有良好的区分效度。

表4-8　　　　　　　　　　　验证性因子分析

模型	χ^2	df	CFI	TLI	RMSEA	SRMR
M1: RS, TRA, PM, COM, PART, JS, JD, IG, ID, II	443.984	360	0.979	0.974	0.033	0.037
M2: RS, TRA, PM, COM, PART, JS, JD, IG+ID, II	501.624	369	0.967	0.961	0.041	0.041
M3: RS, TRA, PM, COM, PART, JS, JD, IG+ID+II	528.372	377	0.962	0.957	0.043	0.044
M4: RS+TRA, PM, COM, PART, JS, JD, IG+ID+II	862.075	384	0.880	0.864	0.076	0.088
M5: RS+TRA+PM, COM, PART, JS, JD, IG+ID+II	1 085.898	390	0.825	0.805	0.091	0.09

模型	χ^2	df	CFI	TLI	RMSEA	SRMR
M6：RS+TRA+PM+COM，PART，JS，JD，IG+ID+II	1 353.473	395	0.759	0.734	0.106	0.096
M7：RS+TRA+PM+COM+PART，JS，JD，IG+ID+II	1 817.754	399	0.643	0.611	0.129	0.104
M8：RS+TRA+PM+COM+PART+JS，JD，IG+ID+II	2 194.765	402	0.549	0.511	0.144	0.113
M9：RS+TRA+PM+COM+PART+JS+JD，IG+ID+II	2 496.657	404	0.473	0.433	0.155	0.121
M10：RS+TRA+PM+COM+PART+JS+JD+IG+ID+II	2 811.636	405	0.394	0.349	0.166	0.134

注：RS=招聘和甄选，TRA=培训，PM=绩效管理，COM=薪酬管理，PART=员工参与，JS=工作安全，JD=工作丰富化，IG=创意产生，ID=创意传播，II=创意实施。

4.4.3 描述性统计分析

变量的均值、标准差和相关系数如表4-9所示。招聘和甄选（r=0.284，p<0.001）、培训（r=0.392，p<0.001）、绩效管理（r=0.278，p<0.001）、薪酬管理（r=0.368，p<0.001）、员工参与（r=0.284，p<0.001）、工作安全（r=0.171，p<0.05）和工作丰富化（r=0.387，p<0.001）与创意产生正相关；招聘和甄选（r=0.223，p<0.001）、培训（r=0.263，p<0.001）、绩效管理（r=0.244，p<0.001）、薪酬管理（r=0.317，p<0.001）、员工参与（r=0.358，p<0.001）、工作安全（r=0.154，p<0.05）和工作丰富化（r=0.449，p<0.001）与创意传播正相关；招聘和甄选（r=0.203，p<0.01）、培训（r=0.279，p<0.001）、绩效管理（r=0.315，p<0.001）、薪酬管理（r=0.390，p<0.001）、员工参与（r=0.314，p<0.001）、工作安全（r=0.196，p<0.05）和工作丰富化（r=0.369，p<0.001）与创意实施正相关。

表4-9　　　　　　　　　描述性统计分析与内部一致性系数

变量	1	2	3	4	5	6	7	8	9	10
1. 招聘与甄选	0.847									
2. 培训	0.233***	0.876								
3. 绩效管理	0.229***	0.223***	0.849							
4. 薪酬管理	0.243***	0.334***	0.298***	0.901						
5. 员工参与	0.133	0.265***	0.156*	0.240***	0.930					
6. 工作安全	0.061	0.178**	0.196**	0.244***	0.320***	0.910				
7. 工作丰富化	0.105	0.252***	0.178**	0.377***	0.323***	0.192**	0.909			
8. 创意产生	0.284***	0.392***	0.278***	0.368***	0.284***	0.171*	0.387***	0.796		
9. 创意传播	0.223***	0.263***	0.244***	0.317***	0.358***	0.154*	0.449***	0.605***	0.786	
10. 创意实施	0.203**	0.279***	0.315***	0.390***	0.314***	0.196**	0.369***	0.711***	0.722***	0.851
平均值	3.582	3.643	3.748	3.682	3.389	3.234	3.574	3.713	3.414	3.526
标准差	0.777	0.840	0.742	0.818	0.978	1.098	1.016	0.699	0.712	0.775

注：N = 215；* $p < 0.05$，** $p < 0.01$，*** $p < 0.001$；对角线上的数据为变量的内部一致性系数。

4.4.4　必要条件分析

在构建真值表进行条件组态充分性分析之前，需要检验单项条件是否构成结果的必要条件。必要条件是指只要结果存在，该条件就一定存在，即结果是该条件的子集。本研究首先通过 NCA 方法对单个前因条件的必要性效应量及其显著性进行检验，并通过瓶颈水平估计前因条件的必要性水平值。判断一个前因条件是否为必要条件的标准包括两个方面：一是效应量不小于0.1，二是通过蒙特卡洛仿真置换检验（Monte Carlo simulations of permutation tests）效应量显著。其结果如表4-10所示。由于本研究采用李克特5点量表对变量进行测量，所以使用上限回归（ceiling regression，CR）生成上限函数，可以发现薪酬管理对员工创新行为的效应量大于0.1且显著，因此可以判断薪酬管理为员工创新行为的必要条件。除此之外，其他人力资源管理实践均不是员工创意产生、创意传播、创意实施和整体创新行为的必要条件。

表4-10　　　　　　　　　NCA方法必要条件分析结果

前因条件	方法	创意产生					创意传播				
		精确性	上线区域	范围	效应量	P值	精确性	上线区域	范围	效应量	P值
招聘与甄选	CE	100%	0.013	0.994	0.013	0.138	100%	0.028	0.995	0.028	0.170
	CR	97.2%	0.035	0.994	0.035	0.010	98.6%	0.036	0.995	0.036	0.154
培训	CE	100%	0.042	0.994	0.042	0.010	100%	0.008	0.995	0.008	0.786
	CR	99.5%	0.038	0.994	0.038	0.020	99.5%	0.019	0.995	0.019	0.434
绩效管理	CE	100%	0.018	0.987	0.018	0.092	100%	0.075	0.989	0.076	0.024
	CR	98.6%	0.032	0.987	0.032	0.016	99.1%	0.055	0.989	0.056	0.056
薪酬管理	CE	100%	0.050	0.994	0.051	0.002	100%	0.060	0.996	0.061	0.006
	CR	98.6%	0.033	0.994	0.033	0.008	98.6%	0.044	0.996	0.044	0.048
工作安全	CE	100%	0.000	0.994	0.000	1.000	100%	0.000	0.996	0.000	1.000
	CR	100%	0.000	0.994	0.000	1.000	100%	0.000	0.996	0.000	1.000
员工参与	CE	100%	0.000	0.994	0.000	1.000	100%	0.045	0.996	0.045	0.002
	CR	100%	0.000	0.994	0.000	1.000	99.5%	0.035	0.996	0.035	0.008
工作丰富化	CE	100%	0.000	0.994	0.000	1.000	100%	0.078	0.996	0.078	0.002
	CR	100%	0.000	0.994	0.000	1.000	99.5%	0.056	0.996	0.056	0.002

前因条件	方法	创意实施					创新行为				
		精确性	上线区域	范围	效应量	P值	精确性	上线区域	范围	效应量	P值
招聘与甄选	CE	100%	0.007	0.997	0.007	0.566	100%	0.036	0.997	0.036	0.228
	CR	99.1%	0.009	0.997	0.009	0.400	99.1%	0.041	0.997	0.042	0.234
培训	CE	100%	0.006	0.997	0.006	0.740	100%	0.041	0.997	0.041	0.214
	CR	100%	0.003	0.997	0.003	0.752	99.5%	0.038	0.997	0.038	0.280
绩效管理	CE	100%	0.076	0.991	0.077	0.006	100%	0.116	0.990	0.117	0.016
	CR	99.5%	0.042	0.991	0.042	0.030	99.1%	0.082	0.990	0.083	0.084
薪酬管理	CE	100%	0.041	0.997	0.041	0.018	100%	0.101	0.997	0.101	0.010
	CR	98.1%	0.046	0.997	0.046	0.006	96.3%	0.213	0.997	0.213	0.002
工作安全	CE	100%	0.000	0.998	0.000	1.000	100%	0.000	0.997	0.000	1.000
	CR	100%	0.000	0.998	0.000	1.000	100%	0.000	0.997	0.000	1.000
员工参与	CE	100%	0.002	0.997	0.002	0.310	100%	0.054	0.997	0.054	0.002
	CR	99.5%	0.002	0.998	0.002	0.318	98.6%	0.045	0.997	0.045	0.010
工作丰富化	CE	100%	0.075	0.998	0.075	0.002	100%	0.113	0.997	0.114	0.002
	CR	100%	0.038	0.998	0.038	0.002	98.6%	0.079	0.997	0.079	0.004

注：CR= ceiling regression，上限回归；CE= ceiling envelopment，上限包络分析。

此外，NCA方法还能够很好地产出分析结果的瓶颈水平。瓶颈水平（%）是指达到结果最大观测范围的某一水平，即前因条件最大观测范围需要满足的水平值。分析结果如表4-11所示，要达到60%水平的创意产生，人力资源管理实践不必要；要达到60%水平的创意传播，需要1.4%的招聘与甄选水平、4.6%的薪酬管理水平；要达到60%水平的创意实施，需要0.7%的招聘与甄选水平、2.1%的薪酬管理水平；要达到60%水平的创新行为，需要2.3%的招聘与甄选水平、18.9%的薪酬管理水平、0.8%的员工参与水平。

表4-11　　　　　　　NCA方法瓶颈水平（%）分析结果

水平	创意产生							创意传播						
	RS	TRA	PM	COM	PART	JS	JD	RS	TRA	PM	COM	PAR	JS	JD
0	NN	NN	NN	NN	NN	NN	NN	NN	NN	NN	NN	NN	NN	NN
10	NN	NN	NN	NN	NN	NN	NN	NN	NN	NN	NN	NN	NN	NN
20	NN	NN	NN	NN	NN	NN	NN	NN	NN	NN	NN	NN	NN	NN
30	NN	NN	NN	NN	NN	NN	NN	NN	NN	NN	NN	NN	NN	NN
40	NN	NN	NN	NN	NN	NN	NN	NN	NN	NN	NN	NN	NN	NN
50	NN	NN	NN	NN	NN	NN	NN	NN	NN	NN	1.9	NN	NN	NN
60	NN	NN	NN	NN	NN	NN	NN	1.4	NN	NN	4.6	NN	NN	NN
70	4.2	4.6	NN	4.0	NN	NN	NN	5.2	NN	NN	7.3	0.5	NN	NN
80	8.8	9.5	2.8	8.4	NN	NN	NN	8.9	NN	10.7	10.1	8.0	NN	11.3
90	13.3	14.5	15.9	12.8	NN	NN	NN	12.6	9.3	25.9	12.8	15.5	NN	25.8
100	17.9	19.4	29.0	17.2	NN	NN	NN	16.3	18.8	41.2	15.5	23.0	NN	40.3
水平	创意实施							创新行为						
	RS	TRA	PM	COM	PART	JS	JD	RS	TRA	PM	COM	PAR	JS	JD
0	NN	NN	NN	NN	NN	NN	NN	NN	NN	NN	NN	NN	NN	NN
10	NN	NN	NN	NN	NN	NN	NN	NN	NN	NN	NN	NN	NN	NN
20	NN	NN	NN	NN	NN	NN	NN	NN	NN	NN	NN	NN	NN	NN
30	0.7	NN	NN	2.1	NN	NN	NN	NN	NN	NN	NN	NN	NN	NN
40	0.7	NN	NN	2.1	NN	NN	NN	NN	NN	NN	NN	NN	NN	NN
50	0.7	NN	NN	2.1	NN	NN	NN	NN	NN	NN	3.2	NN	NN	NN
60	0.7	NN	NN	2.1	NN	NN	NN	2.3	NN	NN	18.9	0.8	NN	NN
70	0.7	1.7	NN	2.1	0.0	NN	NN	6.3	4.4	8.0	34.7	6.1	NN	8.7
80	0.7	1.7	NN	2.1	0.0	NN	NN	10.2	9.4	20.5	50.5	11.4	NN	19.7
90	0.7	1.7	41.7	16.0	1.1	NN	41.3	14.1	14.4	32.9	66.2	16.7	NN	30.7
100	4.2	1.7	47.9	22.5	1.1	NN	41.3	18.1	19.4	45.3	82.0	22.0	NN	41.7

注：RS=招聘和甄选，TRA=培训，PM=绩效管理，COM=薪酬管理，PART=员工参与，JS=工作安全，JD=工作丰富化；NN=不必要。

单个条件必要性分析是进行模糊定性比较分析的首要步骤，可以为后续充分性分析提供必要支持，本研究将fsQCA必要条件分析作为NCA结论的稳健性检验。该检验通常通过一致性和RoN两个指标反映必要性结果，前者数值大于0.9时，说明该条件变量为结果变量的必要条件，后者是衡量某一条件作为必要条件的重要性。

从表4-12来看，在创意的三个阶段，所有单项人力资源管理实践及其反面的一致性均小于0.9，即不存在引致创新三阶段的必要人力资源管理实践前因条件；对员工整体创新行为而言，薪酬管理的一致性为0.897，极端接近临界值0.9，且结合NCA的结果，可以判断薪酬管理作为员工创新行为的必要条件而存在。通过检验薪酬管理和员工创新行为的X-Y散点图发现，多数案例分布在右侧Y轴附近，且拟合参数RoN（relevance of necessity，必要性的切题性）的分数为0.484，说明薪酬管理作为必要条件的相对重要性较低。因此，在分析员工创新行为时，应该综合考虑人力资源管理实践的并发协同效应。

表4-12 　　　　　　　　　单个前因条件的必要性分析

前因条件	创意产生		创意传播		创意实施		员工创新行为	
	一致性	RoN	一致性	RoN	一致性	RoN	一致性	RoN
招聘与甄选	0.784	0.692	0.808	0.597	0.797	0.624	0.824	0.543
培训	0.834	0.681	0.848	0.571	0.833	0.596	0.876	0.519
绩效管理	0.848	0.584	0.869	0.490	0.872	0.522	0.890	0.441
薪酬管理	0.843	0.634	0.866	0.534	0.873	0.572	0.897	0.484
员工参与	0.720	0.770	0.780	0.701	0.753	0.718	0.807	0.645
工作安全	0.624	0.801	0.658	0.732	0.647	0.754	0.691	0.692
工作丰富化	0.781	0.712	0.836	0.631	0.793	0.641	0.846	0.568
~招聘与甄选	0.398	0.870	0.428	0.835	0.414	0.844	0.451	0.809
~培训	0.334	0.859	0.373	0.839	0.360	0.846	0.375	0.810
~绩效管理	0.301	0.900	0.326	0.876	0.299	0.874	0.329	0.851

前因条件	创意产生		创意传播		创意实施		员工创新行为	
	一致性	RoN	一致性	RoN	一致性	RoN	一致性	RoN
~薪酬管理	0.301	0.870	0.320	0.843	0.289	0.838	0.314	0.815
~员工参与	0.435	0.801	0.419	0.740	0.421	0.756	0.414	0.707
~工作安全	0.505	0.757	0.527	0.707	0.507	0.716	0.519	0.665
~工作丰富化	0.350	0.822	0.351	0.781	0.362	0.800	0.358	0.757

注：RoN= relevance of necessity，必要性的切题性；"~"表示条件的反面。

4.4.5 条件组态的充分性分析

组态分析即前因条件组态的充分性分析，用来揭示不同前因条件所形成的组态对结果的充分性。本书在校准了所有测量值后开始创建2k行的真值表，其中k代表前因条件的个数，每一行代表可能的条件组合。将可接受案例数的阈值设定为2，依此设定，78%的样本被保留在真值表中，符合 RAGIN 的建议；根据真值表一致性的自然中断（natural break），分别使用0.90、0.92、0.91和0.87作为创意产生、传播、实施和员工创新行为的阈值模糊集定性比较分析（fsQCA）会产生复杂解、中间解和简单解，同时出现在中间解和简单解中为核心条件，只在中间解中出现为边缘条件。

基于215位员工的数据，采用R语言QCA程序包，计算得到引致创意产生、创意传播、创意实施和整体创新行为的人格组态结果（如表4-13所示），总体一致性分别为0.893、0.918、0.907和0.833，总体覆盖度分别为0.627、0.380、0.450和0.443，引致创意产生、创意传播和创意实施共存在13条路径，引致员工整体创新行为存在5条路径。基于组态理论化过程，着重对本章识别出的条件组态进行命名和特点阐释。

表4-13

引致创新行为的人力资源管理实践组态

前因条件		创意产生					创意传播				创意实施						员工创新行为		
		S1	S2	S3	S4a	S4b	S5	S6	S7	S8	S9	S10	S11a	S11b	S12a	S12b	S13	S14	S15
能力	招聘与甄选(RS)	•		•	⊗	⊗	⊗	●	●	⊗	•	●			⊗	⊗		●	●
	培训(TRA)	•	•		●	●	⊗	⊗	●	●	⊗		●		●	⊗	●	●	⊗
动机	绩效管理(PM)	•	•	•	●	●	•	•		•	●		•	●	●	●	•	•	•
	薪酬管理(COM)	●	●		•	●		•		●	●	●			•		•	•	•
	工作安全(JS)		●	●	⊗	⊗	●		●		●	●	⊗	⊗		⊗	⊗	⊗	⊗
机会	员工参与(PART)	●		●		•	⊗	●	⊗	●	●	⊗	●	●	●	●	●	⊗	●
	工作丰富化(JD)	•	•	•	●	•	●	•	•	•	•	•	•	⊗	•	•	⊗	●	•
一致性		0.922	0.915	0.903	0.969	0.957	0.927	0.932	0.926	0.948	0.923	0.928	0.908	0.914	0.877	0.896	0.864	0.875	0.882
原始覆盖度		0.506	0.434	0.101	0.203	0.191	0.093	0.214	0.171	0.252	0.198	0.175	0.192	0.144	0.297	0.212	0.173	0.192	0.158
唯一覆盖度		0.174	0.101	0.019	0.017	0.010	0.011	0.060	0.052	0.089	0.039	0.059	0.032	0.004	0.062	0.013	0.040	0.061	0.009
总体一致性		0.893			0.918					0.907					0.833				
总体覆盖度		0.627			0.380					0.450					0.443				

注："●"代表该前因条件存在，"⊗"代表该前因条件缺席，空白代表前因条件与结果无关；大圈代表核心条件，小圈代表辅助条件。

在预测创意产生的前因组态 S1（PART×RS×TRA×PM×COM①）中，以员工参与为核心条件，招聘与甄选、培训、绩效管理和薪酬管理为边缘条件；组态 S2（JS×TRA×PM×COM×JD）中，工作安全是核心条件，培训、绩效管理、薪酬管理和工作丰富化为边缘条件；组态 S3（PART×JS×RS×PM×COM×JD）中，工作安全性和员工参与为核心条件，招聘与甄选、绩效管理、薪酬管理和工作丰富化为边缘条件。

在预测创意传播的前因组态 S4a（rs×TRA×PM×COM×js×JD）中，招聘和甄选缺席、工作安全缺席，以培训、绩效管理和工作丰富化为核心条件，薪酬管理为边缘条件；组态 S4b（rs×TRA×PM×js×PART×JD）中，招聘与甄选与工作安全缺席，以培训、绩效管理和工作丰富化为核心条件，员工参与为边缘条件。组态 4a 与 4b 构成二阶等价组态，即它们的核心条件一致。组态 S5（rs×tra×PM×com×JS×part×JD）中，培训缺席、薪酬管理缺席和工作安全为核心条件，招聘与甄选缺席、员工参与缺席、绩效管理和工作丰富化为边缘条件；组态 S6（RS×tra×PM×COM×PART×JD）中，培训缺席、招聘与甄选和员工参与为核心条件，绩效管理、薪酬管理和工作丰富化为边缘条件；组态 S7（RS×TRA×PM×COM×JS×part×JD）中，员工参与缺席、招聘与甄选、培训、工作安全和工作丰富化为核心条件，绩效管理和薪酬管理为边缘条件。其中，组态 S6 的唯一覆盖度最大，说明在引致员工创意传播的人格组态中，组态 S6 解释的案例较多。

在预测创意实施的前因组态 S8（rs×TAR×PM×COM×PART×JD）中，以招聘与甄选缺席、培训、薪酬管理和员工参与为核心条件，绩效管理和工作丰富化为边缘条件；组态 S9（RS×tra×PM×COM×PART×JD）中以培训缺席、绩效管理、薪酬管理和员工参与为核心条件，招聘与甄选和工作丰富化为边缘条件；组态 S10（RS×PM×COM×JS×part×JD）中，员工参与缺席、招聘与甄选、工作安全和工作丰富化为核心条件，绩效管理和薪酬管理为边缘条件；组态 S11a（RS×TRA×PM×COM×js×PART）中，工作安全缺席、培训和员工参与为核心条件，招聘与甄选、绩效管

---

① 此处前因条件采用大写字母表示条件存在，采用小写字母表示条件缺席。

理和薪酬管理为边缘条件；组态S11b（TRA×PM×COM×js×PART）中，工作安全缺席、培训和员工参与为核心条件，以绩效管理和薪酬管理为边缘条件。组态11a和11b构成二阶等价组态，它们的核心条件一致。其中，组态S8的原始覆盖度和唯一覆盖度最大，说明在引致员工实施的人力资源管理实践组态中，组态S8解释的案例较多。

在预测员工整体创新行为的前因组态S12a（rs×TRA×PM×COM×PART×JD）中，招聘与甄选缺席，培训、绩效管理和员工参与为核心条件，薪酬管理与工作丰富化为边缘条件；组态S12b（rs×TRA×PM×js×PART×JD）中，招聘与甄选缺席，培训、绩效管理和员工参与为核心条件，工作安全缺席和工作丰富化为边缘条件；组态S13（TRA×PM×COM×js×PART×jd）中，工作安全缺席、工作丰富化缺席，培训和员工参与为核心条件，绩效管理和薪酬管理为边缘条件；组态S14（RS×TRA×PM×COM×JS×part×JD）中，员工参与缺席，招聘与甄选、培训、工作安全和工作丰富化为核心条件，绩效管理和薪酬管理为边缘条件；组态S15（RS×tra×PM×COM×js×PART×JD）中，培训缺席、工作安全缺席，招聘与甄选和员工参与为核心条件，绩效管理、薪酬管理和工作丰富化为边缘条件。其中，组态S12a和S12b具有相同的核心条件，说明二者为二阶等价组态。且组态S12a的原始覆盖度和唯一覆盖度最大，说明组态S12a解释的案例较多。

4.4.6 稳健性分析

本章采用Tobit回归方法对fsQCA所获结果的稳健性进行检验。具体而言，首先，计算215个案例在所有组态上的隶属度并保存为一个新变量；其次，为了避免新建变量之间存在严重的多重共线性问题，将隶属度≥0.5的案例编码为1，反之编码为0；最后，进行双限制Tobit回归。在回归分析中，我们控制了年龄、性别、受教育程度、职位和任职年限等的影响，结果如表4-14所示。

表4-14 　　　　　　　　　　双限制Tobit回归结果

前因	创意产生		创意传播		创意实施		创新行为	
	B	SE	B	SE	B	SE	B	SE
性别	−0.066	0.036	−0.052	0.039	−0.074	0.041	−0.050	0.038
学历	0.044	0.028	−0.036	0.030	0.007	0.032	−0.015	0.030
年龄	−0.001	0.004	0.006	0.005	0.003	0.005	0.003	0.005
职位	0.042*	0.019	0.058**	0.020	0.029	0.021	0.038	0.020
工作年限	0.000	0.006	0.008	0.007	0.007	0.007	0.012	0.007
S1	0.215***	0.044						
S2	0.220***	0.056						
S3	−0.144*	0.068						
S4a			0.247	0.145				
S4b			0.044	0.132				
S5			−0.090	0.188				
S6			0.217*	0.103				
S7			0.045	0.113				
S8					0.297**	0.093		
S9					0.224*	0.098		
S10					0.149*	0.060		
S11a					0.207	0.109		
S11b					0.056	0.122		
S12a							0.152	0.093
S12b							0.149	0.118
S13							0.172	0.110
S14							0.128	0.112
S15							0.132	0.186
Pseudo-R^2	0.927		0.525		0.399		0.539	

注：N=215，* $p<0.05$，** $p<0.01$，*** $p<0.001$。

组态S1、S2和S3对创意产生回归的Pseudo-R^2为0.927，组态S1对创意产生存在正向影响（B=0.215，SE=0.044，p<0.001）；组态S2对创意产生存在正向影响（B=0.220，SE=0.056，p<0.001）；组态S3对创意产生存在负向影响（B=-0.144，SE=0.068，p<0.05）。组态S1和S3的原始覆盖度和唯一覆盖度均大于组态S2，而组态S2对创意产生的影响为负，即回归分析的结果验证了fsQCA的结果。因此，引致创意产生的人力资源管理实践组态具有稳健性。

组态S4a、S4b、S5、S6和S7对创意传播回归的Pseudo-R^2为0.525，组态S4a（B=0.247，SE=0.145，ns）、S4b（B=0.044，SE=0.132，ns）、S5（B=-0.090，SE=0.188，ns）、S7（B=0.045，SE=0.113，ns）对创意传播的回归系数均不显著，组态S6对创意传播存在正向影响（B=0.217，SE=0.103，p<0.05）。在引致员工创意传播的组态中，组态S6的原始覆盖度和唯一覆盖度最大，回归分析为fsQCA结果提供了证据。因此，引致创意传播的人力资源管理实践组态具有稳健性。

组态S8、S9、S10、S11a和S11b对创意实施回归的Pseudo-R^2为0.399，组态S8（B=0.297，SE=0.093，p<0.01）、S9（B=0.224，SE=0.098，p<0.05）、S10（B=0.149，SE=0.060，p<0.05）对创意实施存在正向影响，而组态S11a（B=0.207，SE=0.109，ns）和S11b（B=0.056，SE=0.122，ns）对创意实施的回归系数不显著。从fsQCA的结果来看，组态S8的原始覆盖度和唯一覆盖度均最大，组态S9的原始覆盖度次之，组态S10的唯一覆盖度次之，回归分析为fsQCA结果提供了证据。因此，引致创意实施的人力资源管理实践组态具有稳健性。

组态S12a（B=0.152，SE=0.093，ns）、S12b（B=0.149，SE=0.118，ns）、S13（B=0.172，SE=0.110，ns）、S14（B=0.128，SE=0.112，ns）和S15（B=0.132，SE=0.186，ns）对员工整体创新行为回归的Pseudo-R^2为0.539，所有组态的回归系数均不显著。因此，回归分析的结果无法印证fsQCA的结果是否具有稳健性。但引致员工整体创新行为的前因组态与创新三阶段的前因组态存在相似性，这从侧面为结果的稳健性提供了证据。

4.4.7　替代与互补关系分析

根据 Misangyi 和 Acharya（2014）的做法，我们使用"模糊或"（fuzzy or）运算构造前因条件组合以验证替代关系，使用"模糊与"（fuzzy and）运算构造前因条件组合以验证互补关系。

综合考虑总体覆盖度、简约性等原则（Misangyi 和 Acharya，2014），我们认为对创意产生而言，绩效管理与薪酬管理互补，工作安全与工作丰富化互补、招聘与甄选与员工参与互补；对创意传播而言，绩效管理与工作丰富化互补、工作安全与员工参与替代；对创意实施而言，绩效管理与薪酬管理互补；对员工整体创新行为而言，绩效管理与薪酬管理互补、工作安全与员工参与替代。

4.5　结果与讨论

4.5.1　结果分析

本章采用 fsQCA 方法，有效识别了引致创意产生、创意传播、创意实施和整体创新行为的 18 组人力资源管理实践前因组态。其中，引致创意产生的前因组态中，以员工参与或工作安全为核心条件，其他人力资源管理实践为辅助条件。在这些组态中，较高的参与度使得员工能够自主选择完成工作的方式，因此有助于员工在不断试错的过程中学习，并产生有用的创意；而在给予足够雇佣保障的组织中，员工能够安心和潜心工作，更可能发现工作任务和流程中存在的问题，并提出创造性的解决方案。与此同时，组织或管理者会对员工进行合理和公平的绩效评价，并及时反馈评价结果以利改进，而对绩优者给予相应的薪酬奖励，有助于激发员工进行创新的自我效能。

在创意传播阶段中具有活跃度的组态有 S4a、S4b、S5、S6、S7 共五种，其中 S4a、S4b 构成核心条件一样的二阶等价组态。在能力型人力资源管理实践相互替代的组态（S4a、S4b 和 S6）中，机会型人力管理实践互补。具体而言，如果组织以招聘优秀员工为前提，则不需要对他们进行特别培训，其足以胜任组织中的工作；相反，如果组织的招聘范围较大，不以应聘者以往的绩效和能力作为参考，需要对他们进行正式培训，以提高他们的工作能力和沟通能力等。对能力较强的员工而言，能力和绩效结果本身就足以说服团队内的其他员工或领导，加之工作丰富化有助于他们在团队或组织内与不同的群体进行良好的沟通和合作，有效提升了他们的社会资本，这为他们有效传播创意奠定了基础。同时，参与度高的员工能自主工作且参与决策，因此他们内部动机较强，能自发地传播自己的创意。

在能力型人力资源管理实践互补的组态（S5和S7）中，机会型人力资源管理实践存在相互替代的关系。具体而言，对员工能力欠缺的组织可通过工作丰富化锻炼员工，帮助他们从不同工作中获得知识、技能和经验，并及时对他们工作的完成情况进行评价和反馈，指导他们制订改进计划；同时，给予员工足够的雇佣保障，免除员工的后顾之忧。因此，员工可能在改进自己工作绩效的同时提出一些新的想法，并征询同事和领导者的意见和建议。对强调能力的组织而言，可让员工通过轮岗等工作丰富化实践逐渐熟悉组织中的各项工作和流程，从全局的角度考虑问题；同时，对他们及时进行绩效评价，并依据结果给予薪酬奖励，提升员工努力工作的动机，从而更深入地发掘工作中存在的问题，站在整个工作流程的角度提出更加合理和契合组织实际的创新性方案，使其更有"底气"向外传播自己的创意。

在创意实施阶段中具有活跃度的组态有S8、S9、S10、S11a、S11b共五种，其中S11a、S11b构成了与核心条件一样的二阶等价组态。在机会型人力资源管理实践互补的组态（S8和S9）中，动机型人力资源管理实践互补，能力型人力资源管理实践互相替代。如前所述，在这样组态的组织中，通过招聘优秀人才进入企业以提高组织能力，或者通过制定正式的培训政策，均能实现员工能力的提升；同时，通过工作丰富化能进一步提升员工的能力，增强他们对组织的了解，掌握不同岗位的工作内容和经验，与组织内不同群体的员工形成良好的人际关系，这些都为员工实施创意提供了资源和条件。由于具有较高的自主性，以及组织提供的薪酬奖励，使得员工能够体验到更大的组织支持和心理需求满足感，因此他们认为自己能够顺利实施创意，并取得预期的效果；另外，组织及时对员工进行绩效考核，评价他们的工作进展，有助于他们更清楚地认识到工作中的不足，并制定相应的改进措施。

在动机型人力资源管理实践相互替代的组态（S11a和S11b）中，培训和员工参与互补。首先，在这样的组织中，员工不具有工作安全感，他们必须时刻规范自己的行为，争取获得较高的绩效结果，避免自己被"扫地出门"；其次，员工能够在组织中获得较广泛的培训，提升自己的知识、技能和能力，在工作中也具有较大的自主性，能够参与到一些重要的决策中。换言之，他们具有较强的能力，能够自主选择工作完成的方式和流程，有助于他们试验自己的创意，在这样的组织中，员工创意实施水平通常较高。在组态S10描述的组织中，员工具有较强的能力和较高的工作安全感，不需要担心被随意辞退，且他们能够在组织中的不同岗位进行轮转，积累了丰富的知识和人脉，为他们的创意实施提供了便利；同时，组织会进行正式和及时的绩效评价，针对结果进行奖励，直接刺激他们采用更有效的创新方式完成工作。

从整体员工创新行为来看，具有活跃度的组态有S12a、S12b、S13、S14、S15共五种，其中S12a、S12b构成核心条件一样的二阶等价组态。在机会型人力资源管理实践相互补充的组态（S12a、S12b和S15）中，能力型人力资源管理实践相互替代，动机型人力资源管理实践中也存在相互替代关系。通过招聘优秀人才或培训提升员工能力的组织，员工享有较高的工作参与机会，能够从丰富化的工作设计中获得不同的知识和经验，而本身较强的能力为他们将不同的知识进行联结和再创造提供了机会，因此他们能够发现组织中存在的改进机会，并提出具有可行性的解决方案；同时，能力较强的明星员工具有较多的社会资本和较高的可见度，即他们通常处于社会网络的中心，处在传播创意的有利位置。需要指出的是，这样的组织并不提供雇佣保障，但会采取良好的绩效管理实践，为员工及时提供工作结果反馈，并给予薪酬奖励，通过外部动机刺激他们积极进行创新。

在机会型人力资源管理实践相互替代的组态（S13和S14）中，能力型人力资源管理实践相互补充。也就是说，在强调能力的组织中，通过工作轮换进一步获得学习的机会和知识，从而有助于员工创意的产生；同时，他们积累的社会资本有助于创意传播，获得其他人对创意的认同，并乐意为创意实施提供资源和支持；他们也不用担心因创新失败而被辞退。在另一条路径中，员工具有较高的参与度，他们能够自主地选择自己的创新性工作方式或流程，及时的绩效评价为他们进一步改进和完善创意提供了信息，尽管他们不具有雇佣保障，可能面临失败被辞退的风险，但因为他们能力较强而不必担心失业的问题，所以他们敢于冒险并提出和实施创造性方案。

比较创新三阶段和整体创新行为的前因组态，可以发现组态S2、S7、S10和S14具有相似性，工作安全在其中发挥了关键作用，且动机型人力资源管理实践、能力型人力资源管理实践呈现相互补充的特性，而机会型人力资源管理实践相互替代。这一结果进一步证实了引致员工创意产生、创意传播和创意实施的前因存在相似性和差异性。

4.5.2 理论意义

首先，情境因素在员工创新领域得到了研究者们的广泛关注，在人力资源管理领域，薪酬管理、绩效管理、培训及员工参与度等维度均得到了大量解读，但往往从组织层面探讨，因此加强个体层面分析对员工创新行为的影响具有重要意义。同时，人力资源管理系统环环相扣，内部组合之间具有协同作用，共同影响个体的行为。本章采用fsQCA方法研究后发现，创新的三个阶段中主导个体的创新行为并不是由单一的自变量影响的，以培训、员工参与和绩效管理等不同条件为核心的多元组态通过不同的路径引致员工创新行为，这些结论对促进后续员工创新研究有一定的指导意义。

其次，发现了引致创新三阶段的高绩效人力资源管理组合之间的相似性与差异性。从组态中条件的表现形式来看（存在、缺席、无关），引致创新三阶段和整体创新行为的人格前因组态存在相似性。可能原因是在创意产生及实践的过程中，需要获取的条件及支持具有相似性。从各条件组态在前因组态中的作用来看，作为核心条件的高绩效人力资源管理组合存在差异。不同的条件组态使人力资源管理的单个要素在创新行为不同阶段所发挥的作用不尽相同。基于此，本研究认为后续研究应进一步讨论不同规模和组织类型的人力资源管理实践如何激发员工的创新潜力。

最后，高绩效人力资源管理系统在以往的研究中，多基于最佳视角探讨人力资源管理的"净效应"，然而高绩效人力资源管理系统是一个完整的系统，各个维度具有耦合性，因此本章使用fsQCA方法，从组态视角分析整个工作系统对员工创新行为的整体影响，为后续研究提供了方法借鉴。

4.5.3　实践启示

员工创新是助益企业创新的核心举措，在我国从中国制造到中国创造的必由之路上，坚持创新是引领发展的第一动力。基于理论剖析和实证检验，本研究发现高绩效工作系统的内部协同组合对促进员工创新发展具有积极作用。

首先，研究发现多种人力资源管理实践共同作用于员工的创新行为，因此在组织的人力资源管理过程中，对员工创新的激励要考虑互补或替代因素。如管理者在招聘员工时，重视招聘与培训具备相关岗位创新性特质的员工，并在工作中重视工作安全性与工作丰富度，即以高效的人力资源管理模式弥补员工参与度低的情况，促进员工创新行为。

其次，管理者需要在创意产生、传播和实施阶段设置适宜的情境，进而促使员工作出创新性行为。如前文所述，员工创新水平可以由多条不同的组态条件协同创造，因此在员工创新的各个阶段给予保障和及时的反馈是必要的。

最后，在本章研究的组态中，多条组态以员工参与度和培训为核心条件，产生较好创新促进效果，薪酬管理和绩效管理作为辅助条件协同支持员工创新水平。

4.5.4　局限性与未来展望

考虑到本研究的一些不足之处，今后的研究可以从以下几个方面加以改进：第一，数据为单一来源，员工样本基于对高科技企业的调查，对我国广泛制造业等不同的员工岗位研究不足。第二，由于员工可能会受到社会认可和对自身积极特性信念的影响，无法提供足够的答案来客观反映其工作参与度和工作丰富度等，未来研究可以考虑采取领导与下属配对的方式收集问卷。第三，创新的测量量表目前以西方员工创新量表为主，事实上中国情境内关注薪酬管理和激励机制的结果导向，而量表的设计会影响个人对行为的效果。因此，今后可以考虑结合中国国情和员工创新的特点，细化员工创新行为的测量，从而更好地促进员工创新行为的发展。第四，仅从情境的视角对员工创新行为的前因进行了探讨，基于交互心理学或特征激活理论，个体的行为是其人格特质和情境的函数，因此考察"人—情境"交互对员工创新行为的影响是未来的发展方向。

5

员工创新行为前因：人—情境交互视角

5.1 引言

回顾以往文献，研究者分别从个体、情境以及两者交互等方面探讨了员工创新行为的前因，为促进员工创新行为提供了坚实的理论基础。个体视角的研究者关注创新性人才所具有的独有的特征，例如，主动性人格、大五人格、自我效能。情境视角主要研究环境因素对个体创新的影响，例如，领导方式、工作压力、组织氛围、同事反馈、人力资源管理系统等。个人与情境交互视角的研究既肯定了个人内在特质对员工创新行为的影响，同时又强调情境因素的重要性。。

上述研究对我们理解员工创新行为的前因助益良多，但研究者均采用以变量为中心的研究路径（variable-centered approach），探讨单一因素的净效应，或引入调节变量分析少数不同因素组合的影响。事实上，个体特征是一个完整的系统，需要充分考虑不同特征之间的共同作用；且个体对外部情境的认知评价是基于各种因素属性与特征高低组合形成的分类认知图式，在分析情境对行为的影响时，必须依据情境维度加以整体考察。因此，在对员工创新行为之所以发生进行解释时，有必要基于整体论下的组态视角。具有启示意义的是 Cangialosi 等（2021）的研究，其采用模糊集定性比较分析（fuzzy-set qualitative comparative analysis，fsQCA）方法分别探讨了引致员工创新行为的工作特征组态，为深入理解员工创新行为的前因进行了有益的尝试。需要指出的是，该研究的局限性在于未能全面考察"人—情境"交互作用，因而难以回答个体特征和情境因素如何耦合以影响员工创新行为的问题（Anderson 等，2014）。

为有效弥补以往研究中存在的缺陷，本章将以目的性工作行为理论（theory of purposeful work behavior）为基础，采用定性比较分析的方法从人格、情境和"人—情境"交互的视角，探讨员工创新行为的前因组态。目的性工作行为理论聚焦大五人格和工作情境中的任务、社会特征，为识别可能形成组态的条件因素提供了框架；同时，该理论认为，人格特质将影响个体对工作情境的选择和解读，并且人格特质和与之匹配的特定工作情境共同促发个体的行为、决定其工作产出，为理解条件因素之间如何以及为何耦合提供了解释（Barrick 等，2013）。我们将与结果距离较远且稳定的大五人格、与结果距离更近且易受影响的工作特征分别视为远端和近端前因条件，采用两步 QCA 方法以平衡条件数量与分析结果简约性之间的矛盾，从而揭示出引致员工创新行为因果机制的"核心"。本章的结论将为"人—情境"交互关系的实证研究提供新思路，对揭示引致员工创新行为的多元路径及其作用机制具有重要的理论和实践意义。

5.2　研究框架

5.2.1　目的性工作行为理论

目的性工作行为理论的基本逻辑是大五人格与个体实现特定目标的追求相关联，工作特征影响个体对其实现特定目标所采取行为的意义感知。换言之，大五人格通过隐性目标追求与工作特征一起决定了个体在工作中的意义感；而意义感将激发个体特定的任务动机过程（如自我效能、期望信念、目标设置），最终影响其绩效结果（Barrick 等，2013）。

大五人格是一种统一的、具有效度的个体人格特质分类，包括外向性、宜人性、尽责性、情绪稳定性和经验开放性。目的性工作行为理论指出，外向性与地位追求（status striving）相关，这类个体试图在组织层级中获得更大的权力、影响和威望，与之相匹配的工作特征包括任务重要性、权力和影响、他人反馈；宜人性和情绪稳定性与共生追求（communion striving）相关，这类个体希望在人际关系中获得接纳并追求与其他人和谐共处，与之相匹配的工作特征包括社会支持、互依性、组织外互动；尽责性和情绪稳定性与成就追求（achievement striving）相关，这类个体希望在工作中体现自己的胜任力和价值，与之相匹配的工作特征包括任务完整性、工作反馈、他人反馈；经验开放性与自主追求（autonomy striving）相关，这类个体希望能控制工作的重要方面并追求个人成长机会，与之相匹配的工作特征包括自主性和任务多样性。

5.2.2 大五人格、人力资源管理系统与员工创新行为

高绩效人力资源管理系统和大五人格都可以对员工创新行为产生积极影响。高绩效人力资源管理系统通过提供良好的工作环境、激励机制和培训机会，可以激发员工的创新意识和创新能力。大五人格则强调员工的内在特征带来的影响，因此受目的性工作行为理论的指导，需要综合考虑员工的内在动机和目的性，以更深入探究员工在追求自主、控制和自我实现的过程中表现出更高的创新意识和创新能力的前因条件。

大五人格中，外向性是指积极地对待周遭环境和物质世界。高外向性人格特质的人通常热情、乐观和自信。这种性格倾向使外向性员工更具主动性和创造性，善于探索新事物并产生新想法。在组织中，他们具有雄辩的口才、喜欢被人关注、人际关系能力强。创新行为的进行过程通常会出现各类困难，需要员工不怕挑战和风险进行反复验证。而外倾型员工积极的情绪使得他们大胆自信，有助于思考洞察、发散思维从而提出新的解决方案。此外，外向性个体在社交方面更有能力获得团队和他人的支持，更好地进行创新传播和创新实施。从目的性工作行为理论来看，外向性个体追求地位，期望获得更多奖励和可支配的权利（Barrick 等，2013）。为了他们的目标，外向性个体需要在工作中关注当前绩效的增长情况，也要考虑如何进一步提升绩效，维持高绩效，因此这类个体会更愿意实施创新行为。同时，这类个体会重视目前工作在组织中的重要性。也就是说，其工作追求与现行工作环境相匹配，他们会抱着更积极的工作态度、付出更多的资源和努力在地位的提升上。同理，该人格会更愿意通过创新行为改变个体地位和组织现状。那么相较于单一实践，高绩效人力资源管理系统通过激励薪酬鼓励员工自主抉择，满足其自主需要，符合高外向性员工工作需求，而当该类型员工感到更多的自主性并发现组织会为其提供更多的帮助时，会提高其信心和乐观心态，从而积极采用创新行为。此外，对于该类人格，以结果为导向的考核会被其视为挑战而非障碍，组织如若形成公平的竞争环境，个

体会主动、持续地成长。

宜人性是描述个体的一种态度和想法，体现了个体对他人的友好和合作态度，包括利他、信任、富有同情心等特征。在组织中，尽管宜人性员工更重视维护和谐人际关系，为避免冲突较少主动表达新想法或者维持现状。但从另一方面来看，他们更愿意蛰伏等待，愿意向他人学习新知识，因此在发散思维和认知能力方面表现出色。此外，他们擅长处理人际冲突，善于与人沟通，因此可能具有更高的创新水平。总的来说，宜人性特质对创新的影响并非完全负面，而是取决于个体的认知能力和处理方式。从目的性工作行为理论上来看，宜人性的个体更期望在组织中与他人建立和维持亲密关系。因此，宜人性的个体可能不会主动进行创新行为，但可能会受他人邀请或要求参与创新活动。但也正因如此，他们是为了他人认可和团队和谐性才进行创新活动，所以反而会降低个体的创新主动性和灵活性。同时，在组织中获得社会性认可的个体会产生强烈的回报心理并使得精神压力上升，进而对其创新行为产生负面影响。但是不排除在高绩效人力资源管理系统的影响下，基于社会交换理论，该类型员工会产生回报组织的义务感，并增强组织承诺和信任度，从而为了组织发展，愿意积极建言献策回馈组织。

尽责性特质涉及自我约束和任务导向，包括追求成就、胜任、自律、谨慎、尽责性和遵守秩序。尽责性是预测工作行为和绩效最有力的因素，而关于尽责性与创新的关系，研究存在分歧。一方面，尽责性个体非常擅长在面对问题和解决问题过程中积累经验，并获得较高的绩效水平，他们同时具有更高的创造力自我效能感，且尽责性强，面对挑战会坚持实施新想法。另一方面，他们工作满意度高，可能更倾向于墨守成规，缺乏独立思考，从而限制创新。个体跳出思维框架，才能产生创新想法，而尽责性在创新过程中存在着与之相反的问题。从目的性工作行为理论来看，尽责性个体追求工作效率，期望以更高效、获利更大的方式完成工作。这类个体会产生一定的自利心理，不去挑战组织现状，只确保自己在组织中的最大利益。这也导致其不愿意在合作环境里分析自己的创新想法，将其他同事或领导作为竞争对手。但这也说明他们足够远视，愿意选择更大的成功机会。以成就为导向的尽责性个体也会愿意投入更多精力去完成创新行为。他们有着较强的尽责性，为完成创新行为，会对创新产生的相应工作产生更强的责任和担当。如组织为该类型的员工创造管理机会，令员工与组织形成共同的目标和期望，充分调动个体责任感，会促使其为组织提出建设性建议。

有学者认为个人情绪及态度方面的问题会影响创新行为。情绪稳定性反映了个体对消极情感的反应倾向。神经质主要凸显个体的负面情绪的倾向和波动，他们有很多不适宜的思维，常焦虑、愤怒，用负面的情绪解读情景且情绪波动大，回避困境，创新行为的可能性较低。而情绪稳定的个体冷静自信，面对困境坚韧不拔，能更好应对创新挑战。因此，神经质会阻碍员工创新行为，而情绪稳定性对创新有积极影响，能让员工更好地面对困境和挫折。当然，也有部分研究认为情绪稳定性与创新行为不相关，甚至呈现负相关。从目的性工作行为理论来看，情绪稳定性的个体在组织中会同时追求工作成就和共生关系（Barrick 等，2013）。基于此，他们会在获得社会支持及任务完整导向的驱动下，积极实施创新行为。由于创新行为的实施会挑战组织现状，存在着不确定性和失败的可能性，这一情况下，情绪稳定性就显得格外重要，它是个体的心理防线，使得员工在面临失败和困难时，保持冷静。当然，如果组织通过管理，让员工有安全感，使其面临创新时不必担心人际关系风险，也不会因为失败和冲突感到尴尬或受到惩罚，那么会在一定程度上为具有一定神经质人格特质的员工提供创新环境，增强其创新的决心，因此员工非常需要与组织建立信任作为创新行为的必要保障。

开放性体现了个体在精神和生活层面的多元化、深度、独创性以及复杂性，包括想象力、好奇、共情、艺术性等特质。在大五人格中，开放性是预测员工创新行为的关键变量。具备开放性的个体拥有出色的发散思维和抽象思考能力，善于主动搜寻新知识，吸收、整合分析外部知识，从而打破思维僵局，意识到创新的重要性并提出创造性的解决方案。从目的性工作行为理论来看，开放性的个体期望获得其工作的控制权并有效改变当前工作环境（Barrick 等，2013）。因此，这类个体在实现工作目标和工作追求的过程中能更好地吸收整合有益的知识，提高自己的工作能力。他们会被创新活动吸引，具有更大的自主性，实现身份认同，工作激情高涨，积极挑战计划外的困难、过程中的人际冲突，积极获得外部资源和人际支持，以此不断完善创意。高绩效人力资源管理系统通过培训、工作丰富度的提升，拓展了员工的知识技能，满足其工作需要，提高其发现、思考、解决问题的综合能力，同时也鼓励员工分析知识和信息，满足开放性员工的工作需求。

综上所述，本研究基于目的性工作行为理论，分析了不同的人格特质（如开放性、尽责性、外向性、宜人性、情绪稳定性）如何与高绩效人力资源管理系统（如人员配置、培训、参与、绩效考核、薪酬/奖励、工作安全和工作丰富度）相互作用，共同影响员工的创新行为。通过 QCA 方法能够更深入地理解并分析要素之间的耦合关系，以及它们是如何共同作用于员工的创新行为的。这不仅有助于我们更全面地理解"人-情境"交互视角下员工创新行为的促发机制，也为组织管理实践提供了更为确切、细节的分析。本章的分析框架如图 5-1 所示。

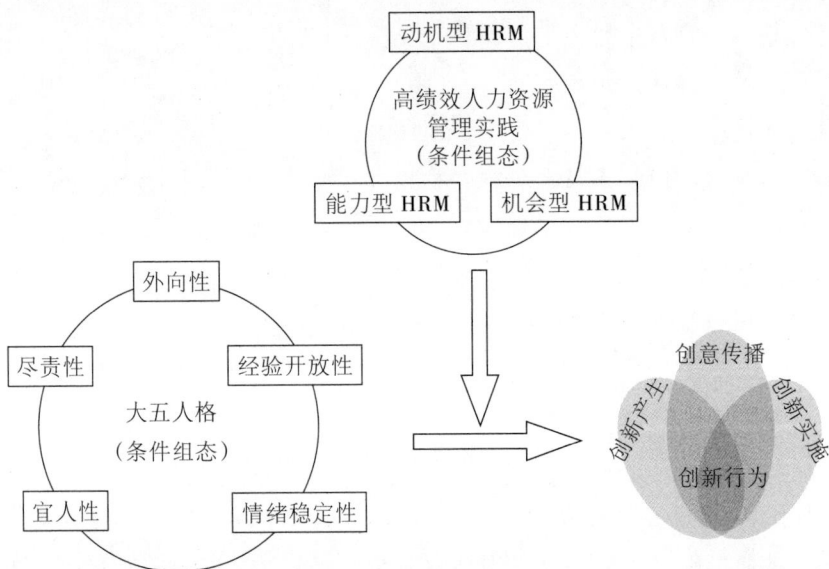

图 5-1 研究框架

5.3 研究方法

5.3.1 样本与程序

考虑到高新技术企业是研发的重要主体，创新需求较高，我们主动联系长三角地区 12 家高新技术企业的人力资源经理，说明本次调研的性质和要求，请他们提供从事研发和技术相关工作的人员名单，从中随机抽取 240 人（每家公司 20 人）作为研究对象。为了消除被试者的疑虑，我们在发放问卷时附上一个贴有双面胶的信封，被试者匿名填写后自行密封并现场交给研究人员。最终回收问卷 233 份。

我们剔除填答不全、回答存在规律性的问卷，最终获得有效问卷 215 份，问卷有效率为 89.58%。被试者中，60.47% 为男性，全部具有大专及以上学历，49.30% 为一般员工，平均年龄为 29.40 岁（SD=5.48），在当前公司工作的平均时间为 3.54 年（SD=3.49）。

5.3.2 变量的测量

本章的量表全部采用英文文献中的成熟量表，并遵照以往研究的建议对量表进行翻译与回译，经过专家审定后应用于正式调研。所有条目的测量均采用李克特五点量表。

大五人格。采用 Goldberg（1992）开发的量表来测量大五人格。其中，外向性包括"我是聚会中的灵魂人物""我话不多（R）"等 10 个条目，内部一致性系数为 0.79；宜人性包括"我不太关心别人（R）""我有颗柔软的心"等 10 个条目，内部一致性系数为 0.80；尽责性包括"我总是做到有备无患""我总是丢三落四（R）"等 10 个条目，内部一致性系数为 0.80；情绪稳定性包括"我容易感到压力过大（R）""我多数时候是轻松自在的"等 10 个条目，内部一致性系数为 0.85；经验开放性包括"我有生动的想象力""我对抽象概念不感兴趣（R）"等 10 个条目，内部一致性系数为 0.79。

高绩效人力资源管理系统。采用 Chuang 和 Liao（2010）所开发的量表。其中，招聘与甄选包括"在招聘员工时，优先考虑应聘者的学习潜力"等 5 个条目，内部一致性系数为 0.847；培训包括"培训是全面的，不限于技能培训"等 5 个条目，内部一致性系数为 0.876；绩效管理包括"绩效评估为员工的个人发展提供反馈"等 6 个条目，内部一致性系数为 0.849；薪酬管理包括"员工的工资和奖励是由他们的表现决定的"等 7 个条目，内部一致性系数为 0.901；员工参与包括"允许员工对工作方式进行必要的更改"等 7 个条目，内部一致性系数为 0.930；对于工作安全的测度综合了 Yousef（1998）和 Vlachos（2008）的研究，包括"员工在承担风险时有安全感"等 3 个条目，内部一致性系数为 0.910；对丰富工作化的指标测度则参考了 Patterson 等（2004）和 Subramony（2009），包括"员工经常执行各种不同的任务"等 4 个条目，内部一致性系数为 0.909。

员工创新行为。采用 Janssen（2000）开发的量表，创意产生包括"我会想到新的点子以改进现有工作""我会搜寻新的工作方法、技术或工具""我会提出解决问题的原创性方案"3 个条目，内部一致性系数为 0.80；创意传播包括"我动员大家支持我提出的创新性想法""我的创新性想法经常被大家所认可""我能让组织内重要成员对我的创新性想法感兴趣"3 个条目，内部一致性系数为 0.77；创意实施包括"我经常将创新性的想法转化为实际的应用""我将创新性想法系统地引入到工作环境中""我会评估创新性想法的实用性"3 个条目，内部一致性系数为 0.85。

5.3.3　数据分析方法

在运用 QCA 时，通常要综合权衡条件数量与分析结果简约性之间的平衡问题。一方面，可能的条件逻辑组合以指数上升，容易造成有限多样性的问题，从而影响分析结果的价值和效度；另一方面，过多的条件将导致分析结果的复杂性显著增加，难以对结果进行有效阐释。为了解决这一问题，Schneider 和 Wagemann（2006）将条件区分为远端因素和近端因素，并据此提出两步 QCA 方法。其中，远端因素是指与结果在时间、空间和因果距离上相隔较远的因素，通常是稳定的；与之相反，近端因素则与结果在时间、空间和因果距离上相隔更近，且更易受到操纵而改变。

从条件和样本的数量来看，本研究包括 8 个条件因素，样本数量（N=215）小于可能的条件逻辑组合（2^8=256），存在较为严重的有限多样性问题；从理论的角度来看，人格特质反映了个体在思维、情感、行为及心理机制等方面的稳定性差异，将影响个体对情境的选择和解读，两者共同促发了个体的行为。换言之，人格特质与个体创新行为在因果距离上较远，且具有稳定性；相反，人力资源管理实践则在因果距离上更近，受到个体感知及其领导的影响易发生变化。因此，将大五人格、人力资源管理实践分别视为远端因素和近端因素，采用两步 QCA 方法不仅能降低有限多样性问题，还能简化分析结果以接近反映因果机制的"核心"。

两步 QCA 的具体分析过程如下。首先，对远端因素及其析取（disjunctions）进行必要性分析，从而识别出促发结果的单个必要条件或 SUIN（sufficient but unnecessary part of a factor that is Insufficient but Necessary for an outcome）条件；然后，将所有的近端因素与第一步识别出的单个必要条件或 SUIN 条件一起进行充分性分析，并将包含远端必要条件或必要性析取非集的反事实从逻辑最小化过程中消除。

在进行 fsQCA 分析之前，要先对研究变量进行校准（calibration）。李克特量表数据通常存在一个较为严重的问题是偏度（skewness），如果按照通常做法将 5、3、1 分别设置为完全隶属、交叉点和完全不隶属的锚点，可能导致某些结果中的前因条件均被识别为必要条件，将降低数据分析结果的价值和意义。同时，李克特量表包含不同意（1=非常不同意，2=不同意）和同意（4=同意，5=非常同意）两个不同的集合，而非一个集合的两端。因此，研究者建议采用间接方法对李克特量表进行校准。具体而言，首先将案例定性分组为完全隶属（1.0）、非常隶属（0.8）、有些隶属（0.6）、有些不隶属（0.4）、非常不隶属（0.2）和完全不隶属（0.0）；然后采用分段对数回归模型对原始数据进行转换。上述校准程序封装在 R 语言 QCA 程序包中，可直接使用间接校准参数对数据进行校准。

如前所述，创新三阶段的最小值决定了员工整体创新表现。因此，对员工整体创新行为的校准，我们采取对创意产生、传播和实施校准值取交集的方式。

5.4 数据分析结果

5.4.1 共同方法偏差检验

共同方法偏差是社会科学研究中反复被提及的、重要的方法学问题，它采用同种测量工具或方法对多个变量进行测量导致变量间产生虚假的共同变异，会导致变量信度、效度的估计产生偏差，从而导致错误的因果关系推论。因此，在进行实证分析之前，需要对研究中可能存在的共同方法偏差进行检验。

针对本研究而言，变量均采用自陈式测量，由被试者在同一时间对研究中涉及的变量进行填答，涉及相同的数据采集方法、被试者的反应偏向等可能引起的系统误差。为此，本研究将通过以下方式对共同方法偏差进行控制和检验。

首先，在问卷设计环节，由于所有变量的测量工具均来自国外高水平期刊，为确保测量条目的准确性和可读性，我们邀请本领域的博士研究生对所有测量条件进行翻译和回译，并邀请专家学者对翻译后的测量条目进行逐条审核、修订和调整；在正式调查之前，我们对所修订的量表进行了预测试，确保经过修订后的测量条目准确反映构念，并具有较高的信度；在正式调查阶段，我们采用匿名填答的方式，并通过多种方式向被试者说明研究者将严格遵守学术伦理，从而消除被试者的疑虑，鼓励他们客观、真实作答。

其次，采用 Harman 单因子分析以检验共同方法偏差问题的严重性。该方法认为，如果存在较大的方法变异，那么在探索性因子分析的过程中，可能会出现仅存在一个共同因子的情况，或者析出多个共同因子，但存在某个因子解释了大部分变量变异的情况。根据 Podsakoff 等

（2003）的建议，我们将外向性、宜人性、尽责性、情绪稳定性、经验开放性、招聘与甄选、培训、绩效管理、薪酬管理、工作安全、员工参与、工作丰富化、创意产生、创意传播和创意实施15个变量的所有条目进行未旋转的探索性因子分析。结果显示，析出24个共同因子，累计解释了71.886%的变异量；同时，第一个共同因子的解释量为14.976%，未占到总解释变量量的一半。因此，Harman单因子检验的结果显示，共同方法偏差对本研究造成的影响并不严重。

最后，考虑到Harman单因素检验是一种不灵敏的检验方法，本研究继续采用控制未测量的潜在方法因子法（controlling for the effects of an unmeasured latent methods factor，ULMC）进行检验。该方法在原有构念因子结构的基础上，将所有测量条目作为方法因子的观测指标，建立双因子模型。如果双因子模型与仅含构念的因子模型差异显著，则说明共同方法偏差严重。通过因子分析发现，不包含方法因子的模型与包含方法因子的模型相比，卡方变化量（$\triangle \chi^2$（111）= 536.35，p<0.001）显著，说明共同方法偏差存在。需要指出的是，所有96个观测指标方法偏差的中位数（即ULMC的标准化因子负荷平方的平均值）为9.95%，低于Williams和McGonagle（2016）报告的17.2%。因此，在本次调查中，共同方法偏差并不是一个严重的问题。

5.4.2　验证性因子分析

1）大五人格的验证性因子分析

（1）因子模型的设定与识别。大五人格量表共50个测量条目，分属于5个一阶潜在因子，本研究利用因子载荷高低配对将测量条目打包为3个，p（p+1）/2=120，该模型需要估计14个路径系数、6个潜在变量方差以及20个残差的方差，共需估计40个参数，根据t规则（估计参数≤p），该模型可以识别。

（2）因子模型的参数估计。运用最大似然法估计外向性的预设模型，并借助R语言lavaan包对相关指标进行逐步分析，具体结果如表5-1所示。

表5-1 大五人格因子分析参数估计表

潜变量	路径	标准化因子载荷	C.R.	CR	AVE
外向性	EX1←外向性	0.756	—	0.764	0.520
	EX2←外向性	0.842	9.093***		
	EX3←外向性	0.610	8.019***		
宜人性	AG1←宜人性	0.773	—	0.803	0.576
	AG2←宜人性	0.893	10.737***		
	AG3←宜人性	0.642	9.103***		
尽责性	CO1←尽责性	0.883	—	0.808	0.586
	CO2←尽责性	0.810	11.701***		
	CO3←尽责性	0.607	8.921***		
情绪稳定性	ES1←情绪稳定性	0.783	—	0.829	0.620
	ES2←情绪稳定性	0.827	11.034***		
	ES3←情绪稳定性	0.754	10.495***		
经验开放性	OP1←经验开放性	0.747	—	0.779	0.540
	OP2←经验开放性	0.801	9.158***		
	OP3←经验开放性	0.677	8.573***		
大五人格	外向性←大五人格	0.506	—	0.873	—
	宜人性←大五人格	0.562	4.147***		
	尽责性←大五人格	0.734	4.591***		
	情绪稳定性←大五人格	0.592	4.258***		
	经验开放性←大五人格	0.560	4.076***		

$\chi^2/df=3.150$, NFI=0.820, IFI=0.870, CFI=0.868, TLI=0.837, RMR=0.042, RMSEA=0.100, SRMR=0.086

注：***表示 p<0.001；C.R.代表参数估计的临界比值；CR代表组合信度；AVE代表平均方差提取量。

绝对适配度指标方面，RMSEA=0.100、SRMR=0.086、RMR=0.042，达到了小于0.100的适配标准；增值适配度指标方面，NFI=0.820、IFI=0.870、CFI=0.868、TLI=0.837，基本满足0.900的适配标准。简约适配度指标方面，$\chi^2/df=3.150<5$，达到良好适配的标准。综上所述，大五人格因子模型的适配度较好，模型验证通过。

（3）信度检验。在信度检验中，潜在变量与指标变量之间的因子载荷系数应不低于0.50，且结构方程模型中的C.R.值（即t值）需要达到显著标准。如表5-1所示，标准化因子载荷均超过了0.50的最低标准，且达到了显著性水平（p<0.001）。此外，本研究采用组合信度来评估因子整体信度水平，结果显示，一阶潜在因子和二阶潜在因子的组合信度均超过了0.60的临界值。综上所述，可以推断大五人格的测量具有较高的信度。

（4）效度检验。由表5-1可知，观测指标的标准化系数均在0.50以上，且达到了显著水平（p<0.001），说明具备较好的聚合效度；同时，通过平均方差抽取量（AVE）对效度进行检验，结果显示，一阶潜在因子的AVE值均为高于0.50的最低可接受标准，表明大五人格的测量量表具有较好的效度。

2）员工创新行为的验证性因子分析

（1）因子模型的设定与识别。员工创新行为量表共9个测量条目，分属于3个一阶潜在因子，p（p+1）/2=45，该模型需要估计10个路径系数、4个潜在变量方差以及12个残差的方差，共需估计26个参数，根据t规则（估计参数≤p），该模型可以识别。

（2）因子模型的参数估计。运用最大似然法估计外向性的预设模型，并借助R语言lavaan包对相关指标进行逐步分析，具体结果如表5-2所示。

表5-2　　　　　　　　　员工创新行为因子分析参数估计表

潜变量	路径	标准化因子载荷	C.R.	CR	AVE
创意产生	EX1←创意产生	0.693	—	0.799	0.573
	EX2←创意产生	0.778	9.863***		
	EX3←创意产生	0.788	9.958***		
创意传播	AG1←创意传播	0.668		0.789	0.556
	AG2←创意传播	0.804	9.746***		
	AG3←创意传播	0.759	9.358***		

潜变量	路径	标准化因子载荷	C.R.	CR	AVE
创意实施	CO1←创意实施	0.875	—	0.854	0.662
	CO2←创意实施	0.838	15.448***		
	CO3←创意实施	0.716	12.142***		
创新行为	创意产生←创新行为	0.855	—	0.918	—
	创意传播←创新行为	0.875	7.523***		
	创意实施←创新行为	1.009	9.076***		

$\chi^2/df=1.114$，NFI=0.974，IFI=0.997，CFI=0.997，TLI=0.996，RMR=0.017，RMSEA=0.023，SRMR=0.024

注：***表示 p<0.001；C.R.代表参数估计的临界比值；CR 代表组合信度；AVE 代表平均方差提取量。

绝对适配度指标方面，RMSEA=0.023、SRMR=0.024、RMR=0.017，达到了小于 0.05 的最佳适配标准；增值适配度指标方面，NFI=0.974、IFI=0.997、CFI=0.997、TLI=0.996，均满足 0.900 的适配标准。简约适配度指标方面，$\chi^2/df=1.114<5$，达到良好适配的标准。综上所述，员工创新行为因子模型的适配度较好，模型验证通过。

（3）信度检验。在信度检验中，潜在变量与指标变量之间的因子载荷系数应不低于 0.50，且结构方程模型中的 C.R.值（即 t 值）需要达到显著标准。如表 5-2 所示，标准化因子载荷均超过了 0.50 的最低标准，且达到了显著性水平（p<0.001）。此外，本研究采用组合信度来评估因子整体信度水平，结果显示，一阶潜在因子和二阶潜在因子的组合信度均超过了 0.60 的临界值。综上所述，可以推断员工创新行为的测量具有较高的信度。

（4）效度检验。由表 5-2 可知，观测指标的标准化系数均在 0.50 以上，且达到了显著水平（p<0.001），说明具备较好的聚合效度；同时，通过平均方差抽取量（AVE）对效度进行检验，结果显示，一阶潜在因

子的 AVE 值为均高于 0.50 的最低可接受标准，表明员工创新行为的测量量表具有较好的效度。

3）高绩效人力资源管理系统的验证性因子分析

（1）因子模型的设定与识别。高绩效人力资源管理系统量表共 37 个测量条目，分属于 7 个一阶潜在因子。其中，工作安全由 3 个观测指标测量；对于其他潜变量，本研究利用因子载荷高低配对将测量条目打包为 3 个，$p(p+1)/2=231$，该模型需要估计 20 个路径系数、8 个潜在变量方差以及 28 个残差的方差，共需估计 56 个参数，根据 t 规则（估计参数 $\leq p$），该模型可以识别。

（2）因子模型的参数估计。运用最大似然法估计外向性的预设模型，并借助 R 语言 lavaan 包对相关指标进行逐步分析，具体结果如表 5-3 所示。

表 5-3   高绩效人力资源管理系统因子分析参数估计表

潜变量	路径	标准化因子载荷	C.R.	CR	AVE
招聘与甄选	RS1←招聘与甄选	0.804	—	0.834	0.626
	RS2←招聘与甄选	0.863	11.570***		
	RS3←招聘与甄选	0.730	10.657***		
培训	TRA1←培训	0.847	—	0.872	0.696
	TRA2←培训	0.892	14.338***		
	TRA3←培训	0.764	12.505***		
薪酬管理	COM1←薪酬管理	0.838	—	0.905	0.760
	COM2←薪酬管理	0.878	15.663***		
	COM3←薪酬管理	0.900	16.076***		
绩效管理	PM1←绩效管理	0.846	—	0.865	0.681
	PM2←绩效管理	0.791	12.474***		
	PM3←绩效管理	0.841	13.084***		

潜变量	路径	标准化因子载荷	C.R.	CR	AVE
工作安全	JS1←工作安全	0.893	—	0.910	0.772
	JS2←工作安全	0.893	17.580***		
	JS3←工作安全	0.847	16.342***		
员工参与	PART1←员工参与	0.874	—	0.921	0.795
	PART2←员工参与	0.887	17.730***		
	PART3←员工参与	0.920	18.659***		
工作丰富化	JD1←工作丰富化	0.890	—	0.897	0.744
	JD2←工作丰富化	0.881	16.533***		
	JD3←工作丰富化	0.822	15.131***		
高绩效HRMS	招聘与甄选←高绩效HRMS	0.362	—	0.935	—
	培训←高绩效HRMS	0.548	3.522***		
	薪酬管理←高绩效HRMS	0.667	3.697***		
	绩效管理←高绩效HRMS	0.457	3.299***		
	工作安全←高绩效HRMS	0.428	3.258***		
	员工参与←高绩效HRMS	0.511	3.482***		
	工作丰富化←高绩效HRMS	0.562	3.576***		

$\chi^2/df=1.240$，NFI=0.926，IFI=0.985，CFI=0.985，TLI=0.982，RMR=0.051，RMSEA=0.033，SRMR=0.052

注：***表示 $p<0.001$；C.R.代表参数估计的临界比值；CR代表组合信度；AVE代表平均方差提取量；HRMS代表人力资源管理系统。

绝对适配度指标方面，RMSEA=0.033、SRMR=0.052、RMR=0.051，基本达到了小于0.05的最佳适配标准；增值适配度指标方面，NFI=0.926、IFI=0.985、CFI=0.985、TLI=0.982，均满足0.900的适配标准。简约适配度指标方面，$\chi^2/df=1.240<5$，达到良好适配的标准。综上所述，高绩效人力资源管理系统因子模型的适配度较好，模型验证通过。

（3）信度检验。在信度检验中，潜在变量与指标变量之间的因子载荷系数应不低于0.50，且结构方程模型中的C.R.值（即t值）需要达到显著标准。如表5-3所示，标准化一阶因子载荷均超过了0.50的最低标准，且达到了显著性水平（p<0.001）；二阶因子载荷也较高，满足处于0.05到0.95之间的标准，且全部达到了显著性水平（p<0.001）。此外，本研究采用组合信度来评估因子整体信度水平，结果显示，一阶潜在因子的组合信度超过了0.60的临界值。综上所述，可以推断高绩效人力资源管理系统的测量具有较高的信度。

（4）效度检验。由表5-3可知，观测指标的标准化系数均在0.50以上，且达到了显著水平（p<0.001），说明具备较好的聚合效度；同时，通过平均方差抽取量（AVE）对效度进行检验，结果显示一阶潜在因子的AVE值均为高于0.50的最低可接受标准，表明高绩效人力资源管理系统的测量量表具有较好的效度。

4）所有变量的整体验证性因子分析

为了检验本研究涉及变量的构念区分度，我们对外向性、宜人性、尽责性、情绪稳定性、经验开放性、招聘与甄选、培训、绩效管理、薪酬管理、工作安全、员工参与、工作丰富化、创意产生、创意传播、创意实施15个变量进行验证性因子分析。由于上述变量共包含96个条目，超过了推荐的估计参数与样本量比例（1∶5），所以我们采用条目打包方法来降低误差，提高共同度（Landis等，2000）。其具体做法如下：对外向性、宜人性、尽责性、情绪稳定性、经验开放性、招聘与甄选、培训、绩效管理、薪酬管理、工作安全、员工参与、工作丰富化12个变量依据其因子载荷进行高低配对，将每个变量打包为3个新的观测指标；创新行为各阶段由于都只包含3个条目，以原条目纳入分析。因此，最终得到45个观测指标。采用Mplus 7.4进行验证性因子分析，结果如表5-4所示。从中可知，十五因子模型与数据拟合更为理想（χ^2（840）=1 177.960，RMSEA=0.043，CFI=0.939，TLI=0.928，SRMR=0.050），且显著优于其他竞争模型，证明变量之间具有良好的区分效度。

表5-4 验证性因子分析结果

模型	χ^2	df	CFI	TLI	RMSEA	SRMR
M1： EX，AG，CO，ES，OP，RS，TRA，PM，COM，PART，JS，JD，IG，ID，II	1 177.960	840	0.939	0.928	0.043	0.050
M2： EX，AG，CO，ES，OP，RS，TRA，PM，COM，PART，JS，JD，IG+ID，II	1 241.449	854	0.930	0.919	0.046	0.052
M3： EX，AG，CO，ES，OP，RS，TRA，PM，COM，PART，JS，JD，IG+ID+II	1 273.904	867	0.926	0.916	0.047	0.053
M4： EX+AG，CO，ES，OP，RS，TRA，PM，COM，PART，JS，JD，IG+ID+II	1 520.539	879	0.884	0.869	0.058	0.067
M5： EX+AG+CO，ES，OP，RS，TRA，PM，COM，PART，JS，JD，IG+ID+II	1 660.152	890	0.861	0.845	0.063	0.065
M6： EX+AG+CO+ES，OP，RS，TRA，PM，COM，PART，JS，JD，IG+ID+II	1 830.873	900	0.832	0.815	0.069	0.069
M7： EX+AG+CO+ES+OP，RS，TRA，PM，COM，PART，JS，JD，IG+ID+II	1 966.829	909	0.809	0.792	0.074	0.072
M8： EX+AG+CO+ES+OP，RS+TRA，PM，COM，PART，JS，JD，IG+ID+II	2 301.853	917	0.750	0.730	0.084	0.088
M9： EX+AG+CO+ES+OP，RS+TRA+PM，COM，PART，JS，JD，IG+ID+II	2 524.645	924	0.711	0.690	0.090	0.090
M10： EX+AG+CO+ES+OP，RS+TRA+PM+COM，PART，JS，JD，IG+ID+II	2 795.061	930	0.663	0.641	0.097	0.092

模型	χ^2	df	CFI	TLI	RMSEA	SRMR
M11： EX+AG+CO+ES+OP， RS+TRA+PM+COM+PART，JS， JD，IG+ID+II	3 260.407	935	0.580	0.555	0.108	0.097
M12： EX+AG+CO+ES+OP， RS+TRA+PM+COM+PART+JS， JD，IG+ID+II	3 638.395	939	0.512	0.486	0.116	0.102
M13： EX+AG+CO+ES+OP， RS+TRA+PM+COM+PART+JS+JD， IG+ID+II	3 940.382	942	0.458	0.431	0.122	0.106
M14： EX+AG+CO+ES+OP， RS+TRA+PM+COM+PART+JS+JD+IG+ID+II	4 273.882	944	0.398	0.369	0.128	0.115
M15： EX+AG+CO+ES+OP+RS+TRA+PM+COM+PART+JS+JD+IG+ID+II	4 610.337	945	0.338	0.306	0.134	0.126

注：EX=外向性，AG=宜人性，CO=尽责性，ES=情绪稳定性，OP=经验开放性，RS=招聘与甄选，TRA=培训，PM=绩效管理，COM=薪酬管理，PART=员工参与，JS=工作安全，JD=工作丰富化，IG=创意产生，ID=创意传播，II=创意实施。

5.4.3 描述性统计分析

表5-5呈现了各变量的均值、标准差和相关系数。从表中可知，在创意产生过程中外向性（$r = 0.243$，$p < 0.001$）、宜人性（$r = 0.226$，$p < 0.001$）、尽责性（$r = 0.412$，$p < 0.001$）、情绪稳定性（$r = 0.232$，$p < 0.001$）、经验开放性（$r = 0.391$，$p < 0.001$）、招聘与筛选（$r = 0.284$，$p < 0.001$）、培训（$r = 0.392$，$p < 0.001$）、绩效管理（$r = 0.278$，$p = 0.01$）、薪酬管理（$r = 0.368$，$p < 0.001$）、员工参与（$r = 0.284$，$p < 0.001$）、工作安全（$r = 0.171$，$p < 0.001$）、工作丰富化（$r = 0.387$，$p < 0.001$）均与创意产生阶段正相关。

表5-5　　　描述性统计分析与内部一致性系数

变量	1	2	3	4	5	6	7	8	9	10	11	12	13	14	15
1. 外向性	0.793														
2. 宜人性	0.189**	0.800													
3. 尽责性	0.162*	0.415***	0.799												
4. 情绪稳定性	0.343***	0.227**	0.377***	0.850											
5. 经验开放性	0.332***	0.231**	0.342***	0.188**	0.789										
6. 招聘与甄选	-0.068	0.033	0.097	0.105	0.045	0.847									
7. 培训	0.079	-0.030	0.130	0.000	0.149*	0.233***	0.876								
8. 绩效管理	0.023	0.105	0.178*	0.009	0.097	0.229***	0.223***	0.849							
9. 薪酬管理	0.010	0.113	0.243***	0.112	0.160*	0.243***	0.334***	0.298***	0.901						
10. 员工参与	0.110	0.115	0.204**	0.193**	0.049	0.133	0.265**	0.156*	0.240***	0.930					
11. 工作安全	-0.025	-0.068	0.065	0.042	0.028	0.061	0.178**	0.196**	0.244***	0.320***	0.910				
12. 工作丰富化	0.150*	0.106	0.207**	0.068	0.104	0.105	0.252***	0.178**	0.377***	0.323***	0.192**	0.909			
13. 创意产生	0.243***	0.226**	0.412***	0.232***	0.391***	0.284***	0.392***	0.278***	0.368***	0.284***	0.171*	0.387***	0.796		
14. 创意传播	0.254***	0.183**	0.370***	0.203**	0.254***	0.223**	0.263***	0.244***	0.317***	0.358***	0.154*	0.449***	0.605***	0.786	
15. 创意实施	0.251***	0.252***	0.471***	0.305***	0.376***	0.203**	0.279***	0.315***	0.390***	0.314***	0.196**	0.369***	0.711***	0.722***	0.851
均值	2.889	3.717	3.577	3.107	3.328	3.582	3.643	3.748	3.682	3.389	3.234	3.574	3.713	3.414	3.526
标准差	0.595	0.520	0.593	0.661	0.544	0.777	0.840	0.742	0.818	0.978	1.098	1.016	0.699	0.712	0.775

注：N = 215；* $p < 0.05$，** $p < 0.01$，*** $p < 0.001$；对角线上的数据为变量的内部一致性系数。

在创意传播过程中，外向性（r = 0.254，p < 0.001）、宜人性（r = 0.183，p < 0.001）、尽责性（r = 0.370，p < 0.001）、情绪稳定性（r = 0.203，p < 0.001）、经验开放性（r = 0.254，p < 0.001）、招聘与筛选（r = 0.223，p < 0.001）、培训（r = 0.263，p < 0.001）、绩效管理（r = 0.244，p = 0.01）、薪酬管理（r = 0.317，p < 0.001）、员工参与（r = 0.358），p < 0.001）、工作安全（r = 0.154，p < 0.001）、工作丰富化（r = 0.449，p < 0.001），均与创意传播阶段正相关。

在创意实施过程中，外向性（r = 0.251，p < 0.001）、宜人性（r = 0.252，p < 0.001）、尽责性（r = 0.471，p < 0.001）、情绪稳定性（r = 0.305，p < 0.001）、经验开放性（r = 0.376，p < 0.001）、招聘与筛选（r = 0.203，p < 0.001）、培训（r = 0.279，p < 0.001）、绩效管理（r = 0.315，p = 0.01）、薪酬管理（r = 0.390，p < 0.001）、员工参与（r = 0.314），p < 0.001）、工作安全（r = 0.196，p < 0.001）、工作丰富化（r = 0.369，p < 0.001），均与创意实施阶段正相关。

5.4.4　必要条件分析

1）单项前因条件必要性分析

在构建真值表进行条件组态充分性分析之前，需要检验单项条件是否构成结果的必要条件。必要条件是指只要结果存在，该条件就一定存在，即结果是该条件的子集。本研究首先通过 NCA 方法对单个前因条件的必要性效应量及其显著性进行检验，并通过瓶颈水平估计前因条件的必要性水平值。判断一个前因条件是否为必要条件的标准包括两个方面：一是效应量不小于 0.1，二是通过蒙特卡洛仿真置换检验（Monte Carlo simulations of permutation tests）效应量显著。其结果如表 5-6 所示。由于本研究采用李克特 5 点量表对变量进行测量，所以使用上限回归（ceiling regression，CR）生成上限函数，对创意三阶段而言，部分前因条件的效应量显著，但其效应量均小于 0.1 的标准，因此不构成必要条件；而对员工整体创新行为而言，能力型人力资源管理系统和机会型人力资源管理系统的效应量均大于 0.1 且显著，因此两者构成员工创新行为的必要条件。

表5-6 NCA方法必要条件分析结果

前因条件	方法	创意产生					创意传播				
		精确性	上线区域	范围	效应量	P值	精确性	上线区域	范围	效应量	P值
外向性	CE	100%	0.000	0.961	0.000	0.284	100%	0.003	0.963	0.003	0.378
	CR	100%	0.000	0.961	0.000	0.324	100%	0.001	0.963	0.001	0.424
宜人性	CE	100%	0.007	0.944	0.008	0.818	100%	0.036	0.946	0.038	0.680
	CR	99.5%	0.005	0.944	0.005	0.816	99.1%	0.026	0.946	0.028	0.672
尽责性	CE	100%	0.024	0.888	0.027	0.046	100%	0.040	0.890	0.044	0.056
	CR	99.1%	0.019	0.888	0.021	0.098	99.5%	0.024	0.890	0.027	0.254
情绪稳定性	CE	100%	0.000	0.971	0.000	0.442	100%	0.001	0.972	0.001	0.542
	CR	100%	0.000	0.971	0.000	0.472	99.5%	0.002	0.972	0.002	0.550
经验开放性	CE	100%	0.067	0.991	0.067	0.118	100%	0.056	0.992	0.057	0.410
	CR	99.1%	0.045	0.991	0.045	0.145	99.5%	0.039	0.992	0.039	0.450
能力型HRM	CE	100%	0.054	0.933	0.058	0.004	100%	0.100	0.934	0.108	0.002
	CR	99.5%	0.037	0.933	0.040	0.010	98.1%	0.078	0.934	0.084	0.004
动机型HRM	CE	100%	0.018	0.862	0.021	0.024	100%	0.030	0.863	0.035	0.070
	CR	99.1%	0.017	0.862	0.019	0.066	99.5%	0.019	0.863	0.022	0.256
机会型HRM	CE	100%	0.000	0.994	0.000	0.818	100%	0.120	0.996	0.121	0.002
	CR	100%	0.000	0.994	0.000	0.818	99.1%	0.096	0.996	0.097	0.002

前因条件	方法	创意实施					创新行为				
		精确性	上线区域	范围	效应量	P值	精确性	上线区域	范围	效应量	P值
外向性	CE	100%	0.000	0.965	0.000	1.000	100%	0.008	0.964	0.008	0.362
	CR	100%	0.000	0.965	0.000	1.000	100%	0.004	0.964	0.004	0.444
宜人性	CE	100%	0.069	0.948	0.072	0.182	100%	0.093	0.947	0.098	0.244
	CR	99.5%	0.044	0.948	0.047	0.262	99.5%	0.080	0.947	0.085	0.260
尽责性	CE	100%	0.040	0.892	0.045	0.014	100%	0.046	0.891	0.052	0.102
	CR	99.5%	0.025	0.892	0.028	0.092	99.1%	0.034	0.891	0.038	0.248
情绪稳定性	CE	100%	0.000	0.974	0.000	0.472	100%	0.002	0.974	0.002	0.608
	CR	100%	0.000	0.974	0.000	0.478	99.5%	0.001	0.974	0.001	0.638
经验开放性	CE	100%	0.048	0.994	0.048	0.420	100%	0.068	0.994	0.068	0.462
	CR	99.5%	0.034	0.994	0.034	0.402	99.5%	0.045	0.994	0.045	0.566
能力型HRM	CE	100%	0.093	0.936	0.100	0.002	100%	0.140	0.935	0.150	0.002
	CR	99.5%	0.074	0.936	0.079	0.002	97.7%	0.116	0.935	0.124	0.004
动机型HRM	CE	100%	0.019	0.865	0.022	0.110	100%	0.046	0.864	0.053	0.046
	CR	99.1%	0.023	0.865	0.027	0.068	99.5%	0.053	0.864	0.061	0.050
机会型HRM	CE	100%	0.085	0.998	0.085	0.002	100%	0.204	0.997	0.204	0.002
	CR	98.6%	0.057	0.998	0.057	0.006	96.7%	0.174	0.997	0.174	0.002

注：CR= ceiling regression，上限回归；CE= ceiling envelopment，上限包络分析。

此外，NCA方法还能够很好地产出分析结果的瓶颈水平。瓶颈水平（%）是指达到结果最大观测范围的某一水平，即前因条件最大观测范围需要满足的水平值。结果如表5-7所示，达到60%水平的创意产生，需要2.3%的尽责性水平、5.4%的经验开放性水平和1.5%的动机型人力资源管理实践水平；要达到60%水平的创意传播，需要3.2%的尽责性水平、4.8%的经验开放性水平、9.7%的能力型人力资源管理实践水平、2.1%动机型人力资源管理实践水平；要达到60%水平的创意实施，需要4.6%的宜人性水平、3.4%的尽责性水平、4.3%的经验开放性水平、9.6%的能力型人力资源管理实践水平；要达到60%水平的创新行为，需要5.2%的宜人性水平、4.7%的尽责性水平、5.5%的经验开放性水平、15.4%的能力型人力资源管理实践水平、6.1%的动机型人力资源管理实践水平、11.6%的机会型人力资源管理实践水平。

表5-7　　　　　　　　NCA方法瓶颈水平（%）分析结果

水平	创意产生								创意传播							
	EX	AG	CO	ES	OP	AH	MH	OH	EX	AG	CO	ES	OP	AH	MH	OH
0	NN	NN	NN	NN	NN	NN	NN	NN	NN	NN	NN	NN	NN	NN	NN	NN
10	NN	NN	NN	NN	0.6	NN	NN	NN	NN	NN	NN	NN	NN	NN	NN	NN
20	NN	NN	NN	NN	1.5	NN	NN	NN	NN	NN	NN	NN	0.9	NN	NN	NN
30	NN	NN	NN	NN	2.5	NN	NN	NN	NN	NN	NN	NN	1.9	NN	NN	NN
40	NN	NN	NN	NN	3.5	NN	NN	NN	NN	1.0	NN	NN	2.9	1.2	NN	NN
50	NN	NN	1.1	NN	4.4	NN	NN	0.0	NN	NN	2.1	NN	3.8	5.4	0.5	NN
60	NN	NN	2.3	NN	5.4	NN	1.5	0.0	NN	NN	3.2	NN	4.8	9.7	2.1	NN
70	NN	NN	3.5	NN	6.4	2.4	3.1	0.0	NN	NN	4.4	NN	5.8	13.9	3.7	0.6
80	NN	NN	4.7	NN	7.4	9.6	4.6	0.0	NN	NN	5.5	0.3	6.8	18.2	5.2	21.7
90	NN	NN	5.9	NN	8.3	16.8	6.1	0.0	NN	11.8	6.6	0.6	7.7	22.4	6.8	42.7
100	1.5	25.1	7.1	0.9	9.3	24.0	7.7	0.0	20.9	38.8	7.8	0.8	8.7	26.7	8.4	63.8

水平	创意实施								创新行为							
	EX	AG	CO	ES	OP	AH	MH	OH	EX	AG	CO	ES	OP	AH	MH	OH
0	NN	NN	NN	NN	NN	NN	NN	NN	NN	NN	NN	NN	NN	NN	NN	NN
10	NN	NN	NN	NN	NN	NN	NN	NN	NN	NN	NN	NN	0.7	NN	NN	NN
20	NN	NN	NN	0.3	NN	NN	NN	NN	NN	NN	NN	1.7	NN	NN	NN	
30	NN	NN	0.2	NN	1.3	NN	NN	NN	NN	NN	0.9	NN	2.6	1.8	NN	NN
40	NN	NN	1.2	NN	2.3	2.7	NN	NN	NN	NN	2.2	NN	3.6	6.3	NN	NN
50	NN	1.5	2.3	NN	3.3	6.2	NN	NN	NN	NN	3.5	NN	4.5	10.9	2.0	NN
60	NN	4.6	3.4	NN	4.3	9.6	NN	NN	NN	NN	5.2	4.7	NN	5.5	15.4	6.1	11.6
70	NN	7.8	4.5	NN	5.3	13.0	NN	6.0	NN	13.0	6.0	NN	6.4	19.9	10.1	27.0
80	NN	10.9	5.6	NN	6.3	16.5	3.9	14.1	NN	20.8	7.3	0.3	7.4	24.4	14.2	42.4
90	NN	14.0	6.7	NN	7.2	19.9	12.9	22.3	NN	28.5	8.5	0.6	8.3	28.9	18.2	57.9
100	NN	17.1	7.8	0.9	8.2	23.3	22.0	30.4	20.9	36.3	9.8	0.9	9.3	33.5	22.3	73.3

注：EX=外向性，AG=宜人性，CO=尽责性，ES=情绪稳定性，OP=经验开放性，AH=能力型人力资源管理实践，MH=动机型人力资源管理实践，OH=机会型人力资源管理实践；NN=不必要。

单个条件必要性分析是进行模糊定性比较分析的首要步骤，可以为后续充分性分析提供必要支持。本研究将 fsQCA 必要条件分析作为 NCA 结论的稳健性检验。该检验通常通过一致性和 RoN 两个指标反映必要性结果，前者数值大于 0.9 时，说明该条件变量为结果变量的必要条件，后者可以衡量某一条件作为必要条件的重要性。

从表 5-8 的必要性结果来看，在创新的三个阶段，所有单项人力资源管理实践及其反面的一致性均小于 0.9，即不存在引致创新三阶段的必要人力资源管理实践前因条件；对员工整体创新行为而言，宜人性的一致性为 0.903，超过临界值。通过检验宜人性和员工创新行为的 X-Y 散点图可以发现，多数案例分布在右侧 Y 轴附近，且拟合参数 RoN（relevance of necessity，必要性的切题性）的分数为 0.483，说明宜人性作为必要条件的相对重要性较低。同时，NCA的结果显示，能力型人力资源管理实践和机会型人力资源管理实践构成创新行为的必要条件，但fsQCA的结果显示，两者的一致性低于0.9，因此，在分析员工创新行为时，应该综合考虑人格、人力资源管理实践的并发协同效应。

表5-8　　　　　　　　　单个前因条件的必要性分析

前因条件	创意产生		创意传播		创意实施		员工创新行为	
	一致性	RoN	一致性	RoN	一致性	RoN	一致性	RoN
外向性	0.458	0.961	0.516	0.929	0.496	0.941	0.567	0.905
宜人性	0.843	0.630	0.874	0.534	0.878	0.571	0.903	0.483
尽责性	0.812	0.772	0.842	0.663	0.847	0.706	0.883	0.609
情绪稳定性	0.590	0.926	0.629	0.858	0.616	0.880	0.697	0.832
经验开放性	0.700	0.878	0.732	0.785	0.743	0.830	0.788	0.743
能力型HRM	0.822	0.725	0.850	0.618	0.823	0.638	0.878	0.562
动机型HRM	0.802	0.757	0.841	0.658	0.835	0.693	0.882	0.604
机会型HRM	0.780	0.784	0.856	0.710	0.807	0.717	0.880	0.642
~外向性	0.774	0.622	0.803	0.540	0.786	0.561	0.813	0.490
~宜人性	0.369	0.921	0.403	0.891	0.374	0.890	0.412	0.859
~尽责性	0.432	0.859	0.471	0.824	0.428	0.817	0.473	0.785
~情绪稳定性	0.648	0.711	0.694	0.653	0.669	0.665	0.695	0.600
~经验开放性	0.566	0.796	0.627	0.754	0.569	0.745	0.627	0.701
~能力型HRM	0.380	0.859	0.419	0.831	0.405	0.840	0.427	0.800
~动机型HRM	0.429	0.860	0.452	0.817	0.423	0.818	0.452	0.780
~机会型HRM	0.422	0.822	0.405	0.762	0.417	0.783	0.409	0.733

注：RoN= relevance of necessity，必要性的切题性；"~"表示条件的反面。

2）远端前因条件必要性析取

上述结果显示，单项人格特质均不构成员工创新行为的必要条件，因此需进一步对远端前因条件的析取进行必要性分析。Schneider（2019）建议，一致性、覆盖度和RoN的阈值应尽量设置得较高，本研究针对创新三阶段分别设置为0.90、0.60和0.50，针对创新行为设置为0.90、0.50和0.50，结果如表5-9所示。

表5-9　　　　　　　　　远端前因条件必要性析取

序号	结果：创意产生	一致性	RoN	覆盖度
NG1	宜人性 + 经验开放性	0.902	0.555	0.749
NG2	~宜人性 + 尽责性 + 经验开放性	0.914	0.594	0.771
NG3	尽责性 + 情绪稳定性 +经验开放性	0.912	0.635	0.788
NG4	外向性+ ~宜人性 + 尽责性 +情绪稳定性	0.912	0.578	0.763
序号	结果：创意传播	一致性	RoN	覆盖度
ND1	外向性 + ~宜人性 + 尽责性	0.911	0.516	0.646
ND2	外向性 + 尽责性 +经验开放性	0.908	0.540	0.655
ND3	尽责性+情绪稳定性+经验开放性	0.918	0.509	0.646
序号	结果：创意实施	一致性	RoN	覆盖度
NI1	尽责性+经验开放性	0.907	0.604	0.717
NI2	外向性+ ~宜人性 + 尽责性	0.914	0.554	0.696
NI3	外向性 + 尽责性 +情绪稳定性	0.903	0.612	0.720
序号	结果：员工创新行为	一致性	RoN	覆盖度
NB1	外向性 + 尽责性	0.903	0.562	0.595
NB2	尽责性 +情绪稳定性	0.913	0.543	0.589
NB3	尽责性 +经验开放性	0.929	0.505	0.577
NB4	~宜人性 +情绪稳定性+经验开放性	0.901	0.541	0.583

注："~"表示条件的反面。

5.4.5　条件组态的充分性分析

两步QCA的第二步分析需要将所有近端前因条件与第一步识别出

的远端SUIN条件一起进行充分性分析。本研究将原始一致性阈值设定为0.80，PRI一致性阈值设定为0.55，案例频数阈值设置为4。在进行逻辑最小化时，将包含远端必要条件或必要性析取非集的反事实从分析中消除，获得增强型简约解和增强型中间解。对比两组解的嵌套关系，识别每个解的核心条件和边缘条件。其中，核心条件指在中间解和简约解中同时出现的条件，而边缘条件是仅在中间解中出现的条件。

1）创意产生的前因组态

QCA分析结果如表5-10所示，引致员工创意产生的前因组态有19个。其中，S2a和S2b、S5a和S5b、S8a和S8b、S10a和S10b、S12a和S12b分别构成二阶等价组态。

依据目的性工作行为理论的逻辑框架，能力型人力资源管理实践会制定严格的招聘、甄选标准和流程，进入组织的员工均具有较强的能力，且组织依据他们的特点配置合适的岗位，而正式的培训也将进一步提升员工的能力，这些都有助于员工更好地完成工作任务，达成绩效目标，因此与员工的成就目标追求相契合；动机型人力资源管理实践强调对员工的工作成果进行评价并及时进行反馈，同时根据绩效考核结果给予奖励性薪酬，依据目的性工作行为理论，契合了员工动机和成就目标追求；机会型人力资源管理实践为员工发挥自主性提供途径，鼓励员工积极参与与工作相关的决策，给予他们在一定范围内的自主权，同时通过在不同工作岗位的轮换，与组织内不同群体共同工作，形成良好的人际关系，因此契合了员工的自主和共生目标追求。因此，根据组态的具体构成，我们可以将引致员工创意产生的前因组态划分为三类：一是人格与人力资源管理实践匹配，诸如组态S2a、S2b、S3、S5a、S5b、S6、S8a、S8b、S10b、S12a、S12b和S14等；二是人格与人力资源管理实践失配，诸如组态S1、S4、S9、S10a和S11等；三是仅人力资源管理实践发挥作用，诸如组态S7和S13。

表5-10

引致员工创意产生的前因组态

	NG1	NG2								NG3					NG4				
	S1	S2a	S2b	S3	S4	S5a	S5b	S6	S7	S8a	S8b	S9	S10a	S10b	S11	S12a	S12b	S13	S14
外向性	•								⊗						⊗	⊗		⊗	⊗
宜人性		•	•		•	•	•	•	⊗		•		•	•	•	•	•	⊗	•
尽责性				●		•	•	●	⊗	•			●	●	●	●	●		•
情绪稳定性														•			•		●
经验开放性	●	●	●		●	●	●		⊗	●		⊗	⊗					⊗	
能力型HRM	●	•		●	●	•		●	•			●		•	●	●	●	●	
动机型HRM	●		•	●	●		•	●	•	●	•	●	●		●	•	•	•	●
机会型HRM		●	●	●		●	●	•	•	●	•	●		•		●	●	●	•
一致性	0.953	0.960	0.955	0.936	0.953	0.967	0.959	0.948	0.950	0.954	0.937	0.949	0.959	0.975	0.940	0.944	0.966	0.948	0.957
原始覆盖度	0.522	0.504	0.497	0.561	0.522	0.474	0.467	0.510	0.197	0.487	0.540	0.431	0.333	0.395	0.506	0.483	0.430	0.256	0.367
唯一覆盖度	0.049	0.031	0.024	0.088	0.072	0.029	0.023	0.057	0.020	0.028	0.044	0.056	0.009	0.017	0.049	0.017	0.065	0.035	0.012
总体一致性	0.920				0.932					0.927					0.938				
总体覆盖度	0.665				0.659					0.662					0.644				

注："●"代表前因条件存在，"⊗"代表该前因条件缺席，空白代表前因条件与结果无关；大圈代表核心条件，小圈代表辅助条件。

需要指出的是，机会型人力资源管理实践在引致员工创意产生中发挥了关键作用，其原因在于创意产生需要个体能够获取多方知识和信息，并对这些知识和信息进行联结和整合，以形成新的想法、建议和解决方案；同时，员工创新作为一种角色外行为，员工拥有自主权十分重要，他们必须能够自主地安排自己的工作，能够调整工作方式以实验其新想法，从而不断完善创意。

以宜人性、尽责性和经验开放性为远端条件的组态中，宜人性、尽责性、经验开放性同时出现，呈现互补关系。宜人性的个体追求共生，可能会为获得他人认可和团队和谐性，产生创新想法。尽责性的个体追求成就，在组织的激励和信任下，该类型员工会产生践行组织承诺的义务感，从而积极建言献策配合他人完成创新或秉着较强的责任心积极思考从而产生创新方案。同时在这一过程中，经验开放性对于自主和工作丰富的追求，使得他们积极与团队交流，与他人合作打破思维僵局，并在创新活动中吸收知识，完善方案内容，提高创新方案的可实施性。

在宜人性、尽责性、经验开放性的影响下，个体对于共生、自主和成就有明显的追求，根据目的性行为理论，组织能够通过能力型人力资源管理和机会型人力资源管理的参与，满足该类员工需求，因此，我们将S4、S5a、S5b、S6视为适配组态，在上述组态中，经验开放性为较为核心的条件，根据目的性工作行为理论，经验开放性在工作中对于自主的追求较强，因此机会型人力资源管理在组态中属于核心条件。S7则被划分成错配组态，在不具备宜人性、经验开放性、尽责性的个体中，通过机会型人力资源管理、能力型人力资源管理、动机型人力资源管理的影响，使得该类个体呈现创新行为。以尽责性、情绪稳定性和经验开放性为远端条件的组态中，因三者之间不呈现特定关系，机会型人力资源管理、能力型人力资源管理、动机型人力资源管理的影响根据单个人格特征的不同工作追求会呈现差异化。

在外向性、宜人性、尽责性和情绪稳定性为远端条件的组态中，外向性和尽责性之间呈现替代关系，宜人性和尽责性存在互补关系。高外向性的个体通常热情自信，他们善于与他人交流沟通，维持人际关系的能力强，同时他们身上积极乐观的情绪会吸引他人，更容易获得他人的支持和信任，愿意与其分享创新想法，从而更容易开启创新活动。在组织中，员工的信任关系将提高员工之间的知识共享行为的次数和准确度。同时，该类人格会更愿意通过创新行为改变自己在组织中的地位和资源，因此他们会更愿意思考和发现组织中的问题，寻找解决问题的途径。而宜人性更多是为了追求共生，尽责性则是因为对组织提供的任务认同所带来的成就感进行的创新活动。因此，外向性人格与上述两者存在替代关系，与情绪稳定性不存在特定关系。此外，情绪稳定性的个体对于成就有一定的追求，在面对问题时能够冷静辨析情况，并对所获得的知识进行分析整理，受动机型人力资源管理的影响。

2）创意传播的前因组态

QCA分析结果如表5-11所示，引致员工创意传播的前因组态有8个。其中，S1a和S1b、S3a和S3b、S8a和S8b分别构成二阶等价组态。

表5-11　　　　　　　引致员工创意传播的前因组态

	ND1			ND2				ND3			
	S1a	S1b	S2	S3a	S3b	S4	S5	S6	S7	S8a	S8b
外向性		⊗	⊗	⊗		⊗	⊗				
宜人性	●	●	⊗								
尽责性	●	●	⊗	●	●	●		●	●	●	
情绪稳定性										●	⊗
经验开放性				●	●		●	●		●	●
能力型HRM	●		●		●	●	●		●		
动机型HRM		●	●	●		●		●			●
机会型HRM	●	●	●	●	●	●	●	●	●	●	●
一致性	0.863	0.870	0.876	0.889	0.893	0.864	0.889	0.882	0.854	0.921	0.891
原始覆盖度	0.632	0.549	0.239	0.493	0.524	0.540	0.502	0.554	0.605	0.459	0.449
唯一覆盖度	0.112	0.029	0.032	0.023	0.053	0.069	0.032	0.030	0.081	0.021	0.029
总体一致性	0.855			0854				0.847			
总体覆盖度	0.693			0.647				0.685			

注："●"代表该前因条件存在，"⊗"代表该前因条件缺席，空白代表前因条件与结果无关；大圈代表核心条件，小圈代表辅助条件。

依据目的性工作行为理论的逻辑和组态具体构成，我们可以将引致员工创意传播的前因组态划分为两类：一是人格与人力资源管理实践匹配，诸如S1a、S1b、S3a、S3b、S4、S5、S6、S7、S8a和S8b；二是仅人力资源管理实践发挥作用，如组态S2。

在以外向性、宜人性和尽责性为远端条件的前因组态中，宜人性与尽责性之间呈现互补关系。根据目的性工作行为理论，宜人性和尽责性的个体追求成就和共生，既期望在工作中实现自我价值，也期望与他人建立良好关系，因此他们能够以一种隐蔽或亲社会性的方式实现其成就追求，即能够以更有效的方式传播其创意，并获得领导者和同事的赞同。组态S2之中，人格均不发挥作用，表明在某些情况下，组织建立良好的人力资源管理系统并予以实施，能够有效促进员工的创意传播行为。

在以外向性、尽责性和经验开放性为远端条件的组态中，外向性与尽责性、经验开放性呈现替代关系。外向性个体追求地位，他们试图在组织中获得超过其他人的影响力，传播具有创新的想法和方案，并使得其他人认同和接纳；而尽责性的个体追求成就，经验开放性的个体追求自主，他们是出于内在动机自愿进行创意的传播。也就是说，个体要么在外部动机的影响下通过传播创意获得地位，或者在内部动机的影响下自发进行创意传播行为，这与以往的研究结论一致，即外部动机和内部动机均有助于员工建言和创新。与此同时，三类人力资源管理实践之间呈现互补性。

在以尽责性、情绪稳定性和经验开放性为远端条件的前因组态中，尽责性和经验开放性成互补关系，三类人力资源管理实践之间亦呈现互补性。

3）创意实施的前因组态

QCA分析结果如表5-12所示，引致员工创意实施的前因组态有8个。其中，S4a、S4b构成了核心条件一样的二阶等价组态。

表 5-12　　　　　　　　　　引致员工创意实施的前因组态

	NI1			NI2			NI3	
	S1	S2	S3	S4a	S4b	S5	S6	S7
外向性					⊗	⊗	⊗	
宜人性				●	●			
尽责性	●	●	●	●	●	●	●	●
情绪稳定性							●	●
经验开放性	●	●						
能力型 HRM	●		●	●			●	●
动机型 HRM		●	●		●	●		●
机会型 HRM	●	●	●	●	●	●	●	●
一致性	0.916	0.913	0.872	0.882	0.894	0.878	0.914	0.910
原始覆盖度	0.535	0.534	0.575	0.601	0.526	0.548	0.407	0.448
唯一覆盖度	0.035	0.033	0.075	0.107	0.031	0.152	0.012	0.053
总体一致性	0.874			0.882			0.880	
总体覆盖度	0.643			0.633			0.612	

　　注："●"代表该前因条件存在，"⊗"代表该前因条件缺席，空白代表前因条件与结果无关；大圈代表核心条件，小圈代表辅助条件。

　　依据目的性工作行为理论的逻辑和组态具体构成，引致员工创意实施的前因组态均呈现出人格与人力资源管理实践匹配关系。在创意实施过程中，组织的支持和员工之间的积极配合同样重要，机会型人力资源管理依旧作为其中的核心条件。在人格特征方面，尽责性能确保个体更好地完成创意实施行为，因为尽责性个体具备高度责任感，面对已经开始的创新行为，他们会积极面对挑战并坚持实施想法，因此尽责性是促进创新任务导向和目标导向的必备条件。

　　在以尽责性和经验开放性为远端条件的组态中，尽责性和经验开放性都存在，呈现互补关系，如前所述，同时追求自主和成就动机的个体，组织人力资源管理实践会满足他们的这种心理需求，因此激发出他们较高的内部动机水平和自我效能，他们愿意也认为自己能够很好地实施创意，并将之转化为可行性的成果。

在以外向性、宜人性和尽责性为远端条件的组态中，宜人性和尽责性呈现互补关系，这一类型的个体追求共生和成就，当人力资源管理实践契合了其心理需求时，他们能够以为其他人所接受的方式对创意予以实施。一方面，他们希望与组织内其他人保持良好关系，而不同岗位的工作经验为他们提供机会，由此构建起自己的社会网络，更有效地从不同的群体处获得实施创意所需的资源和支持；另一方面，他们实现其价值，获得较高绩效评价的动机，而及时的绩效考核和反馈为他们不断优化创意实施过程、提高创新成功的机会奠定了基础。此外，能力型人力资源管理实践与动机型人力资源管理实践呈现出相互替代的关系。

在以外向性、尽责性和情绪稳定性为远端条件的组态中，外向性与尽责性、情绪稳定性呈现出相互替代的关系。一方面，外向性个体追求地位，而成功实施创意、在团队或组织发展中做出重大贡献，都有效反映了他们的地位；另一方面，尽责性和情绪稳定性个体同时追求成就和共生，他们能获得其他同事的支持，获得实现创意所需要的资源，同时组织为他们提供的绩效反馈促使他们不断反思和学习，完善创意实施过程。

4）员工创新行为的前因组态

QCA分析结果如表5-13所示，引致员工整体创新行为的组态包括S1、S2a、S2b、S3、S4a、S4b共6个，其中S2a和S2b、S4a和S4b构成了二阶等价组态。

表5-13 　　　　　　　　**引致员工整体行为的前因组态**

前因条件	NB1	NB2		NB3	NB4	
	S1	S2a	S2b	S3	S4a	S4b
外向性	●					
宜人性					●	●
尽责性	●	●	●	●		
情绪稳定性		●	●		●	●
经验开放性				●	●	●

前因条件	NB1	NB2		NB3	NB4	
	S1	S2a	S2b	S3	S4a	S4b
能力型HRM	●	●		⬤	●	
动机型HRM	●		●	⬤		●
机会型HRM	●	⬤	⬤	⬤	⬤	⬤
一致性	0.893	0.857	0.849	0.847	0.887	0.881
原始覆盖度	0.467	0.576	0.566	0.590	0.529	0.519
唯一覆盖度	—	0.038	0.027	—	0.024	0.014
总体一致性	0.893	0.849		0.847	0.882	
总体覆盖度	0.467	0.604		0.590	0.543	

注："●"代表该前因条件存在,"⊗"代表该前因条件缺席,空白代表前因条件与结果无关;大圈代表核心条件,小圈代表辅助条件。

依据目的性工作行为理论的逻辑和组态具体构成,引致员工整体创新行为的前因组态均呈现出人格与人力资源管理实践匹配关系。

在以外向性、尽责性为远端条件的组态(S1)中,个体同时追求地位和成就,他们希望自己在组织中获得较高的绩效评价和成果,以此反映自己的胜任力和地位,在践行能力型人力资源管理实践的组织中,员工通常具有较强的能力,他们能够很好地完成工作,并对自己所掌握的知识和经验进行融合和再创造,能够形成具有应用前景的创意;同时,组织及时对员工进行绩效考核,并将结果反馈给员工,为他们进一步完善和优化创意及其实施过程创造了条件,组织依据结果给付奖励性薪酬,在组织树立了榜样,进一步满足了员工的地位追求;除此之外,组织的工作丰富化和参与实践也为员工更好地产生、传播和实施创意提供了帮助。

在以尽责性和情绪稳定性为远端条件的组态中,个体同时追求成就和共生。如前所述,能力型人力资源管理实践契合员工的成就追求,而动机型人力资源管理实践契合了员工的地位和成就追求,两者在前因组态中呈现出替代关系。机会型人力资源管理实践同时满足了员工的共生和自主追求。因此，这类员工在为员工积极工作创造机会、致力于提高员工工作能力或动机的组织中进行创新的自我效能和内部动机更强。

在以尽责性和经验开放性为远端条件的组态中，个体同时追求成就和自主，而三类人力资源管理实践同时存在，有效匹配了员工的动机追求，从而激发员工的创新行为。

在以宜人性、情绪稳定性和经验开放性为远端条件的组态中，个体同时追求成就、共生和自主。机会型人力资源管理实践满足了员工的共生和自主需求，动机型人力资源管理实践满足了员工的成就和地位需求，而能力型人力资源管理实践满足了员工的成就需求，因此动机型和能力型人力资源管理实践呈现出替代的关系，而组态中不同组合的人力资源管理实践均满足了员工的三种基本心理需求，极大地激发了员工的内部动机，以往研究表明，内部动机是促使员工创新行为的一个关键前因。

5.4.6 稳健性分析

本研究采用Tobit回归方法对fsQCA所获结果的稳健性进行检验。具体而言，首先，我们计算215个案例在所有组态上的隶属度并保存为一个新变量；其次，为了避免新建变量之间存在严重的多重共线性问题，我们将隶属度≥0.5的案例编码为1，反之编码为0；最后，进行双限制Tobit回归。在回归分析中，我们控制了年龄、性别、受教育程度、职位和任职年限等的影响。

引致员工创意产生的前因组态的稳健性分析结果如表5-14所示。以宜人性和经验开放性为远端条件的组态对创意产生回归的Pseudo-R^2为1.067。组态S1（B=-0.006，SE=0.059，ns）、S2a（B=0.064，SE=0.050，ns）和S2b（B=0.167，SE=0.178，ns）的回归系数不显著，组态S3正向影响员工创意产生（B=0.448，SE=0.171，p<0.01）。组态S3的原始覆盖度和唯一覆盖度均大于其他组态，即回归分析的结果验证了fsQCA的结果。因此，引致创意产生的人格和人力资源管理实践组态具有稳健性。

表5-14 　　　　　　　双限制 Tobit 回归结果（创意产生）

前因	B	SE	B	SE	B	SE	B	SE
性别	−0.045	0.035	−0.055	0.037	−0.039	0.038	−0.062	0.036
学历	0.032	0.027	0.038	0.028	0.030	0.028	0.044	0.028
年龄	0.004	0.004	0.003	0.004	0.001	0.005	−0.002	0.004
职位	0.029	0.018	0.038*	0.019	0.037*	0.019	0.038*	0.019
工作年限	−0.003	0.006	0.002	0.006	0.004	0.007	0.006	0.006
S1	−0.006	0.059						
S2a	0.064	0.050						
S2b	0.167	0.178						
S3	0.448**	0.171						
S4			0.137*	0.058				
S5a			0.120	0.079				
S5b			−0.039	0.082				
S6			0.283*	0.128				
S7			0.095	0.059				
S8a					0.117	0.064		
S8b					0.116*	0.058		
S9					0.102	0.096		
S10a					0.082	0.083		
S10b					0.054	0.093		
S11							0.192**	0.063
S12a							0.014	0.065
S12b							0.231***	0.061
S13							0.329***	0.091
S14							−0.117	0.081
Pseudo-R^2	1.067		0.851		0.818		0.890	

注：N=215；* p<0.05，** p<0.01，*** p<0.001。

以宜人性、尽责性和经验开放性为远端条件的组态对创意产生回归的 Pseudo-R^2 为 0.851。其中，组态 S5a（B=0.120，SE=0.079，ns）、S5b（B=-0.039，SE=0.082，ns）和 S7（B=0.095，SE=0.059，ns）的回归系数不显著，而组态 S4（B=0.137，SE=0.058，p<0.05）和 S6（B=0.283，SE=0.128，p<0.05）均正向影响员工创意产生。fsQCA 结果显示，组态 S4 的原始覆盖度和唯一覆盖度最大，而组态 S6 次之。因此，两种分析的结果相互提供了交叉验证，即引致员工创意产生的组态具有稳健性。

以尽责性、情绪稳定性和经验开放性为远端条件的组态对创意产生回归的 Pseudo-R^2 为 0.818。其中，组态 S8a（B=0.117，SE=0.064，ns）、S9（B=0.102，SE=0.096，ns）、S10a（B=0.082，SE=0.083，ns）和 S10b（B=0.054，SE=0.093，ns）对员工创意产生的回归系数均不显著，而组态 S8b（B=0.116，SE=0.058，p<0.05）的回归系数显著为正。组态 S8b 的原始覆盖度最大，即回归分析的结果验证了 fsQCA 的结果。因此，引致创意产生的人格和人力资源管理实践组态具有稳健性。

以外向性、宜人性、尽责性和情绪稳定性为远端条件的组态对创意产生回归的 Pseudo-R^2 为 0.890。其中，组态 S11（B=0.192，SE=0.063，p<0.01）、S12b（B=0.231，SE=0.061，p<0.001）和 S13（B=0.329，SE=0.091，p<0.001）均正向影响员工创意产生，而组态 S12a（B=0.014，SE=0.065，ns）和 S14（B=-0.117，SE=0.081，ns）的回归系数均不显著。fsQCA 结果显示，组态 S11 的原始覆盖度最大，S12b 的唯一覆盖度最大，S13 的原始覆盖度虽然最小，但其唯一覆盖度大于组态 S12a 和 S14。因此，两种分析的结果相互提供了交叉验证，即引致员工创意产生的组态具有稳健性。

引致员工创意传播的前因组态的稳健性分析结果如表 5-15 所示。以外向性、宜人性和尽责性为远端条件的组态对创意产生回归的 Pseudo-R^2 为 0.987。组态 S1a（B=0.238，SE=0.049，p<0.001）和 S2（B=0.338，SE=0.112，p<0.01）正向影响员工创意传播，而组态 S1b 对员工创意产生的回归系数不显著（B=0.027，SE=0.053，ns）。组态 S1a 的原始覆盖度和唯一覆盖度均大于其他组态，而组态 S2 的唯一覆盖度大于组态 S1b，即回归分析的结果验证了 fsQCA 的结果。因此，引致创意

传播的人格和人力资源管理实践组态具有稳健性。

表5-15　　　　　　　　双限制Tobit回归结果（创意传播）

前因	B	SE	B	SE	B	SE
性别	−0.045	0.035	−0.027	0.038	−0.024	0.037
学历	−0.016	0.028	−0.024	0.029	−0.032	0.028
年龄	−0.002	0.004	0.003	0.005	0.002	0.004
职位	0.060**	0.018	0.069***	0.019	0.068***	0.019
工作年限	0.010	0.006	0.008	0.006	0.006	0.006
S1a	0.238***	0.049				
S1b	0.027	0.053				
S2	0.338**	0.112				
S3a			0.006	0.076		
S3b			−0.081	0.127		
S4			0.274*	0.107		
S5			0.054	0.058		
S6					0.228**	0.078
S7					0.163*	0.074
S8a					0.011	0.069
S8b					0.093	0.055
Pseudo-R^2	0.987		0.743		0.979	

注：N=215；* $p<0.05$，** $p<0.01$，*** $p<0.001$。

以外向性、尽责性和经验开放性为远端条件的组态对创意传播回归的 Pseudo-R^2 为 0.979。组态 S4（B=0.274，SE=0.107，$p<0.05$）正向影响员工创意传播，而组态 S3a（B=0.006，SE=0.076，ns）、S3b（B=−0.081，SE=0.127，ns）和 S5（B=0.054，SE=0.058，ns）对员工创意产生的回归系数不显著。组态 S4 的原始覆盖度和唯一覆盖度均大于其他组态，即回归分析的结果验证了 fsQCA 的结果。因此，引致创意传播的人格和人力资源管理实践组态具有稳健性。

以尽责性、情绪稳定性和经验开放性为远端条件的组态对创意传播回归的 Pseudo-R^2 为 0.743。组态 S6（B=0.228，SE=0.078，p<0.01）和 S7（B=0.163，SE=0.074，p<0.05）正向影响员工创意传播，而组态 S8a（B=0.011，SE=0.069，ns）、S8b（B=0.093，SE=0.055，ns）对员工创意产生的回归系数不显著。组态 S7 的原始覆盖度和唯一覆盖度均大于其他组态，组态 S6 次之，即回归分析的结果验证了 fsQCA 的结果。因此，引致创意传播的人格和人力资源管理实践组态具有稳健性。

引致员工创意实施的前因组态的稳健性分析结果如表 5-16 所示。以尽责性和经验开放性为远端条件的组态对创意产生回归的 Pseudo-R^2 为 0.528。组态 S1（B=0.092，SE=0.080，ns）和 S2（B=0.125，SE=0.078，ns）对员工创意实施的回归系数不显著，而组态 S3 对员工创意实施的回归系数在 0.1 的水平上显著（B=0.105，SE=0.061，p<0.1）。组态 S3 的原始覆盖度和唯一覆盖度均大于其他组态，即回归分析的结果验证了 fsQCA 的结果。因此，引致创意实施的人格和人力资源管理实践组态具有稳健性。

表 5-16　　　　　　双限制 Tobit 回归结果（创意实施）

前因	B	SE	B	SE	B	SE
性别	−0.047	0.040	−0.072	0.040	−0.062	0.041
学历	0.002	0.031	0.008	0.031	0.006	0.031
年龄	0.002	0.005	−0.001	0.005	0.000	0.005
职位	0.034	0.020	0.023	0.021	0.030	0.021
工作年限	0.008	0.007	0.010	0.007	0.012	0.007
S1	0.092	0.080				
S2	0.125	0.078				
S3	0.105[†]	0.061				
S4a			0.181[**]	0.056		
S4b			0.076	0.060		
S5					0.207[***]	0.048
S6					−0.173	0.102
S7					0.220[**]	0.082
Pseudo-R^2	0.528		0.452		0.451	

注：N=215；† p<0.10，* p<0.05，** p<0.01，*** p<0.001。

以外向性、宜人性和尽责性为远端条件的组态对创意实施回归的 Pseudo-R^2 为 0.452。组态 S4b（B=0.076，SE=0.060，ns）对员工创意实施的回归系数不显著，而组态 S4a 对员工创意实施的回归系数显著（B=0.181，SE=0.056，p<0.01）。组态 S4a 的原始覆盖度和唯一覆盖度均大于组态 S4b，即回归分析的结果验证了 fsQCA 的结果。因此，引致创意实施的人格和人力资源管理实践组态具有稳健性。

以外向性、尽责性和情绪稳定性为远端条件的组态对创意实施回归的 Pseudo-R^2 为 0.451。组态 S6（B=-0.173，SE=0.102，ns）对员工创意实施的回归系数不显著，而组态 S5（B=0.207，SE=0.048，p<0.001）和 S7（B=0.220，SE=0.082，p<0.01）对员工创意实施的回归系数显著。组态 S5 的原始覆盖度和唯一覆盖度均大于其他组态，而组态 S7 次之，即回归分析的结果验证了 fsQCA 的结果。因此，引致创意实施的人格和人力资源管理实践组态具有稳健性。

引致员工整体创新行为的前因组态的稳健性分析结果如表 5-17 所示。以外向性和尽责性为远端条件的组态对整体创新行为回归的 Pseudo-R^2 为 0.624。组态 S1 对员工整体创新行为的回归系数显著（B=0.323，SE=0.081，p<0.001）。该组态的原始覆盖度为 0.467，处于较高水平。

表 5-17　　　　双限制 Tobit 回归结果（员工整体创新行为）

前因	B	SE	B	SE	B	SE	B	SE
性别	-0.037	0.038	-0.036	0.037	-0.028	0.037	-0.023	0.038
学历	-0.016	0.029	-0.009	0.028	-0.012	0.028	-0.012	0.029
年龄	0.000	0.004	-0.001	0.004	0.002	0.004	0.002	0.004
职位	0.043*	0.019	0.032	0.019	0.049**	0.019	0.035	0.019
工作年限	0.017**	0.006	0.017**	0.006	0.015*	0.006	0.012	0.006
S1	0.323***	0.081						
S2a			0.174*	0.077				
S2b			0.114	0.075				
S3					0.246***	0.049		
S4a							0.264**	0.096
S4b							0.052	0.099
Pseudo-R^2	0.624		0.753		0.748		0.719	

注：N=215；* p<0.05，** p<0.01，*** p<0.001。

以尽责性和情绪稳定性为远端条件的组态对整体创新行为回归的 Pseudo-R^{2}为 0.753。其中，组态 S2a 对员工整体创新行为的回归系数显著（B=0.174，SE=0.077，p<0.05），而组态 S2b 的回归系数不显著（B=0.114，SE=0.075，ns）。组态 S2a 的原始覆盖度和唯一覆盖度均大于组态 S2b，即回归分析的结果验证了 fsQCA 的结果。因此，引致员工创新行为的人格和人力资源管理实践组态具有稳健性。

以尽责性和经验开放性为远端条件的组态对整体创新行为回归的 Pseudo-R^{2}为 0.748。组态 S3 对员工整体创新行为的回归系数显著（B=0.246，SE=0.049，p<0.001）。该组态的原始覆盖度为 0.590，处于较高水平。

以宜人性、情绪稳定性和经验开放性为远端条件的组态对整体创新行为回归的 Pseudo-R^{2}为 0.719。其中，组态 S4a 对员工整体创新行为的回归系数显著（B=0.264，SE=0.096，p<0.01），而组态 S2b 的回归系数不显著（B=0.052，SE=0.099，ns）。组态 S4a 的原始覆盖度和唯一覆盖度均大于组态 S4b，即回归分析的结果验证了 fsQCA 的结果。因此，引致员工创新行为的人格和人力资源管理实践组态具有稳健性。

5.5　结果与讨论

本章基于目的性工作行为理论，采用两步 QCA 方法，引入大五人格作为远端前因，高绩效人力资源管理系统为近端前因，探讨了两者对员工创新行为的共同作用。

5.5.1　理论意义

首先，以往研究大多单独讨论人格、情境因素对创新行为的影响，而少数聚焦人格与情境交互的研究，囿于传统实证研究方法的局限性，其中涉及的前因条件数量较少。本研究有效地解决了多个个体特征和情境特征可能引起的有限多样性问题，以及条件数量过多导致的结果复杂性。我们依据目的性工作行为理论，确定了触发员工创新行为的前因条件，从而更加精确地揭示了人格特质与高绩效人力资源管理系统之间的耦合关系。这一研究不仅丰富了相关理论，还为后续"人-情境"交互研究提供了新的思路和方法。

其次，本研究通过两步 QCA 方法，基于组态视角，分析大五人格与人力资源管理系统对员工创新的影响。以往研究更多是基于权变视角探讨人与情境交互作用的影响，将个体特征或情境特征从具有整体性的结构中抽离出来加以分析和解释，很难回答变量之间相互依赖及其构成的组态如何影响结果的复杂因果关系。因此，从组态视角出发对研究具有重要意义。考虑到个体与情景的交互前因具有多样性，前因条件过多会导致分析较为复杂，很难对结果进行完整分析，因此本研究采用两步 QCA 方法相对有效地解决了上述问题。

5.5.2 实践意义

管理者在工作设计过程中应充分考虑员工的个性化需求。通过赋予员工更多的工作自主性，让他们感受到工作的意义与价值，可以激发他们的创新热情。例如，针对追求多元动机的员工，管理者可以为他们分配具备重要性、自主性等特征的工作任务，并在他们面临挑战时提供支持。这样不仅有助于提高员工的工作满意度和忠诚度，还能促进组织的创新发展。

当然，在实际工作中，有些工作难以在短时间内进行全面重塑。对于这类工作领导者应该积极发挥支持行为的作用，与员工建立相互信任和尊重的关系，为他们的创新活动提供必要的资源与支持。这样的领导方式不仅能够激发员工的创新热情，还能提高组织的整体创新能力，为员工创新后产生的风险提供一定程度的保障。

5.5.3 局限性与未来展望

当然，本研究也存在一些局限之处，需要后续研究来进一步深入和拓展。首先，本研究的数据来源相对单一，仅基于员工自身的报告。这可能导致数据受到社会赞许性的影响，员工可能倾向于夸大自己的正面特质和行为。为了更准确地揭示员工的人格特质和创新行为，未来的研究可以考虑采用多种数据来源，如领导者、同事的评价，或者结合主题统觉测验等方法，以获取更全面、客观的数据。本研究虽然发现了多种触发员工创新行为的组态，但并未深入探讨这些组态之间的相对重要性或影响力度。这意味着我们无法确定哪种组态在实际应用中更具优势或"最佳"。为了解决这个问题，未来的研究可以借鉴 Meuer 和 Rupietta（2017）的研究方法，将组态的隶属度分数纳入回归分析，从而量化不同组态对创新行为的影响大小。这将为组织提供更具体的策略指导，帮助它们更有效地激发员工的创新潜力。

此外，本研究的结果显示存在多重等效路径，即不同的组态可能导致相同的创新行为结果。这暗示着不同组态之间可能存在不同的内在机制或过程。根据目的性工作行为理论，工作意义感在动机过程和工作结果之间扮演着重要角色（Barrick 等，2013）。同时，个体进行创新的动机也可以细分为"能动"、"内驱"和"能量"三类（Parker 等，2010）。未来的研究可以进一步探索这些理论和概念如何与本研究的结果相结合，揭示不同人格与高绩效人力资源管理系统组态对创新行为的具体影响路径和机制。

综上所述，虽然本研究为理解大五人格特质与高绩效人力资源管理系统的耦合关系以及其对员工创新行为的影响提供了有益的见解，但仍存在一些局限之处。通过结合多种数据来源、量化组态的影响力度以及深入分析不同组态的内在机制，未来的研究可以进一步拓展和深化这一领域的知识体系，为组织管理实践提供更有价值的指导。同时，这些研究也将有助于推动组织管理领域的理论发展和创新。

6

员工越轨创新的前因：领导视角

6.1 引言

尽管很多组织都鼓励员工投入到创新活动中，但却没有为创新者提供必要的资源和条件，致使 80% 的创意因领导者或同事的忽视或抵抗而夭折。在这种情况下，创新者通常采取两种行为：完全放弃和继续坚持。我们将后者称之为越轨创新，其内涵为员工在没有正式批准的情况下，特别是在高层管理人员不知情的情况下，继续追求自己的创新想法，以期为组织的创新目标作出贡献。实证研究表明，越轨创新有利于产生颠覆性的产品、更好的服务和优化的流程（Criscuolo 等，2014）。基于上述优点，研究者们开始关注越轨创新的前因。

在为数不多的关于越轨创新的前因研究中，组织特征和个体体征是被研究者关注的重点。例如，Mainemelis（2010）将结构压力视为影响越轨创新的重要因素；Globocnik（2018）发现有冒险倾向的员工从事越轨创新的可能性更高。尽管这些研究对于我们理解越轨创新的前因助益良多，但均忽视了领导者的影响。Carnevale 等（2018）认为领导者对于塑造创新环境至关重要。社会学研究亦认为若想打破已有规范或提升创新能力就需要自主性、对刺激的开放性和不一致性。授权型领导有利于形成上述自主、开放的氛围，因为授权型领导能够给予员工权利、自主和责任，有助于提高他们的工作动机和工作结果。因此，授权型领导将会促进员工进行越轨创新活动。

授权型领导如何影响员工越轨创新行为呢？根据授权型领导的相关文献和资源保存理论，我们提出了两个中介机制——创造力自我效能和情绪耗竭——来解释授权型领导与员工越轨创新行为之间的关系。创造力自我效能是指个体相信自己有能力生产出创新成果。它是创新的先决条件，同时也是情境因素影响员工创新的重要中介条件。情绪耗竭是指因工作要求过高而导致情绪和生理上的枯竭状态，对工作态度和行为均存在负面影响。资源保存理论认为，员工倾向于通过资源获取和保存策略来保护自己。授权型领导的特定方面，例如任务的意义（task meaningfulness）和增强的自我效能（enhanced self-efficacy）能够提高员工的创造力自我效能。创造力自我效能作为个体资源能够促发员工从事越轨创新活动。需要注意的是，过量的授权可能导致员工过于自信。与此同时，授权型领导对于员工的高要求也会导致其情绪耗竭，从而不利于员工继续从事创新工作。我们认为命令型领导能有效弥补上述缺陷。命令型领导是一种以任务为导向的领导行为，它能够为员工确定明确的目标、清晰的指导，从而有效控制员工的行为。

本研究的理论贡献主要有三点：首先，丰富了越轨创新的前因。以往的研究主要从个体和组织视角进行探讨，而本研究从领导的角度出发，检验授权型领导对员工越轨创新的影响。其次，探讨了两个中介机制：创造力自我效能和情绪耗竭。根据资源保存理论，创造力自我效能和情绪耗竭分别代表资源产生和资源消耗过程。以往研究只关注其中的一个过程，而忽视了另外一个。最后，本研究丰富了授权型领导影响员工越轨创新的边界条件，即命令型领导。因此，我们有效回应了Cheong等（2019）关于检验授权型领导有效性的提议。

6.2　理论基础与研究假设

6.2.1　授权型领导的促进作用

个体资源被定义为个体对于自己成功控制和影响环境的能力方面的感知。Xanthopoulou等（2007）将个体资源分为三个方面：自我效能、基于组织的自尊和乐观。创造力自我效能是自我效能的一种形式，是指个体对自己利用知识和技能产生创新成果的信心。因此，创造力自我效能属于个体资源。根据资源保存理论，授权型领导可以被视为积极事件，因为授权型领导能够赋予员工自主权，表达对员工能力的信任，采用具有说服力和鼓励的方式和员工沟通。这些行为能够满足个体的基本需求（自主、能力和关系），从而使其产生心理资源。这些心理资源有利于员工创造力自我效能的形成。此外，被赋予自主权的员工更有可能获得组织资源。当员工在这种富有资源的环境中工作时，其心理资本能够得到有效激活，对于实现目标有更大的信心。实证研究也证实了授权型领导对创造力自我效能有正向影响。

个体资源具有激励作用，因为它能促进其他资源的产生。因此，我们认为越轨创新对于资源产生尤为重要。一旦员工取得越轨创新成功，领导就会提供相应的支持和资源。即使越轨创新的结果不确定性大、风险较高（Globocnik 和 Salomo，2015），但创造力自我效能高的员工仍然将越轨创新视为资源获取的一种方式，以期通过越轨创新获取额外资源。这和资源保存理论的观点一致，该理论认为个体倾向于通过投资现有资源以获取更多资源（Halbesleben 和 Wheeler，2015）。此外，创造力自我效能高的员工不会轻易中止或放弃从事越轨创新，因为他们认为自己能够控制越轨创新的过程，并且相信自己有能力实现最后的成功。和上述观点相同，Tierney 和 Farmer（2004）在研究中发现创造力自我效能高的个体倾向于打破常规，采取不同的观点和行为。据此，我们提出如下假设：

假设 1：授权型领导通过创造力自我效能正向影响员工越轨创新。

6.2.2 授权型领导的抑制作用

尽管授权型领导有助于提高员工创造力自我效能，但同时也会引发情绪耗竭（Lee 等，2017）。根据资源保存理论，我们认为授权型领导的其他特征会引发工作场所压力源，从而消耗员工在工作中的能量。例如，赋予员工更多的权利和责任意味着员工需要调动更多的认知资源，参与到多个任务和与多个同事的互动中，从而产生角色模糊和角色过载。这两类工作压力源会引发心理压力和痛苦，导致员工耗竭。这和资源保存理论的观点一致，即高压环境会导致个体产生心理压力和痛苦，从而消耗本可以用于越轨创新的资源（Anand 等，2015）。而且，员工有可能将领导授权行为视为一种"压榨"手段，即在薪酬不变的情况下承担更多工作。在这个过程中，员工会降低动机，产生情绪耗竭。

根据资源保存理论，情绪耗竭的员工会降低继续从事越轨创新的意愿。加之越轨创新具有较高的风险，要消耗大量的时间和精力，情绪耗竭的员工没有多余资源可以投入到角色外行为，会保护资源防止继续损失（Hobfoll等，2018）。据此，我们提出如下假设：

假设2：授权型领导通过员工情绪耗竭负向影响越轨创新。

6.2.3 命令型领导的调节作用

领导力被认为是一个内在矛盾的过程，因为领导者经常需要处理相互竞争的需求，如授权和控制，分权和集权等。通过整合和协调这些矛盾需求，领导者有可能获得长期利益。因此，我们认为，尽管授权型领导和命令型领导是领导行为的两极，但其组合作用将有利于促进员工越轨创新。

命令型领导将长期目标转化为短期目标，并为员工提供明确的指导，授权型领导的负面效应将会被命令型领导中和。一方面，命令型领导通过为员工提供如何有效实施其创意的明确指令和资源，可以降低由于不确定性带来的模糊性和压力，促使员工用最少的认知和情感资源来实现期望的结果（Halbesleben和Buckley，2004）。因此，命令型领导是资源的蓄水池，能够有效降低员工发生情绪耗竭的可能性。另一方面，授权型领导的动机作用可能促使员工过于自信并表现出自恋倾向（Sharma和Kirkman，2015）。实际上，自我效能高本身并非坏事，因为它能够促使个体采取行动，尤其是在面临较高的不确定性、不利的机会或组织惰性时（Moore和Cain，2007；Moore和Small，2007）。但是领导者应该警惕过度自信的员工（Cain等，2015；Whyte等，1997），因为已有研究表明这类员工容易失败（Barczak等，2009；Galasso和Simcoe，2011）。若越轨创新失败，将会造成资源的损失（Mainemelis，2010）或者阻碍创新过程的效率（Globocnik和Salomo，2015）。命令型领导能够有效缓解上述问题。通过紧密的监督和指导，有助于防止员工过度自信，使其创造力自我效能维持在合理的水平。综上所述，本研究提出如下假设：

假设3：命令型领导调节了授权型领导与创造力自我效能之间的关系。命令型领导越强，上述正向关系越弱；反之则相反。

假设4：命令型领导调节了授权型领导与情绪衰竭之间的关系。命令型领导越强，上述负向关系越弱；反之则相反。

综上所述，本研究的理论模型如图6-1所示。

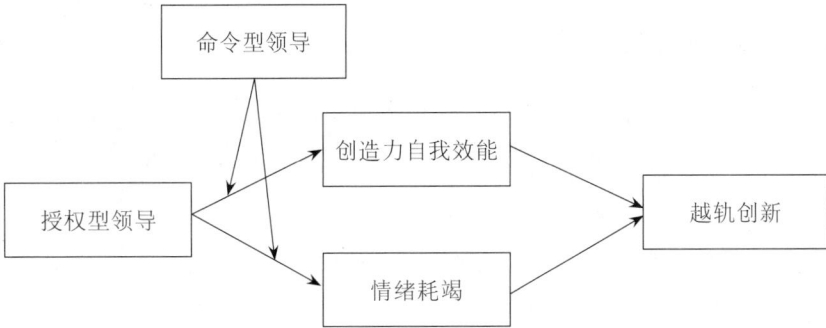

图6-1　理论模型图

6.3　研究方法

6.3.1　样本与程序

本研究采用问卷调查法获取数据，调查对象为我国中部、东北地区高新技术企业的员工。本次调查分三个阶段进行，每个阶段间隔一个月。为了消除员工顾虑，在调查开始前，本研究团队承诺所获数据仅用于研究，最终呈现的结果将隐去所有人的个人信息；同时，向每位被试者提供了一个贴有双面胶的信封，被试者填写完问卷自行密封并当场交给研究者。

第一阶段，本研究向300名员工发放问卷，调查其直接主管的领导方式、人口统计学变量和控制变量，回收有效问卷296份，有效回收率为98.67%；第二阶段，继续调查这些员工的创造力自我效能和情绪耗竭，回收有效问卷281份，有效回收率为94.93%；第三阶段，请员工对自己在工作中的越轨创新行为进行评价，回收有效问卷227份，有效回收率为80.78%。

在有效样本中，男性为130名，占比57.27%；全部接受大专及以上教育，其中本科学历占58.15%；平均年龄为33.60岁（SD=6.07）；在当前公司工作的平均时间为4.33年（SD=2.38），与当前主管共事的平均时间为3.31年（SD=1.78）。

6.3.2 变量的测量

本研究的量表全部采用英文文献中的成熟量表，并遵照Brislin（1980）的建议对量表进行翻译与回译，经过专家审定后应用于正式调研。所有条目的测量均采用李克特五点量表。

授权型领导。采用Ahearne等（2005）开发的、经过Zhang和Bartol（2010）修订的12条目量表，代表性条目为"许多决策是由我和直接主管一起制定的"等，内部一致性系数为0.90。

命令型领导。采用Litwin和Stringer（1968）开发、经过Houldsworth等（2006）改编的7条目量表，代表性条目为"我的直接主管希望我严格遵守他/她的指示"等，内部一致性系数为0.81。

创造力自我效能。采用Tierney和Farmer（2002）开发的3条目量表，代表性条目为"我对自己创造性地解决问题的能力充满信心"等，内部一致性系数为0.86。

情绪耗竭。采用Schaufeli等（1996）开发的5条目量表，代表性条目为"工作中我感觉身心疲惫"等，内部一致性系数为0.80。

越轨创新。采用Criscuolo等（2014）开发的5条目量表，代表性条目为"我主动花费时间去开展一些非官方的项目来丰富未来的官方项目"等，内部一致性系数为0.86。

控制变量。首先，本研究选择性别、年龄、受教育程度和与领导共事的时间等作为控制变量，一是因为这些变量与组织行为和员工心理反应有一定的关联性；二是以往研究证明了上述变量对创新行为存在影响；性别被测量为两个虚拟变量，男性受访者编码为0，女性受访者编码为1；年龄和组织任期以年为单位进行自我报告；教育水平编码为1表示高中或以下，2表示大专，3表示学士学位，4表示硕士或以上。其次，我们控制了挑战性压力源和阻碍性压力源，因为它们被证实与员工情绪耗竭和创造力相关；采用Zhang等（2014）开发的量表，包含"必须完成大量的工作"等6个挑战性工作压力源条目，内部一致性为

0.86；包含"工作任务不明确"等7个阻碍性压力源条目，内部一致性系数为0.87。最后，考虑到越轨创新是一种特殊的、主动的行为，我们因此控制了被试者的主动性人格。以往的研究表明，主动性人格与个人主动性行为有关（Thomas等，2010）；采用由Bateman和Crant（1993）提出、经过Claes等（2005）验证的6条目量表，代表性条目为"我总是寻找更好的做事方式"等，内部一致性系数为0.89。

6.4 数据分析结果

6.4.1 共同方法偏差检验

共同方法偏差是社会科学研究中反复被提及的、重要的方法学问题，它采用同种测量工具或方法对多个变量进行测量导致变量间产生虚假的共同变异，会导致变量信度、效度的估计产生偏差，甚至导致测量相关系数偏离真实相关系数，从而导致错误的因果关系推论（朱海腾和李川云，2019）。因此，在进行实证分析之前，需要对研究中可能存在的共同方法偏差进行检验。

针对本研究而言，变量均采用自陈式测量，由被试者对研究中所涉及的变量进行填答，涉及相同的数据采集方法、被试者的反应偏向等可能引起的系统误差。因此，本研究将通过以下方式对共同方法偏差进行控制和检验：

首先，在问卷设计环节，由于所有变量的测量工具均来自于国外高水平期刊，为确保测量条目的准确性和可读性，我们邀请本领域的博士研究生对所有测量条件进行翻译和回译，并邀请专家学者对翻译后的测量条目进行逐条审核、修订和调整；在正式调查之前，我们对所修订的量表进行了预测试，确保经过修订后的测量条目准确反映了构念，并具有较高的信度；在正式调查阶段，我们采用匿名填答的方式，并通过多种方式向被试者说明研究者将严格遵守学术伦理，从而消除被试者的疑虑，鼓励他们客观、真实地作答。

其次，采用Harman单因子分析以检验共同方法偏差问题的严重性。该方法认为，如果存在较大的方法变异，那么在探索性因子分析的过程中，可能会出现仅存在一个共同因子的情况，或者析出多个共同因子，但存在某一个因子解释了大部分变量变异的情况。根据Podsakoff等（2003）的建议，我们将授权型领导、命令型领导、创造力自我效能、情绪耗竭、越轨创新、挑战性压力源、阻碍性压力源和主动性人格8个变量的所有条目进行未旋转的探索性因子分析。结果显示，析出12个共同因子，累计解释了67.922%的变异量；同时，第一个共同因子的解释量为14.800%，未占到总解释变量的一半。因此，Harman单因子检验的结果显示，共同方法偏差对本研究造成的影响并不严重。

最后，考虑到Harman单因素检验是一种不灵敏的检验方法，本研究继续采用控制未测量的潜在方法因子法（controlling for the effects of an unmeasured latent methods factor，ULMC）进行检验。该方法在原有构念因子结构的基础上，将所有测量条目作为方法因子的观测指标，建立双因子模型。如果双因子模型与仅含构念的因子模型差异显著，则说明共同方法偏差严重（Richardson等，2009）。通过因子分析发现，不包含方法因子的模型与包含方法因子的模型相比，卡方变化量（$\triangle \chi^2$（59）= 254.84，p<0.001）显著，说明共同方法偏差存在。需要指出的是，所有46个观测指标方法偏差的中位数（即ULMC的标准化因子负荷平方的平均值）为15.7%，低于Williams和McGonagle（2016）报告的17.2%。因此，在本次调查中，共同方法偏差并不是一个严重的问题。

6.4.2　验证性因子分析

1）挑战性压力源的验证性因子分析

（1）因子模型的设定与识别。挑战性压力源量表共6个测量条目，本研究利用因子载荷高低配对将测量条目打包为3个，p（p+1）/2=6，该模型需要估计2个路径系数、1个潜在变量方差以及3个残差的方差，共需估计6个参数，根据t规则（估计参数≤p），该模型可以识别。

（2）因子模型的参数估计。运用最大似然法估计外向性的预设模型，并借助 R 语言 lavaan 包对相关指标进行逐步分析，具体结果如表 6-1 所示。

表 6-1　　　　　　　　挑战性压力源因子分析参数估计表

潜变量	路径	标准化因子载荷	C.R.	CR	AVE
挑战性压力源	CS1←挑战性压力源	0.806	—	0.883	0.716
	CS2←挑战性压力源	0.842	13.679***		
	CS3←挑战性压力源	0.884	14.039***		

$\chi^2/df=0$，NFI=1.000，IFI=1.000，CFI=1.000，TLI=1.000，RMR=0.000，RMSEA=0.000，SRMR=0.000

注：***表示 $p<0.001$；C.R. 代表参数估计的临界比值；CR 代表组合信度；AVE 代表平均方差提取量。

绝对适配度指标方面，RMSEA=0.000、SRMR=0.000、RMR=0.000，达到了小于 0.050 的适配标准；增值适配度指标方面，NFI=1.000、IFI=1.000、CFI=1.000、TLI=1.000 都达到了 0.900 的最低适配标准。简约适配度指标方面，$\chi^2/df=0<5$，达到良好适配的标准。综上所述，挑战性压力源因子模型的适配度较好，模型验证通过。

（3）信度检验。在信度检验中，潜在变量与指标变量之间的因子载荷系数应不低于 0.50，且结构方程模型中的 C.R. 值（即 t 值）需要达到显著标准。如表 6-1 所示，标准化因子载荷均超过了 0.50 的最低标准，且达到了显著性水平（$p<0.001$）。此外，本研究采用组合信度来评估因子整体信度水平，结果显示，挑战性压力源组合信度为 0.883，超过了 0.60 的临界值。综上所述，可以推断挑战性压力源测量具有较高的信度。

（4）效度检验。由表 6-1 可知，观测指标的标准化系数均在 0.50 以上，且达到了显著水平（$p<0.001$），说明具备较好的聚合效度；同时，通过平均方差抽取量（AVE）对效度进行检验，结果显示，AVE 值为 0.716，高于 0.50 的最低可接受标准，表明挑战性压力源的测量量表具有较好的效度。

2）阻碍性压力源的验证性因子分析

（1）因子模型的设定与识别。阻碍性压力源量表共7个测量条目，本研究利用因子载荷高低配对将测量条目打包为3个，p（p+1）/2=6，该模型需要估计2个路径系数、1个潜在变量方差以及3个残差的方差，共需估计6个参数，根据t规则（估计参数≤p），该模型可以识别。

（2）因子模型的参数估计。运用最大似然法估计外向性的预设模型，并借助R语言lavaan包对相关指标进行逐步分析，具体结果如表6-2所示。

表6-2　　　　　阻碍性压力源因子分析参数估计表

潜变量	路径	标准化因子载荷	C.R.	CR	AVE
阻碍性压力源	HS1←阻碍性压力源	0.796	—	0.876	0.703
	HS2←阻碍性压力源	0.800	12.919***		
	HS3←阻碍性压力源	0.915	13.719***		

$\chi^2/df=0$，NFI=1.000，IFI=1.000，CFI=1.000，TLI=1.000，RMR=0.000，RMSEA=0.000，SRMR=0.000

注：***表示p<0.001；C.R.代表参数估计的临界比值；CR代表组合信度；AVE代表平均方差提取量。

绝对适配度指标方面，RMSEA=0.000、SRMR=0.000、RMR=0.000，达到了小于0.050的适配标准；增值适配度指标方面，NFI=1.000、IFI=1.000、CFI=1.000、TLI=1.000都达到了0.900的最低适配标准。简约适配度指标方面，$\chi^2/df=0<5$，达到良好适配的标准。综上所述，阻碍性压力源因子模型的适配度较好，模型验证通过。

（3）信度检验。在信度检验中，潜在变量与指标变量之间的因子载荷系数应不低于0.50，且结构方程模型中的C.R.值（即t值）需要达到显著标准。如表6-2所示，标准化因子载荷均超过了0.50的最低标准，且达到了显著性水平（p<0.001）。此外，本研究采用组合信度来评估因子整体信度水平，结果显示，阻碍性压力源组合信度为0.876，超过了0.60的临界值。综上所述，可以推断阻碍性压力源测量具有较高的信度。

（4）效度检验。由表6-2可知，观测指标的标准化系数均在0.50以上，且达到了显著水平（p<0.001），说明具备较好的聚合效度；同时，通过平均方差抽取量（AVE）对效度进行检验，结果显示，AVE值为0.703，高于0.50的最低可接受标准，表明阻碍性压力源的测量量表具有较好的效度。

3）主动性人格的验证性因子分析

（1）因子模型的设定与识别。主动性人格量表共6个测量条目，本研究利用因子载荷高低配对将测量条目打包为3个，p（p+1）/2=6，该模型需要估计2个路径系数、1个潜在变量方差以及3个残差的方差，共需估计6个参数，根据t规则（估计参数≤p），该模型可以识别。

（2）因子模型的参数估计。运用最大似然法估计外向性的预设模型，并借助R语言lavaan包对相关指标进行逐步分析，具体结果如表6-3所示。

表6-3　　　　　　　　**主动性人格因子分析参数估计表**

潜变量	路径	标准化因子载荷	C.R.	CR	AVE
	PP1←主动性人格	0.853	—		
主动性人格	PP2←主动性人格	0.945	16.917***	0.899	0.749
	PP3←主动性人格	0.791	14.413***		

$\chi^2/df=0$，NFI=1.000，IFI=1.000，CFI=1.000，TLI=1.000，RMR=0.000，RMSEA=0.000，SRMR=0.000

注：***表示p<0.001；C.R.代表参数估计的临界比值；CR代表组合信度；AVE代表平均方差提取量。

绝对适配度指标方面，RMSEA=0.000、SRMR=0.000、RMR=0.000，达到了小于0.050的适配标准；增值适配度指标方面，NFI=1.000、IFI=1.000、CFI=1.000、TLI=1.000都达到了0.900的最低适配标准。简约适配度指标方面，$\chi^2/df=0<5$，达到良好适配的标准。综上所述，主动性人格因子模型的适配度较好，模型验证通过。

（3）信度检验。在信度检验中，潜在变量与指标变量之间的因子载荷系数应不低于0.50，且结构方程模型中的C.R.值（即t值）需要达到显著标准。如表6-3所示，标准化因子载荷均超过了0.50的最低标准，且达到了显著性水平（p<0.001）。此外，本研究采用组合信度来评估因子整体信度水平，结果显示，主动性人格组合信度为0.899，超过了0.60的临界值。综上所述，可以推断主动性人格测量具有较高的信度。

（4）效度检验。由表6-3可知，观测指标的标准化系数均在0.50以上，且达到了显著水平（p<0.001），说明具备较好的聚合效度；同时，通过平均方差抽取量（AVE）对效度进行检验，结果显示，AVE值为0.749，高于0.50的最低可接受标准，表明主动性人格的测量量表具有较好的效度。

4）授权型领导的验证性因子分析

（1）因子模型的设定与识别。授权型领导量表共12个测量条目，本研究按照该构念的维度结构将测量条目打包为4个，p（p+1）/2=10，该模型需要估计3个路径系数、1个潜在变量方差以及4个残差的方差，共需估计8个参数，根据t规则（估计参数≤p），该模型可以识别。

（2）因子模型的参数估计。运用最大似然法估计外向性的预设模型，并借助R语言lavaan包对相关指标进行逐步分析，具体结果如表6-4所示。

表6-4　　　　　　　　授权型领导因子分析参数估计表

潜变量	路径	标准化因子载荷	C.R.	CR	AVE
授权型领导	EL1←授权型领导	0.668	—	0.831	0.553
	EL2←授权型领导	0.763	9.357***		
	EL3←授权型领导	0.752	9.261***		
	EL4←授权型领导	0.795	9.584***		

χ^2/df=14.435，　NFI=0.920，　IFI=0.925，　CFI=0.925，　TLI=0.774，　RMR=0.049，RMSEA=0.050，SRMR=0.021

注：***表示p<0.001；C.R.代表参数估计的临界比值；CR代表组合信度；AVE代表平均方差提取量。

绝对适配度指标方面，RMSEA=0.050、SRMR=0.021、RMR=0.049，达到了小于0.050的适配标准；增值适配度指标方面，NFI=0.920、IFI=0.925、CFI=0.925、TLI=0.774，基本都达到了0.900的最低适配标准。简约适配度指标方面，$\chi^2/df=14.435>5$，适配度较差。综合考虑其他适配参数，我们认为授权型领导因子模型的适配度较好，模型验证通过。

（3）信度检验。在信度检验中，潜在变量与指标变量之间的因子载荷系数应不低于0.50，且结构方程模型中的C.R.值（即t值）需要达到显著标准。如表6-4所示，标准化因子载荷均超过了0.50的最低标准，且达到了显著性水平（p<0.001）。此外，本研究采用组合信度来评估因子整体信度水平，结果显示，授权型领导组合信度为0.831，超过了0.60的临界值。综上所述，可以推断授权型领导测量具有较高的信度。

（4）效度检验。由表6-4可知，观测指标的标准化系数均在0.50以上，且达到了显著水平（p<0.001），说明具备较好的聚合效度；同时，通过平均方差抽取量（AVE）对效度进行检验，结果显示，AVE值为0.553，高于0.50的最低可接受标准，表明授权型领导的测量量表具有较好的效度。

5）命令型领导的验证性因子分析

（1）因子模型的设定与识别。命令型领导量表共7个测量条目，本研究利用因子载荷高低配对将测量条目打包为3个，p（p+1）/2=6，该模型需要估计2个路径系数、1个潜在变量方差以及3个残差的方差，共需估计6个参数，根据t规则（估计参数≤p），该模型可以识别。

（2）因子模型的参数估计。运用最大似然法估计外向性的预设模型，并借助R语言lavaan包对相关指标进行逐步分析，具体结果如表6-5所示。

绝对适配度指标方面，RMSEA=0.000、SRMR=0.000、RMR=0.000，达到了小于0.050的适配标准；增值适配度指标方面，NFI=1.000、IFI=1.000、CFI=1.000、TLI=1.000都达到了0.900的最低适配标准。简约适

配度指标方面，$\chi^2/df=0<5$，达到良好适配的标准。综上所述，命令型领导因子模型的适配度较好，模型验证通过。

表6-5　　　　　　　　　命令型领导因子分析参数估计表

潜变量	路径	标准化因子载荷	C.R.	CR	AVE
命令型领导	DL1←命令型领导	0.723	—	0.785	0.550
	DL2←命令型领导	0.765	8.679***		
	DL3←命令型领导	0.733	8.660***		

$\chi^2/df=0$，NFI=1.000，IFI=1.000，CFI=1.000，TLI=1.000，RMR=0.000，RMSEA=0.000，SRMR=0.000

注：***表示 p<0.001；C.R.代表参数估计的临界比值；CR 代表组合信度；AVE 代表平均方差提取量。

（3）信度检验。在信度检验中，潜在变量与指标变量之间的因子载荷系数应不低于0.50，且结构方程模型中的C.R.值（即t值）需要达到显著标准。如表6-5所示，标准化因子载荷均超过了0.50的最低标准，且达到了显著性水平（p<0.001）。此外，本研究采用组合信度来评估因子整体信度水平，结果显示，命令型领导组合信度为0.785，超过了0.60的临界值。综上所述，可以推断命令型领导测量具有较高的信度。

（4）效度检验。由表6-5可知，观测指标的标准化系数均在0.50以上，且达到了显著水平（p<0.001），说明具备较好的聚合效度；同时，通过平均方差抽取量（AVE）对效度进行检验，结果显示，AVE值为0.550，高于0.50的最低可接受标准，表明命令型领导的测量量表具有较好的效度。

6）情绪耗竭的验证性因子分析

（1）因子模型的设定与识别。情绪耗竭量表共5个测量条目，本研究利用因子载荷高低配对将测量条目打包为3个，p（p+1）/2=6，该模型需要估计2个路径系数、1个潜在变量方差以及3个残差的方差，共需估计6个参数，根据t规则（估计参数≤p），该模型可以识别。

（2）因子模型的参数估计。运用最大似然法估计外向性的预设模型，并借助 R 语言 lavaan 包对相关指标进行逐步分析，具体结果如表6-6所示。

表6-6 　　　　　　　　　　情绪耗竭因子分析参数估计表

潜变量	路径	标准化因子载荷	C.R.	CR	AVE
情绪耗竭	DL1←情绪耗竭	0.932	—	0.802	0.577
	DL2←情绪耗竭	0.636	8.661***		
	DL3←情绪耗竭	0.732	9.499***		

$\chi^2/df=0$，NFI=1.000，IFI=1.000，CFI=1.000，TLI=1.000，RMR=0.000，RMSEA=0.000，SRMR=0.000

注：***表示 $p<0.001$；C.R.代表参数估计的临界比值；CR代表组合信度；AVE代表平均方差提取量。

绝对适配度指标方面，RMSEA=0.000、SRMR=0.000、RMR=0.000，达到了小于0.050的适配标准；增值适配度指标方面，NFI=1.000、IFI=1.000、CFI=1.000、TLI=1.000都达到了0.900的最低适配标准。简约适配度指标方面，$\chi^2/df=0<5$，达到良好适配的标准。综上所述，情绪耗竭因子模型的适配度较好，模型验证通过。

（3）信度检验。在信度检验中，潜在变量与指标变量之间的因子载荷系数应不低于0.50，且结构方程模型中的C.R.值（即 t 值）需要达到显著标准。如表6-6所示，标准化因子载荷均超过了0.50的最低标准，且达到了显著性水平（$p<0.001$）。此外，本研究采用组合信度来评估因子整体信度水平，结果显示，情绪耗竭组合信度为0.802，超过了0.60的临界值。综上所述，可以推断情绪耗竭测量具有较高的信度。

（4）效度检验。由表6-6可知，观测指标的标准化系数均在0.50以上，且达到了显著水平（$p<0.001$），说明具备较好的聚合效度；同时，通过平均方差抽取量（AVE）对效度进行检验，结果显示，AVE值为0.577，高于0.50的最低可接受标准，表明情绪耗竭的测量量表具有较好的效度。

7）创造力自我效能的验证性因子分析

（1）因子模型的设定与识别。创造力自我效能量表共3个测量条目，p（p+1）/2=6，该模型需要估计2个路径系数、1个潜在变量方差以及3个残差的方差，共需估计6个参数，根据t规则（估计参数≤p），该模型可以识别。

（2）因子模型的参数估计。运用最大似然法估计外向性的预设模型，并借助R语言lavaan包对相关指标进行逐步分析，具体结果如表6-7所示。

表6-7   创造力自我效能因子分析参数估计表

潜变量	路径	标准化因子载荷	C.R.	CR	AVE
创造力自我效能	CSE1←创造力自我效能	0.743	—	0.843	0.642
	CSE2←创造力自我效能	0.849	11.055***		
	CSE3←创造力自我效能	0.817	11.007***		

$\chi^2/df=0$，NFI=1.000，IFI=1.000，CFI=1.000，TLI=1.000，RMR=0.000，RMSEA=0.000，SRMR=0.000

注：***表示p<0.001；C.R.代表参数估计的临界比值；CR代表组合信度；AVE代表平均方差提取量。

绝对适配度指标方面，RMSEA=0.000、SRMR=0.000、RMR=0.000，达到了小于0.050的适配标准；增值适配度指标方面，NFI=1.000、IFI=1.000、CFI=1.000、TLI=1.000都达到了0.900的最低适配标准。简约适配度指标方面，$\chi^2/df=0<5$，达到良好适配的标准。综上所述，创造力自我效能因子模型的适配度较好，模型验证通过。

（3）信度检验。在信度检验中，潜在变量与指标变量之间的因子载荷系数应不低于0.50，且结构方程模型中的C.R.值（即t值）需要达到显著标准。如表6-7所示，标准化因子载荷均超过了0.50的最低标准，且达到了显著性水平（p<0.001）。此外，本研究采用组合信度来评估因子整体信度水平，结果显示，创造力自我效能组合信度为0.843，超过了0.60的临界值。综上所述，可以推断创造力自我效能测量具有较高的

信度。

（4）效度检验。由表6-7可知，观测指标的标准化系数均在0.50以上，且达到了显著水平（p<0.001），说明具备较好的聚合效度；同时，通过平均方差抽取量（AVE）对效度进行检验，结果显示，AVE值为0.642，高于0.50的最低可接受标准，表明创造力自我效能的测量量表具有较好的效度。

8）越轨创新行为的验证性因子分析

（1）因子模型的设定与识别。越轨创新行为量表共6个测量条目，本研究利用因子载荷高低配对将测量条目打包为3个，p（p+1）/2=6，该模型需要估计2个路径系数、1个潜在变量方差以及3个残差的方差，共需估计6个参数，根据t规则（估计参数≤p），该模型可以识别。

（2）因子模型的参数估计。运用最大似然法估计外向性的预设模型，并借助R语言lavaan包对相关指标进行逐步分析，具体结果如表6-8所示。

表6-8　　　　　　　　**越轨创新行为因子分析参数估计表**

潜变量	路径	标准化因子载荷	C.R.	CR	AVE
越轨创新行为	BI1←越轨创新行为	0.940	—	0.869	0.688
	BI2←越轨创新行为	0.820	14.389***		
	BI3←越轨创新行为	0.751	13.000***		

$\chi^2/df=0$，NFI=1.000，IFI=1.000，CFI=1.000，TLI=1.000，RMR=0.000，RMSEA=0.000，SRMR=0.000

注：***表示p<0.001；C.R.代表参数估计的临界比值；CR代表组合信度；AVE代表平均方差提取量。

绝对适配度指标方面，RMSEA=0.000、SRMR=0.000、RMR=0.000，达到了小于0.050的适配标准；增值适配度指标方面，NFI=1.000、IFI=1.000、CFI=1.000、TLI=1.000都达到了0.900的最低适配标准。简约适配度指标方面，$\chi^2/df=0<5$，达到良好适配的标准。综上所述，越轨创新

行为因子模型的适配度较好，模型验证通过。

（3）信度检验。在信度检验中，潜在变量与指标变量之间的因子载荷系数应不低于0.50，且结构方程模型中的C.R.值（即t值）需要达到显著标准。如表6-8所示，标准化因子载荷均超过了0.50的最低标准，且达到了显著性水平（p<0.001）。此外，本研究采用组合信度来评估因子整体信度水平，结果显示，越轨创新行为组合信度为0.869，超过了0.60的临界值。综上所述，可以推断越轨创新行为测量具有较高的信度。

（4）效度检验。由表6-8可知，观测指标的标准化系数均在0.50以上，且达到了显著水平（p<0.001），说明具备较好的聚合效度；同时，通过平均方差抽取量（AVE）对效度进行检验，结果显示，AVE值为0.688，高于0.50的最低可接受标准，表明越轨创新行为的测量量表具有较好的效度。

9）所有变量的整体验证性因子分析

为了检验本研究所涉及变量的构念区分度，我们对授权型领导、命令型领导、创造力自我效能、情绪耗竭、越轨创新、挑战性压力源、阻碍性压力源和主动性人格8个变量进行验证性因子分析。由于上述变量共包含51个条目，超过了推荐的估计参数与样本量比例（1：5），所以我们采用条目打包方法来降低误差，提高共同度（Landis等，2000）。其具体做法如下：对命令型领导、情绪耗竭、越轨创新、挑战性压力源、阻碍性压力源和主动性人格6个变量依据其因子载荷进行高低配对，将每个变量打包为3个新的观测指标；而创造力自我效能由于都只包含3个条目，以原条目纳入分析；授权型领导依据其内部维度结果打包为4个新的观测指标。因此，最终得到25个观测指标。采用Mplus 7.4进行验证性因子分析，结果如表6-9所示。从表6-9可知，八因子模型与数据拟合更为理想（$\chi^2(247)=327.08$，RMSEA=0.04，CFI=0.97，TLI=0.97，SRMR=0.04），且显著优于其他竞争模型，证明变量之间具有良好的区分效度。

表6-9　　　　　　　　　　验证性因子分析结果

模型	χ^2	df	χ^2/df	RMSEA	CFI	TLI	SRMR
M1：CS, HS, PP, EL, DL, EE, CSE, BI	327.08	247	1.32	0.04	0.97	0.97	0.04
M2：CS, HS, PP, EL+DL, EE, CSE, BI	527.76	254	2.08	0.07	0.90	0.89	0.08
M3：CS+HS, PP, EL, DL, EE, CSE, BI	673.254	254	2.65	0.09	0.85	0.82	0.08
M4：CS+HS, PP, EL+DL, EE, CSE, BI	873.10	260	3.36	0.10	0.78	0.75	0.10
M5：CS+HS, PP, EL+DL, EE, CSE+BI	1 218.10	265	4.60	0.13	0.66	0.62	0.12
M6：CS+HS, PP, EL+DL, EE+CSE+BI	1 456.47	269	5.41	0.14	0.58	0.53	0.13
M7：CS+HS+PP, EL+DL, EE+CSE+BI	1 884.09	272	6.93	0.16	0.43	0.37	0.15
M8：CS+HS+PP+EL+DL, EE+CSE+BI	2 251.77	274	8.22	0.18	0.30	0.23	0.17
M9：CS+HS+PP+EL+DL+EE+CSE+BI	2 508.96	275	9.12	0.19	0.20	0.13	0.17

注：CS=挑战性压力源，HS=阻碍性压力源，PP=主动性人格，EL=授权型领导，DL=命令型领导，EE=情绪耗竭，CSE=创造力自我效能；BI=越轨创新。

6.4.3　描述性统计分析

表6-10给出了研究变量的均值、标准差和相关系数。结果显示，授权型领导与创造力自我效能（r=0.23，p<0.001）、情绪耗竭（r=0.25，p<0.001）和越轨创新（r=0.17，p<0.01）正相关，命令型领导与创造力自我效能（r=-0.15，p<0.05）、越轨创新（r=-0.22，p<0.01）负相关，创造力自我效能与越轨创新行为正相关（r=0.31，p<0.001），情绪耗竭与越轨创新行为负相关（r=-0.23，p<0.01）。所得结果与研究预期相符，假设得到了初步支持。

表 6-10

描述性统计分析与内部一致性系数

变量	1	2	3	4	5	6	7	8	9	10	11	12
1. 年龄												
2. 性别	0.12											
3. 学历	0.06	0.05										
4. 工作年限	0.40**	−0.04	−0.07									
5. 挑战性压力源	−0.05	0.16*	−0.02	−0.03	0.86							
6. 阻碍性压力源	−0.03	0.01	0.11	−0.02	0.33**	0.87						
7. 主动性人格	0.06	0.02	−0.11	0.05	0.17*	−0.01	0.90					
8. 授权型领导	0.06	0.04	0.04	−0.00	0.25**	−0.13*	0.22**	0.89				
9. 命令型领导	0.08	0.04	0.08	−0.00	0.03	−0.04	0.02	0.28**	0.82			
10. 创造力自我效能	0.07	0.07	0.00	−0.05	0.19**	−0.06	0.08	0.32**	−0.15*	0.84		
11. 情绪耗竭	−0.04	0.08	0.02	−0.13	0.06	0.14*	0.06	0.23**	−0.05	0.18**	0.81	
12. 越轨创新	0.07	0.04	−0.00	0.07	0.25**	−0.09	0.17**	0.17**	−0.22**	0.31**	−0.23**	0.86
平均值	33.60	1.43	3.06	4.33	3.38	3.25	3.83	3.55	3.64	3.36	3.19	3.48
标准差	6.07	0.50	0.65	2.38	0.64	0.69	0.67	0.54	0.43	0.65	0.65	0.62

注：N = 227；* $p < 0.05$，** $p < 0.01$，*** $p < 0.001$；对角线上的数据为变量的内部一致性系数。

6.4.4 假设检验

在假设检验时我们按照以下步骤进行：首先，对控制变量、自变量、中介变量和调节变量进行均值中心化，并构建交互项；其次，借鉴刘东等（2012）提出的"第一阶段被调节的中介模型"分析方法，在Mplus 7.4中构建一个完整的路径分析模型；最后，采用"拔靴法"（Bootstrap，重复抽样20 000次）检验间接效应的大小及其显著性（Edwards和Lambert，2007）。

回归结果如表6-11所示。在控制人口统计学变量、主动性人格、挑战性压力源和阻碍性压力源之后，授权型领导正向影响员工的创造力自我效能（B=0.39，SE=0.08，p<0.001）和情绪耗竭（B=0.36，SE=0.08，p<0.001）。我们将授权型领导、创造力自我效能和情绪耗竭纳入对越轨创新行为的预测回归方程中，结果显示，授权型领导（B=0.19，SE=0.09，p<0.05）、创造力自我效能（B=0.21，SE=0.07，p<0.01）正向影响越轨创新，情绪耗竭负向影响员工越轨创新行为（B=−0.31，SE=0.08，p<0.01）。我们采用"拔靴法"（重复抽样20 000次）计算创造力自我效能和情绪耗竭在授权型领导与越轨创新之间的中介效应。结果显示授权型领导通过创造力自我效能正向影响越轨创新的间接效应为0.08，95%置信区间不包括0（95%CI=［0.03，0.15］）；通过情绪耗竭负向影响建言行为的间接效应为−0.11，95%置信区间不包括0（95%CI=［−0.21，−0.05］）。因此，假设1和假设2得到数据支持。

假设3指出，指导领导型领导调节了授权型领导与创造力自我效能之间的关系。如模型1所示，在控制了其他变量的影响后，授权型领导和命令型领导的交互项对创造力自我效能的回归系数显著（B=−0.46，SE=0.11，p<0.001），说明调节效应存在。为进一步验证调节效应型，我们按照Aiken和West（1991）的建议进行简单斜率分析（simple slope test），结果如表6-12所示：当命令型领导取低值时（−1 SD），授权型领导对创造力自我效能有显著的正向作用（B=0.57，SE=0.08，95%CI=［0.42，0.73］）；当命令型领导取高值时（+1 SD），授权型领导对创造力自我效能的正向作用不显著（B=0.19，SE=0.10，95%CI=［−0.00，0.37］）；同时，

两者之间的差异显著（B=-0.39，SE=0.09，95%CI=［-0.59，-0.22］），具体的调节效应如图6-2所示。因此，假设3得到了数据支持。

表6-11　　　　　　　　　　　　　回归分析结果

	模型1		模型2		模型3	
	创造力自我效能		情绪耗竭		越轨创新	
	B	SE	B	SE	B	SE
年龄	0.01	0.01	-0.00	0.01	0.00	0.01
性别	0.01	0.08	0.07	0.08	0.05	0.08
学历	0.00	0.06	0.01	0.07	0.05	0.06
任职年限	-0.02	0.02	-0.04*	0.02	0.01	0.02
挑战性压力源	0.12	0.07	-0.12	0.07	0.21**	0.07
阻碍性压力源	-0.07	0.06	0.19**	0.07	-0.09	0.06
主动性人格	-0.00	0.06	0.00	0.06	0.10	0.05
授权型领导	0.39***	0.08	0.36***	0.08	0.19*	0.09
命令型领导	-0.47***	0.09	-0.20**	0.07	-0.40***	0.10
授权型领导×命令型领导	-0.46***	0.11	-0.37**	0.11	0.08	0.15
创造力自我效能					0.21**	0.08
情绪耗竭					-0.31***	0.08
Pseudo-R^2	0.23***		0.18***		0.31***	

注：由于保留小数点所造成的误差，导致调节效应和被调节中介效应差异值与利用表格数据直接相减得到的差值可能存在细微差别。

注：N = 215；* $p < 0.05$，** $p < 0.01$，*** $p < 0.001$。

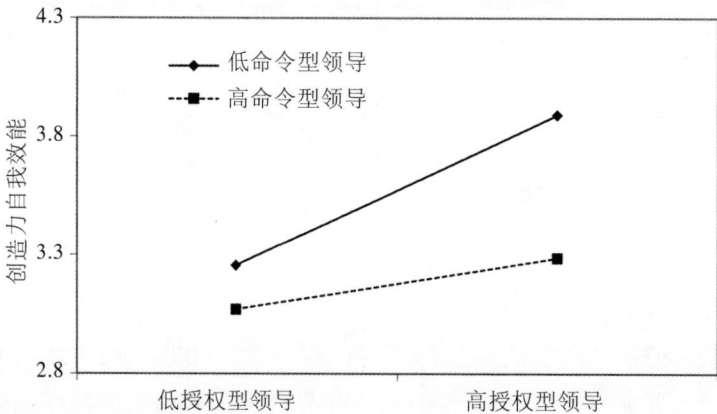

图6-2　命令型领导对授权型领导与创造力自我效能关系的调节效应图

假设4假设命令型领导调节授权型领导与情绪衰竭之间的关系。如模型2所示，在控制了其他变量的影响后，授权型领导和命令型领导的交互项对情绪耗竭的回归系数显著，说明调节效应存在。为进一步验证调节效应型，我们按照Aiken和West（1991）的建议进行简单斜率分析（simple slope test），结果如表6-12所示：当命令型领导取低值时（-1 SD），授权型领导对情绪耗竭有显著的正向作用（B=0.52，SE=0.08，95%CI［0.36，0.68］）；当命令型领导取高值时（+1 SD），授权型领导对情绪耗竭的正向作用不显著（B=0.14，SE=0.11，95%CI=［-0.06，0.36］）；同时，两者之间的差异显著（B=-0.38，SE=0.03，95%CI=［-0.58，-0.18］），具体的调节效应如图6-3所示。因此，假设4得到了数据支持。

表6-12　　　　　　　　　调节效应与被调节的中介效应

	授权型领导→创造力自我效能			授权型领导→情绪耗竭		
	B	SE	95% CI	B	SE	95% CI
高命令型领导	0.19	0.10	［0.00，0.37］	0.14	0.11	［-0.06，0.36］
低命令型领导	0.57	0.08	［0.42，0.73］	0.52	0.08	［0.36，0.68］
差异	-0.38	0.02	［-0.59，-0.22］	-0.38	0.03	［-0.58，-0.18］
	授权型领导→创造力自我效能→越轨创新			授权型领导→情绪耗竭→越轨创新		
	B	SE	95% CI	B	SE	95% CI
高命令型领导	0.04	0.02	［0.01，0.11］	0.04	0.04	［-0.13，0.02］
低命令型领导	0.12	0.04	［0.04，0.22］	-0.15	0.04	［-0.26，-0.08］
差异	-0.08	-0.02	［-0.17，-0.03］	-0.11	0.00	［0.05，0.20］

注：由于保留小数点所造成的误差，导致调节效应和被调节中介效应差异值与利用表格数据直接相减得到的差值可能存在细微差别。

为了进一步验证本研究提出的被调节的中介假设，我们继续采用"拔靴法"计算被调节的中介效应。结果如表6-12所示：当命令型领导

较低时，授权型领导通过创造力自我效能对越轨创新的中介效应显著
（B=0.12，SE=0.04，95%CI=［0.04，0.22］）；当命令型领导较高时，

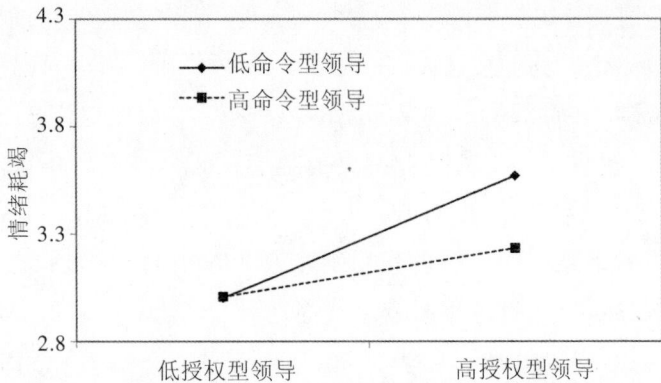

图6-3 命令型领导对授权型领导与情绪耗竭关系的调节效应图

上述中介效应较弱（B=0.04，SE=0.02，95%CI=［0.01，0.11］），且两
者之间的差异显著（B=-0.08，SE=0.04，95% CI=［-0.17，-0.03］）。
同样，当命令型领导较低时，授权型领导通过情绪耗竭对越轨创新的中
介效应显著（B=-0.15，SE=0.04，95%CI=［-0.26，-0.08］）；当命令
型领导较高时，上述中介效应较弱（B=-0.04，SE=0.04，95%CI=
［-0.13，0.02］），且两者之间的差异显著（B=0.11，SE=0.04，95% CI=
［0.05，0.20］）。综上所述，假设5和假设6得到支持。

6.5 结论与讨论

本研究提出了一个被调节的中介模型，即授权型领导通过创造力自
我效能和情绪耗竭影响员工越轨创新，命令型领导调节上述关系。研究
结果证实了授权型领导的双刃效应，它既能通过提高员工自我效能来促
进员工越轨创新；同时也能导致员工情绪耗竭，进而阻碍其进行越轨创
新。此外，命令型领导能够有效缓解授权型领导的负面影响，使越轨创
新维持在合理水平。

6.5.1 理论意义

首先，本研究丰富了越轨创新的前因。通过检验授权型领导对越轨创新的影响，本研究从领导力的角度拓展了越轨创新的前因研究。其次，基于资源保存理论，我们引入创造力自我效能和情绪耗竭两个中介变量。这与 Koopman 等（2016）提出的认知情感加工系统相呼应，该理论认为个体会根据工作场所事件来评估自己的资源水平，这一过程会进一步激活他们的"认知情感单元"，有助于员工对事件的评估和回应。同样，授权型领导行为作为工作场所事件，能够激发员工对自身资源水平的评估，一方面提高创造力自我效能（认知），另一方面会引发员工情绪耗竭（情感）。也就是说，由授权型领导引发的员工自愿评估过程包括资源积累和保存。因此，本研究有效回应了同时检验资源积累和资源保存以更全面地检验资源保存理论的呼吁（Halbesleben 等，2014）。再次，学者已经发现，创新的复杂性要求领导者同时运用相互矛盾的领导方法（Rosing 等，2011），我们引入命令型领导，检验其如何影响授权型领导和员工越轨创新之间的关系，回应了 Cheong 等（2019）关于同时检验授权型领导和命令型领导以更好地理解授权型领导有效性的呼吁。我们发现矛盾的领导行为有利于规范员工的越轨创新行为。最后，尽管之前有研究认为授权型领导可能对员工产生负面影响（Cheong 等，2016；Sharma 和 Kirkman，2015），但尚未对影响机制进行深入探讨。Sharma 和 Kirkman（2015）倡导后续研究多关注授权型领导的负面效应。因此，本研究同时检验授权型领导的积极和消极效应，并将它们纳入到同一个框架，丰富了授权型领导影响效应的相关研究。

6.5.2 实践意义

研究结果揭示了授权型领导和命令型领导在处理员工越轨创新行为时均存在局限性。管理者应当采用悖论的方法和平衡的观点来回应员工的越轨创新行为。如此一来，管理者可以全面理解相互冲突的需求，并寻求全面的解决方案。具体而言，管理者应采取授权行为，赋予员工自主权，以获得其自我效能和实现越轨创新的资源。同时，为了确保越轨创新不损害组织正式的创新活动，管理者应采用命令性领导方式来监督整个越轨创新的过程。此外，管理者应该在创意阐述阶段明确解释为何拒绝员工提出的新颖想法，对于有损组织利益的越轨创新行为进行惩罚。这有助于减少员工在进行越轨创新时的困惑，让他们理解何种越轨创新能获得奖励以及何种将受到惩罚（Patil和Tetlock，2014）。

6.5.3　局限性和未来研究方向

本研究存在一定局限性。首先，因为越轨创新活动很难被他人察觉（Globocnik和Salomo，2015），所以本研究采用单一数据来源，但这可能会导致共同方法偏差，建议未来的研究采用情境实验的方法，进一步验证结果的稳健性。其次，尽管本研究在不同时点收集了数据，但我们仍无法推断出变量之间的因果关系。未来研究可以采用纵向研究或实验方法来检验变量之间的因果关系。最后，由于样本都是国内的公司，我们无法排除文化对越轨创新的影响。未来研究可以收集其他国家的数据进一步验证本研究的普遍性。

参考文献

[1] 曹科岩，窦志铭. 组织创新氛围、知识分享与员工创新行为的跨层次研究 [J]. 科研管理，2015，36（12）：83-91.

[2] 曹勇，向阳. 企业知识治理、知识共享与员工创新行为——社会资本的中介作用与吸收能力的调节效应 [J]. 科学学研究，2014，32（1）：92-102.

[3] 陈晓暾，陈欢，罗文春. 助人行为与职业成长的倒 U 型关系：角色压力的中介作用和工作自主性的调节作用 [J]. 中国人力资源开发，2020，37（4）：51-63.

[4] 崔智淞，王弘钰，李孟燃. 安全基地型领导与员工创新行为 [J]. 外国经济与管理，2021，43（1）：108-120；135.

[5] 戴万亮，苏琳，杨皎平. 心理所有权、知识分享与团队成员创新行为——同事间信任的跨层次调节作用 [J]. 科研管理，2020，41（12）：246-256.

[6] 董念念，尹奎，邢璐，等. 领导每日消极反馈对员工创造力的影响机制 [J]. 心理学报，2023，55（5）：831-843.

[7] 方阳春，陈超颖. 包容型领导风格对新时代员工创新行为的影响 [J]. 科研管理，2017，38（A1）：7-13.

[8] 方阳春，贾丹，陈超颖. 包容型人才开发模式对创新激情和行为的影响研究 [J]. 科研管理，2017，38（9）：142-149.

[9] 方阳春，贾丹，方邵旭辉. 包容型人才开发模式对高校教师创新行为的影响研究 [J]. 科研管理，2015，36（5）：72-79.

[10] 冯彩玲. 差异化变革型领导对员工创新行为的跨层次影响 [J]. 管理评论，2017，29（5）：120-130.

[11] 古银华. 包容型领导对员工创新行为的影响——一个被调节的中介模型 [J]. 经济管理，2016，38（4）：93-103.

[12] 顾远东，彭纪生. 组织创新氛围对员工创新行为的影响：创新自我效能感的中介作用 [J]. 南开管理评论，2010，13（1）：30-41.

[13] 顾远东，彭纪生. 创新自我效能感对员工创新行为的影响机制研究 [J]. 科研管理，2011，32（9）：63-73.

[14] 顾远东, 仲为国, 周文莉. 研发人员的成败经历与创新行为的关系研究 [J]. 科研管理, 2017, 38 (7): 100-107.

[15] 侯昭华, 宋合义, 谭乐. 安全基地型领导对员工创造力的影响机制研究 [J]. 管理学报, 2022, 19 (8): 1143-1151.

[16] 黄勇, 崔敏, 颜卉. 见贤思齐: 领导创造力对员工创造力的跨层次影响机制 [J]. 科学学与科学技术管理, 2021, 42 (4): 158-174.

[17] 江辛, 王永跃, 温巧巧. 学习目标导向对员工创新行为的作用机制研究 [J]. 科研管理, 2018, 39 (10): 100-107.

[18] 李永占. 变革型领导对员工创新行为的影响: 心理授权与情感承诺的作用 [J]. 科研管理, 2018, 39 (7): 123-130.

[19] 梁阜, 李树文, 罗瑾琏. 差异化变革型领导对员工创新行为的影响: 资源转化视角 [J]. 管理科学, 2018, 31 (3): 62-74.

[20] 林新奇, 丁贺. 员工优势使用对创新行为的影响机制研究 [J]. 管理科学, 2019, 32 (3): 54-67.

[21] 刘东, 张震, 汪默. 被调节的中介和被中介的调节: 理论构建与模型检验 [M] //陈晓萍, 徐淑英, 樊景立. 组织与管理研究的实证方法. 北京: 北京大学出版社. 2012: 577-584.

[22] 刘宁, 张正堂, 赵燕梅. 组织创新奖酬对研发人员创新行为影响机制的实证研究 [J]. 科研管理, 2019, 40 (1): 151-158.

[23] 刘云. 自我领导与员工创新行为的关系研究——心理授权的中介效应 [J]. 科学学研究, 2011, 29 (10): 1584-1593.

[24] 刘云, 石金涛. 组织创新气氛与激励偏好对员工创新行为的交互效应研究 [J]. 管理世界, 2009 (10): 88-101; 114; 188.

[25] 刘智强, 邓传军, 廖建桥, 等. 地位竞争动机、地位赋予标准与员工创新行为选择 [J]. 中国工业经济, 2013 (10): 83-95.

[26] 罗萍, 施俊琦, 朱燕妮, 等. 个性化工作协议对员工主动性职业行为和创造力的影响 [J]. 心理学报, 2020, 52 (1): 81-92.

[27] 马君, 朱梦霆, 杨亚萍. 寄予厚望的明星员工何以乏善可陈: 基于心理框架与表现目标导向的解释 [J]. 中国人力资源开发, 2022, 39 (10): 47-63.

[28] 逄键涛, 温珂. 主动性人格对员工创新行为的影响与机制 [J]. 科研管理, 2017, 38 (1): 12-20.

[29] 曲如杰, 康海琴. 领导行为对员工创新的权变影响研究 [J]. 管理评论, 2014, 26 (1): 88-98.

[30] 曲如杰, 孙军保, 杨中, 等. 领导对员工创新影响的综述 [J]. 管理评论, 2012, 24 (2): 146-153.

[31] 曲如杰, 王林, 尚洁, 等. 辱虐型领导与员工创新: 员工自我概念的作用 [J]. 管理评论, 2015, 27 (8): 90-101.

［32］ 宋典，袁勇志，张伟炜. 创业导向对员工创新行为影响的跨层次实证研究——以创新氛围和心理授权为中介变量［J］. 科学学研究，2011，29（8）：1266-1273.

［33］ 苏屹，周文璐，崔明明，等.共享授权型领导对员工创新行为的影响：内部人身份感知的中介作用［J］. 管理工程学报，2018，32（2）：17-26.

［34］ 孙锐. 战略人力资源管理、组织创新氛围与研发人员创新［J］. 科研管理，2014，35（8）：34-43.

［35］ 孙锐，石金涛，张体勤. 中国企业领导成员交换、团队成员交换，组织创新气氛与员工创新行为关系实证研究［J］. 管理工程学报，2009，23（4）：109-115.

［36］ 孙锐，张文勤，陈许亚. R&D员工领导创新期望、内部动机与创新行为研究［J］. 管理工程学报，2012，26（2）：12-20；11.

［37］ 覃大嘉，曹乐乐，施怡，等.职业能力、工作重塑与创新行为——基于阴阳和谐认知框架［J］. 外国经济与管理，2020，42（11）：48-63.

［38］ 唐乐，杨伟国，杨付. 员工创新行为内在作用机制研究——基于政治技能的视角［J］. 经济管理，2015，37（1）：56-64.

［39］ 陶建宏，师萍，段伟宇. 自我领导、组织自尊与员工创新行为关系研究——基于电子通讯制造企业的数据［J］. 预测，2014，33（1）：9-14.

［40］ 屠兴勇，郭娟梅. 批判性反思对员工创新行为的影响：知识分享的中介作用和自我效能感的调节效应［J］. 预测，2016，35（2）：9-16.

［41］ 屠兴勇，王泽英，张琪. 批判性反思效应下领导教练行为对员工创新的影响机制研究［J］. 南开管理评论，2016，19（6）：4-16.

［42］ 王宏蕾，孙健敏. 授权型领导与员工创新行为：结构正式化的调节作用［J］. 管理科学，2018，31（3）：29-39.

［43］ 王辉，常阳. 组织创新氛围、工作动机对员工创新行为的影响［J］. 管理科学，2017，30（3）：51-62.

［44］ 王石磊，彭正龙. 新员工反馈寻求行为对其创新行为的影响研究［J］. 管理评论，2013，25（12）：156-164.

［45］ 王晓红，徐峰. 利益分配视角下团队内部创造力关联机制研究［J］. 科学学与科学技术管理，2018，39（7）：105-116.

［46］ 魏江茹. 中庸思维程度、知识共享与员工创新行为［J］. 经济管理，2019，41（5）：88-104.

［47］ 翁清雄，彭传虎，曹威麟，等.大五人格与主观职业成功的关系：对过去15年研究的元分析［J］. 管理评论，2016，28（1）：83-95.

［48］ 徐珺，尚玉钒，宋合义. 上级发展性反馈与创造力：一个被调节的中介模型［J］. 管理科学，2018，31（1）：69-78.

［49］ 阎亮，张治河. 组织创新氛围对员工创新行为的混合影响机制［J］. 科研管理，2017，38（9）：97-105.

[50] 张兰霞，宋嘉艺，杨舒婷，等.知识型员工表达抑制对创造力的影响机制 [J].管理学报，2019，16（9）：1332-1343.

[51] 张敏.时间压力下个体无法忍受不确定特征与创新行为关系的实验研究 [J].管理评论，2014，26（11）：67-75.

[52] 张宁俊，袁梦莎，付春香，等.差错管理氛围与员工创新行为的关系研究 [J].科研管理，2015，36（S1）：94-101.

[53] 张振刚，余传鹏，李云健.主动性人格、知识分享与员工创新行为关系研究 [J].管理评论，2016，28（4）：123-133.

[54] 赵斌，刘桂霞，宇卫昕，等.差错管理氛围、工作复杂性对员工创新行为影响的跨层次研究 [J].预测，2017，36（5）：15-23.

[55] 赵书松，张一杰.绩效考核政治对下级创新行为的影响机制研究 [J].管理学报，2019，16（5）：676-685.

[56] 周飞，陈钦兰，何美贤.包容型领导与员工创新行为的关系研究 [J].科研管理，2018，39（6）：22-29.

[57] 周文莉，顾远东，唐天真.积极情绪对研发人员创新行为的影响：创造力效能感与工作卷入的中介作用 [J].科研管理，2020，41（8）：268-276.

[58] 朱海腾，李川云.共同方法变异是"致命瘟疫"吗？——论争、新知与应对 [J].心理科学进展，2019，27（4）：587-599.

[59] 朱金强，徐世勇，张丽华."宽猛相济"促创新——基于阴阳观的视角 [J].南开管理评论，2018，21（5）：200-212.

[60] 朱瑜，吕阳，王雁飞，等.教练型领导如何影响员工创新？跨层次被调节的中介效应 [J].心理学报，2018，50（3）：327-336.

[61] AHEARNE M, MATHIEU J, RAPP A.To empower or not to empower your sales force? An empirical examination of the influence of leadership empowerment behavior on customer satisfaction and performance [J]. Journal of Applied Psychology, 2005, 90 (5): 945-955.

[62] AIKEN L S, WEST S G. Multiple regression: Testing and interpreting interactions [M]. Newbury Park, CA: Sage, 1991.

[63] ALFES K, TRUSS C, SOANE E C, et al. The relationship between line manager behavior, perceived HRM practices, and individual performance: Examining the mediating role of engagement [J]. Human Resource Management, 2013, 52 (6): 839-859.

[64] ANAND S, VIDYARTHI P, SINGH S, et al.Family interference and employee dissatisfaction: Do agreeable employees better cope with stress? [J]. Human Relations, 2015, 68 (5): 691-708.

[65] ANDERSON N, POTOČNIK K, ZHOU J. Innovation and creativity in organizations: A state-of-the-science review, prospective commentary, and guiding framework [J]. Journal of Management, 2014, 40 (5): 1297-1333.

[66] AVEY J B, AVOLIO B J, CROSSLEY C D, et al. Psychological ownership: Theoretical extensions, measurement and relation to work outcomes [J]. Journal of Organizational Behavior, 2009, 30 (2): 173-191.

[67] BAER M. Putting creativity to work: The implementation of creative ideas in organizations [J]. Academy of Management Journal, 2012, 55 (5): 1102-1119.

[68] BARCZAK G, GRIFFIN A, KAHN K B. Perspective: Trends and drivers of success in NPD practices: Results of the 2003 PDMA best practices study [J]. Journal of Product Innovation Management, 2009, 26 (1): 3-23.

[69] BARRICK M R, MOUNT M K, LI N. The theory of purposeful work behavior: The role of personality, higher-order goals, and job characteristics [J]. Academy of Management Review, 2013, 38 (1): 132-153.

[70] BATEMAN T S, CRANT J M. The proactive component of organizational behavior: A measure and correlates [J]. Journal of Organizational Behavior, 1993, 14 (2): 103-118.

[71] BINNEWIES C, WÖRNLEIN S C. What makes a creative day? A diary study on the interplay between affect, job stressors, and job control [J]. Journal of Organizational Behavior, 2011, 32 (4): 589-607.

[72] CAIN D M, MOORE D A, HARAN U. Making sense of overconfidence in market entry [J]. Strategic Management Journal, 2015, 36 (1): 1-18.

[73] CARNEVALE J, HUANG L, HARMS P. Speaking up to the "emotional vampire": A conservation of resources perspective [J]. Journal of Business Research, 2018 (91): 48-59.

[74] CHANG S, WAY S A, CHENG D H K. The elicitation of frontline, customer-contact, hotel employee innovative behavior: Illuminating the central roles of readiness for change and absorptive capacity [J]. Cornell Hospitality Quarterly, 2017, 59 (3): 228-238.

[75] CHATTERJEE S, CHAUDHURI R, THRASSOU A, et al. Antecedents and consequences of knowledge hiding: The moderating role of knowledge hiders and knowledge seekers in organizations [J]. Journal of Business Research, 2021 (128): 303-313.

[76] CHEN T, LI F, LEUNG K. When does supervisor support encourage innovative behavior? Opposite moderating effects of general self-efficacy and internal locus of control [J]. Personnel Psychology, 2016, 69 (1): 123-158.

[77] CHEONG M, SPAIN S M, YAMMARINO F J, et al. Two faces of empowering leadership: Enabling and burdening [J]. The Leadership Quarterly, 2016, 27 (4): 602-616.

[78] CHEONG M, YAMMARINO F J, DIONNE S D, et al. A review of the

effectiveness of empowering leadership [J]. The Leadership Quarterly, 2019, 30 (1): 34-58.

[79]   CHUANG C-H, LIAO H. Strategic human resource management in service context: Taking care of business by taking care of employees and customers [J]. Personnel Psychology, 2010, 63 (1): 153-196.

[80]   CLAES R, BEHEYDT C, LEMMENS B. Unidimensionality of abbreviated proactive personality scales across cultures [J]. Applied Psychology, 2005, 54 (4): 476-489.

[81]   CONNELLY C E, ZWEIG D, WEBSTER J, et al. Knowledge hiding in organizations [J]. Journal of Organizational Behavior, 2012, 33 (1): 64-88.

[82]   CRISCUOLO P, SALTER A, TER WAL A L J. Going underground: Bootlegging and individual innovative performance [J]. Organization Science, 2014, 25 (5): 1287-1305.

[83]   DAVIS W D, DIBRELL C, CRAIG J B, et al. The effects of goal orientation and client feedback on the adaptive behaviors of family enterprise advisors [J]. Family Business Review, 2013, 26 (3): 215-234.

[84]   DE CLERCQ D, DIMOV D, BELAUSTEGUIGOITIA I. Perceptions of adverse work conditions and innovative behavior: The buffering roles of relational resources [J]. Entrepreneurship Theory and Practice, 2016, 40 (3): 515-542.

[85]   DHAR R L. Ethical leadership and its impact on service innovative behavior: The role of LMX and job autonomy [J]. Tourism Management, 2016 (57): 139-148.

[86]   EDWARDS J R, LAMBERT L S. Methods for integrating moderation and mediation: A general analytical framework using moderated path analysis [J]. Psychological Methods, 2007, 12 (1): 1-22.

[87]   EVA N, MEACHAM H, NEWMAN A, et al. Is coworker feedback more important than supervisor feedback for increasing innovative behavior? [J]. Human Resource Management, 2019, 58 (4): 383-396.

[88]   FEENEY B C, VAN VLEET M. Growing through attachment: The interplay of attachment and exploration in adulthood [J]. Journal of Social and Personal Relationships, 2010, 27 (2): 226-234.

[89]   FEIST G J. A meta-analysis of personality in scientific and artistic creativity [J]. Personality and Social Psychology Review, 1998, 2 (4): 290-309.

[90]   FISS P C. Building better causal theories: A fuzzy set approach to typologies in organization research [J]. Academy of Management Journal, 2011, 54 (2): 393-420.

[91]   FLAXMAN P E, MÉNARD J, BOND F W, et al. Academics' experiences of a

respite from work: Effects of self-critical perfectionism and perseverative cognition on postrespite well-being [J]. Journal of Applied Psychology, 2012, 97 (4): 854-865.

[92]   GALASSO A, SIMCOE T S. CEO overconfidence and innovation [J]. Management Science, 2011, 57 (8): 1469-1484.

[93]   GLOBOCNIK D.Taking or avoiding risk through secret innovation activities—The relationships among employees' risk propensity, bootlegging, and management support [J]. International Journal of Innovation Management, 2018, 23 (3): 1950022.

[94]   GLOBOCNIK D, SALOMO S. Do formal management practices impact the emergence of bootlegging behavior? [J]. Journal of Product Innovation Management, 2015, 32 (4): 505-521.

[95]   GOLDBERG L R.The development of markers for the Big-Five factor structure [J]. Psychological Assessment, 1992 (4): 26-42.

[96]   GONG Y, HUANG J-C, FARH J-L. Employee learning orientation, transformational leadership, and employee creativity: The mediating role of employee creative self-efficacy [J]. Academy of Management Journal, 2009, 52 (4): 765-778.

[97]   GONG Y, KIM T-Y, LEE D-R, et al. A multilevel model of team goal orientation, information exchange, and creativity [J]. Academy of Management Journal, 2013, 56 (3): 827-851.

[98]   GU H, DUVERGER P, YU L.Can innovative behavior be led by management? A study from the lodging business [J]. Tourism Management, 2017 (63): 144-157.

[99]   GUILFORD J P.Creativity [J]. American Psychologist, 1950 (14): 469-479.

[100]   GUILLÉN L, KUNZE F. When age does not harm innovative behavior and perceptions of competence: Testing interdepartmental collaboration as a social buffer [J]. Human Resource Management, 2019, 58 (3): 301-316.

[101]   GUPTA N, HO V, POLLACK J M, et al.A multilevel perspective of interpersonal trust: Individual, dyadic, and cross-level predictors of performance [J]. Journal of Organizational Behavior, 2016, 37 (8): 1271-1292.

[102]   GUPTA V, SINGH S.Psychological capital as a mediator of the relationship between leadership and creative performance behaviors: Empirical evidence from the Indian R&D sector [J]. The International Journal of Human Resource Management, 2014, 25 (10): 1373-1394.

[103]   HALBESLEBEN J R B, BUCKLEY M R.Burnout in organizational life [J]. Journal of Management, 2004, 30 (6): 859-879.

[104]   HALBESLEBEN J R B, NEVEU J-P, PAUSTIAN-UNDERDAHL S C, et al.

Getting to the "COR": Understanding the role of resources in conservation of resources theory [J]. Journal of Management, 2014, 40 (5): 1334-1364.

[105] HALBESLEBEN J R B, WHEELER A R.To invest or not? The role of coworker support and trust in daily reciprocal gain spirals of helping behavior [J]. Journal of Management, 2015, 41 (6): 1628-1650.

[106] HOBFOLL S E, HALBESLEBEN J, NEVEU J-P, et al. Conservation of resources in the organizational context: The reality of resources and their consequences [J]. Annual Review of Organizational Psychology and Organizational Behavior, 2018, 5 (1): 103-128.

[107] HOCH J E.Shared leadership and innovation: The role of vertical leadership and employee integrity [J]. Journal of Business and Psychology, 2013, 28 (2): 159-174.

[108] HU, Q, SCHAUFELI, et al.The Job Demands-Resources model: An analysis of additive and joint effects of demands and resources [J]. Journal of Vocational Behaviour, 2011.

[109] HUR W-M, MOON T, JUN J-K.The effect of workplace incivility on service employee creativity: The mediating role of emotional exhaustion and intrinsic motivation [J]. Journal of Services Marketing, 2016, 30 (3): 302-315.

[110] HURT H T, JOSEPH K, COOK C D. Scales for the measurement of innovativeness [J]. Human Communication Research, 1977, 4 (1): 58-65.

[111] JANSSEN O.Job demands, perceptions of effort-reward fairness and innovative work behaviour [J]. Journal of Occupational and Organizational Psychology, 2000, 73 (3): 287-302.

[112] JANSSEN O.Innovative behaviour and job involvement at the price of conflict and less satisfactory relations with co-workers [J]. Journal of Occupational and Organizational Psychology, 2003, 76 (3): 347-364.

[113] JUNG H S, YOON H H. Improving frontline service employees' innovative behavior using conflict management in the hospitality industry: The mediating role of engagement [J]. Tourism Management, 2018 (69): 498-507.

[114] KANG J H, MATUSIK J G, KIM T-Y, et al. Interactive effects of multiple organizational climates on employee innovative behavior in entrepreneurial firms: A cross-level investigation [J]. Journal of Business Venturing, 2016, 31 (6): 628-642.

[115] KHAZANCHI S, MASTERSON S S.Who and what is fair matters: A multi-foci social exchange model of creativity [J]. Journal of Organizational Behavior, 2011, 32 (1): 86-106.

[116] KIRTON M.Adaptors and innovators: A description and measure [J]. Journal of Applied Psychology, 1976, 61 (5): 622-629.

[117] KOOPMAN J, LANAJ K, SCOTT B A.Integrating the bright and dark sides of OCB: A daily investigation of the benefits and costs of helping others [J]. Academy of Management Journal, 2016, 59 (2): 414-435.

[118] LANDIS R S, BEAL D J, TESLUK P E.A comparison of approaches to forming composite measures in structural equation models [J]. Organizational Research Methods, 2000, 3 (2): 186-207.

[119] LEE S, CHEONG M, KIM M, et al. Never too much? The curvilinear relationship between empowering leadership and task performance [J]. Group & Organization Management, 2017, 42 (1): 11-38.

[120] LEE S, KIM S-H. Role of restaurant employees' intrinsic motivations on knowledge management: An application of need theory [J]. International Journal of Contemporary Hospitality Management, 2017, 29 (11): 2751-2766.

[121] LEPINE J A, VAN DYNE L.Voice and cooperative behavior as contrasting forms of contextual performance: Evidence of differential relationships with Big Five personality characteristics and cognitive ability [J]. Journal of Applied Psychology, 2001, 86 (2): 326-336.

[122] LIN B, MAINEMELIS C, KARK R.Leaders' responses to creative deviance: Differential effects on subsequent creative deviance and creative performance [J]. The Leadership Quarterly, 2016, 27 (4): 537-556.

[123] LITWIN G H, STRINGER R A.Motivation and organizational climate [M]. Boston, MA: Harvard University Press, 1968.

[124] LUOH H-F, TSAUR S-H, TANG Y-Y. Empowering employees: Job standardization and innovative behavior [J]. International Journal of Contemporary Hospitality Management, 2014, 26 (7): 1100-1117.

[125] LUU T T.Can diversity climate shape service innovative behavior in Vietnamese and Brazilian tour companies? The role of work passion [J]. Tourism Management, 2019 (72): 326-339.

[126] MADRID H P, PATTERSON M G, BIRDI K S, et al.The role of weekly high-activated positive mood, context, and personality in innovative work behavior: A multilevel and interactional model [J]. Journal of Organizational Behavior, 2014, 35 (2): 234-256.

[127] MAHMOODI-SHAHREBABAKI M.The effect of perfectionism on burnout among English language teachers: The mediating role of anxiety [J]. Teachers and Teaching, 2017, 23 (1): 91-105.

[128] MAINEMELIS C.Stealing fire: Creative deviance in the evolution of new ideas [J]. Academy of Management Review, 2010, 35 (4): 558-578.

[129] MALIK M A R, BUTT A N, CHOI J N. Rewards and employee creative

performance: Moderating effects of creative self-efficacy, reward importance, and locus of control [J]. Journal of Organizational Behavior, 2015, 36 (1): 59-74.

[130] MEUER J, RUPIETTA C. A review of integrated QCA and statistical analyses [J]. Quality & Quantity, 2017, 51 (5): 2063-2083.

[131] MINH N V, BADIR Y F, QUANG N N, et al. The impact of leaders 'technical competence on employees' innovation and learning [J]. Journal of Engineering and Technology Management, 2017, 44: 44-57.

[132] MISANGYI V F, ACHARYA A G. Substitutes or complements? A configurational examination of corporate governance mechanisms [J]. Academy of Management Journal, 2014, 57 (6): 1681-1705.

[133] MITCHELL M S, GREENBAUM R L, VOGEL R, et al. Can you handle the pressure? The effect of performance pressure on stress appraisals, self-regulation, and behavior [J]. Academy of Management, 2019 (2).

[134] MOORE D A, CAIN D M. Overconfidence and underconfidence: When and why people underestimate (and overestimate) the competition [J]. Organizational Behavior and Human Decision Processes, 2007, 103 (2): 197-213.

[135] MOORE D A, SMALL D A. Error and bias in comparative judgment: On being both better and worse than we think we are [J]. Journal of personality and social psychology, 2007, 92 (6): 972-989.

[136] NG T W H, LUCIANETTI L. Within-individual increases in innovative behavior and creative, persuasion, and change self-efficacy over time: A social-cognitive theory perspective [J]. Journal of Applied Psychology, 2016, 101 (1): 14-34.

[137] PARK S-Y, LEE C-K, KIM H. The influence of corporate social responsibility on travel company employees [J]. International Journal of Contemporary Hospitality Management, 2017, 30 (1): 178-196.

[138] PARKE M R, WEINHARDT J M, BRODSKY A, et al. When daily planning improves employee performance: The importance of planning type, engagement, and interruptions [J]. Journal of Applied Psychology, 2018, 103 (3): 300-312.

[139] PARKER S K, BINDL U K, STRAUSS K. Making things happen: A model of proactive motivation [J]. Journal of Management, 2010, 36 (4): 827-856.

[140] PATIL S V, TETLOCK P E. Punctuated incongruity: A new approach to managing trade-offs between conformity and deviation [J]. Research in Organizational Behavior, 2014 (34): 155-171.

[141] PATTERSON M, WARR P, WEST M. Organizational climate and company productivity: The role of employee affect and employee level [J]. Journal of

Occupational and Organizational Psychology, 2004, 77 (2): 193-216.

[142] PERRY-SMITH J E, MANNUCCI P V.From creativity to innovation: The social network drivers of the four phases of the idea journey [J]. Academy of Management Review, 2015, 42 (1): 53-79.

[143] PERRY-SMITH J E, MANNUCCI P V.From creativity to innovation: The social network drivers of the four phases of the idea journey [J]. Academy of Management Review, 2017, 42 (1): 53-79.

[144] PIETERSE A N, VAN KNIPPENBERG D, SCHIPPERS M, et al. Transformational and transactional leadership and innovative behavior: The moderating role of psychological empowerment [J]. Journal of Organizational Behavior, 2010, 31 (4): 609-623.

[145] PODSAKOFF P M, MACKENZIE S B, LEE J-Y, et al.Common method biases in behavioral research: A critical review of the literature and recommended remedies [J]. Journal of Applied Psychology, 2003, 88 (5): 879-903.

[146] RAGIN C C.Redesigning social inquiry: Fuzzy sets and beyond [M]. Chicago: University of Chicago Press, 2008.

[147] RAMARAJAN L, BEZRUKOVA K, JEHN K A, et al. From the outside in: The negative spillover effects of boundary spanners' relations with members of other organizations [J]. Journal of Organizational Behavior, 2011, 32 (6): 886-905.

[148] RICHARDSON H A, SIMMERING M J, STURMAN M C. A tale of three perspectives: Examining post hoc statistical techniques for detection and correction of common method variance [J]. Organizational Research Methods, 2009, 12 (4): 762-800.

[149] ROSING K, FRESE M, BAUSCH A. Explaining the heterogeneity of the leadership-innovation relationship: Ambidextrous leadership [J]. The Leadership Quarterly, 2011, 22 (5): 956-974.

[150] SANDERS K, JORGENSEN F, SHIPTON H, et al.Performance-based rewards and innovative behaviors [J]. Human Resource Management, 2018, 57 (6): 1455-1468.

[151] SCHAUBROECK J M, SHEN Y, CHONG S.A dual-stage moderated mediation model linking authoritarian leadership to follower outcomes [J]. Journal of Applied Psychology, 2017, 102 (2): 203.

[152] SCHAUFELI W B, LEITER M P, MASLACH C, et al. MBI-general survey [M]. Palo Alto, CA: Consulting Psychologists Press, 1996.

[153] SCHNEIDER C Q.Two-step QCA revisited: The necessity of context conditions [J]. Quality & Quantity, 2019, 53 (3): 1109-1126.

[154] SCHNEIDER C Q, WAGEMANN C. Reducing complexity in Qualitative

Comparative Analysis （QCA）： Remote and proximate factors and the consolidation of democracy ［J］． European Journal of Political Research， 2006， 45 （5）： 751-786.

[155] SHANKER R， BHANUGOPAN R， VAN DER HEIJDEN B I J M， et al. Organizational climate for innovation and organizational performance： The mediating effect of innovative work behavior ［J］． Journal of Vocational Behavior， 2017 （100）： 67-77.

[156] SHARMA P N， KIRKMAN B L. Leveraging leaders： A literature review and future lines of inquiry for empowering leadership research ［J］． Group & Organization Management， 2015， 40 （2）： 193-237.

[157] ŠKERLAVAJ M， ČERNE M， DYSVIK A. I get by with a little help from my supervisor： Creative-idea generation， idea implementation， and perceived supervisor support ［J］． The Leadership Quarterly， 2014， 25 （5）： 987-1000.

[158] STOCK R， GROS M， XIN K R. Will self-love take a fall? Effects of top executives' positive self-regard on firm innovativeness ［J］． Journal of Product Innovation Management， 2019， 36 （1）： 41-65.

[159] STOCK R M. Is boreout a threat to frontline employees' innovative work behavior? ［J］． Journal of Product Innovation Management， 2015， 32 （4）： 574-592.

[160] SUBRAMONY M. A meta-analytic investigation of the relationship between HRM bundles and firm performance ［J］． Human Resource Management， 2009， 48 （5）： 745-768.

[161] TANGIRALA S， KAMDAR D， VENKATARAMANI V， et al. Doing right versus getting ahead： The effects of duty and achievement orientations on employees' voice ［J］． Journal of Applied Psychology， 2013， 98 （6）： 1040-1050.

[162] THOMAS J P， WHITMAN D S， VISWESVARAN C. Employee proactivity in organizations： A comparative meta-analysis of emergent proactive constructs ［J］． Journal of Occupational and Organizational Psychology， 2010， 83 （2）： 275-300.

[163] TIERNEY P， FARMER S M. Creative self-efficacy： Its potential antecedents and relationship to creative performance ［J］． The Academy of Management Journal， 2002， 45 （6）： 1137-1148.

[164] TIERNEY P， FARMER S M. The pygmalion process and employee creativity ［J］． Journal of Management， 2004， 30 （3）： 413-432.

[165] TU Y， LU X. How ethical leadership influence employees' innovative work behavior： A perspective of intrinsic motivation ［J］． Journal of Business Ethics， 2013， 116 （2）： 441-455.

[166] VLACHOS I. The effect of human resource practices on organizational

performance: Evidence from Greece [J]. The International Journal of Human Resource Management, 2008, 19 (1): 74-97.

[167] WANG S H, LIU Y, SHALLEY C E. Idiosyncratic deals and employee creativity: The mediating role of creative self-efficacy [J]. Human Resource Management, 2018, 57 (6): 1443-1453.

[168] WANG X-H, FANG Y, QURESHI I, et al.Understanding employee innovative behavior: Integrating the social network and leader-member exchange perspectives [J]. Journal of Organizational Behavior, 2015, 36 (3): 403-420.

[169] WANG Z, CUI T, CAI S.How and when team reflexivity influences employee innovative behavior [J]. Journal of Managerial Psychology, 2022, 37 (1): 61-75.

[170] WATSON D, CLARK L A, TELLEGEN A.Development and validation of brief measures of positive and negative affect: The PANAS scales [J]. Journal of Personality And Social Psychology, 1988, 54 (6): 1063-1070.

[171] WHYTE G, SAKS A M, HOOK S.When success breeds failure: The role of self-efficacy in escalating commitment to a losing course of action [J]. Journal of Organizational Behavior, 1997, 18 (5): 415-432.

[172] WILLIAMS L J, MCGONAGLE A K.Four research designs and a comprehensive analysis strategy for investigating common method variance with self-report measures using latent variables [J]. Journal of Business and Psychology, 2016, 31 (3): 339-359.

[173] WU C H, PARKER S K.The role of leader support in facilitating proactive work behavior: A perspective from attachment theory [J]. Journal of Management, 2017, 43 (4): 1025-1049.

[174] XANTHOPOULOU D, BAKKER A B, DEMEROUTI E, et al. The role of personal resources in the job demands-resources model [J]. International Journal of Stress Management, 2007, 14 (2): 121-141.

[175] XU L N, LIU Z, JI M, et al.Leader perfectionism-friend or foe of employee creativity? Locus of control as a key contingency [J]. Academy of Management Journal, 2022, 65 (6): 2092-2117.

[176] YOUSEF D A. Satisfaction with job security as a predictor of organizational commitment and job performance in a multicultural environment [J]. International Journal of Manpower, 1998, 19 (3): 184-194.

[177] YUAN F, WOODMAN R W.Innovative behavior in the workplace: The role of performance and image outcome expectations [J]. Academy of Management Journal, 2010, 53 (2): 323-342.

[178] ZHANG X, BARTOL K M. Linking empowering leadership and employee

creativity: The influence of psychological empowerment, intrinsic motivation, and creative process engagement [J]. Academy of Management Journal, 2010, 53 (1): 107-128.

[179] ZHANG Y, LEPINE J A, BUCKMAN B R, et al.It's not fair ⋯ or is it? The role of justice and leadership in explaining work stressor-job performance relationships [J]. Academy of Management Journal, 2014, 57 (3): 675-697.

索引

员工创新行为—2-6，9，11，72-75，77，80-91，93，95-99，101-104，106，123，124，131-135，139，152，155-157，164-171，173，174，176，181-183，189，192-194，201，203，209，211

创意产生—3，4，6，9，11，12，15，17，18，27，29-32，34，64，67，97-99，104，106-108，114，115，118-130，132，133，139-141，150-158，160-162，165，166，176，178，179，181，182，185，187，188，190，191，193-197，203-207

创意传播—4，6，11，12，15，17，18，98，100，105，106，108，115，116，118-127，129，131，132，138，139，141，150-158，160-162，165，174，176，179，181，182，185，187-191，193，194，198，199，205-207

创意实施—3，4，6，9，11，12，17，18，24，27，29-32，34，64，67，80，97-100，103，106，108，116-130，132，139，141，150-158，160-165，176，179，182，185，187-194，199-201，207，208

大五人格—4，6，7，98，102-106，120，123，130，132，169-171，173-175，177，179-181，209-211

高绩效人力资源管理系统—4，6，7，135，136，138，166，171，172，174，176，183-185，209-211

越轨创新—3-5，212-220，229-238

授权型领导—5，14，15，24，25，40，47，50，55，59，60，63，83，99，213-218，220，224，225，230-237

命令型领导—5，214，216-218，220，225，226，230-237